Skalpell und Schwesternhäubchen

Bibliografische Information der Deutschen Nationalbibliothek: Die Deutsche Nationalbibliothek verzeichnet diese Publikation in der Deutschen Nationalbibliografie; detaillierte bibliografische Daten sind im Internet über http://dnb.d-nb.de abrufbar.

Besonderer Hinweis

2. Auflage   Februar 2010
© 2010   edition riedenburg
Verlagsanschrift   Anton-Hochmuth-Straße 8, 5020 Salzburg, Österreich
Internet   www.editionriedenburg.at
E-Mail   verlag@editionriedenburg.at
Coverfoto   © Hunta - Fotolia.com

Satz und Layout   edition riedenburg
Herstellung   Books on Demand GmbH, Norderstedt

ISBN 978-3-9502357-6-0

Chiara Monte

Skalpell und Schwesternhäubchen

Roman

Küsse, Kaiserschnitt und andere Katastrophen.
Amore mio, der richtige Mann muss her!

edition riedenburg

Menü

Gegenüber im Kreißsaal drei schrie eine Frau aus Leibeskräften, als Doktor Chance im OP das Skalpell ansetzte und mir kurz darauf das Blut einer vorwitzigen Mikrobaucharterie auf die Stirn spritzte. Niemand reagierte, obwohl es alle gesehen hatten. Doktor Chance schnitt weiter bikinifreundlich den Unterbauch der Patientin auf. Gut gelaunt pfiff er dabei in seinen grünen Mundschutz hinein. Hilfe suchend blickte ich mich um, tapfer zwei Haken in der Hand, die den Patientinnenbauch aufhielten. Wie immer fehlte es im OP am Assistenzarzt, und mir an den nötigen Taschentüchern. Das war in gewisser Weise ein Markenzeichen von mir, mein Steckenpferd im negativen Sinne.

„Kann mir mal jemand das Blut aus dem Gesicht wischen oder soll ich warten, bis es mir ins Auge läuft?", blökte ich schließlich in den OP-Saal hinein. Die Patientin, die dank moderner Anästhesiemethoden wach und ansprechbar war und kurz vor ihrem Mutterdasein stand, zuckte etwas verschreckt zusammen und murmelte: „Ach, das tut mir leid", als wäre es ihre Schuld gewesen. Diana, unsere rothaarige OP-Schwester, mit der ich gemeinsam vor neun Jahren die Krankenpflegeausbildung gemacht hatte, schnaufte amüsiert und reichte dem Arzt unbeirrt weiter die Instrumente. Die Gute hätte, wäre sie an meiner Stelle gewesen, bestimmt nichts gesagt, nur um den Arzt nicht zu stören. Nur ließ sich dieser sowieso nicht stören, was mich vollends auf die Palme brachte.

Endlich bewegte sich jemand und erbarmte sich meiner. Es war der nette Anästhesiepfleger Christian, der etwas unbeholfen mit einem nassen Zellstofflappen in meiner oberen T-Zone herumtupfte, wofür ich ihm einen dankbaren Blick zuwarf. „Na, wieder kein Taschentuch parat?", grinste er breit. „Doch!", raunte ich, „In meinem Dekolleté befindet sich immer eine ganze Packung! Rechts wie links!" Christian kicherte und Doktor Chance warf einen kurzen, aber prüfenden Blick auf meinen Busen. Ich seufzte leise. Das war wieder typisch! Von allen vier Gesichtern, die in den offenen Patientinnenbauch starrten, erwischte es ausgerechnet MICH, die eifrige, nichts ahnende Krankenschwester mit Abendschulkurs!

„Was ist, Carina?", fragte mich Doktor Chance, und seine dunklen Knopfaugen funkelten. ‚Blöde Frage', dachte ich. ‚Ich liebe es, mit Fremdblut kontaminiert zu werden.' Dr. Will Chance war ein Amerikaner mit Indianerblut und leicht schwäbischem Dialekt. Er war der Einzige auf den weiten Krankenhausfluren, der es nicht für nötig hielt, eine Arzt-Schwestern-Hierarchie zu zelebrieren. Außerdem galt er als nett und respektvoll, was man von den anderen akademischen Pappenheimern in diesem erzkatholischen Krankenhaus im Süden Berlins leider nicht behaupten konnte.

„Was macht denn Ihr Abendkurs?" Angestrengt friemelte er an der Gebärmutter der Patientin herum. Diana verödete geschäftig die kleinen Baucharterien und tat so, als interessierte sie das bevorstehende Privatgespräch überhaupt nicht. Auf ihre Diskretion war Verlass, und wer sich darauf verließ, war verlassen. „Alles bestens", log ich. „Wenn ich nicht arbeite, lerne ich und wenn ich nicht lerne, arbeite ich."

Zurzeit besuchte ich an der Volkshochschule den Konversationskurs ‚Italienisch für Fortgeschrittene'. Mein Vater war zwar Sizilianer, hatte mir seine Muttersprache aber nur notdürftig weitervererbt. Die soeben gemachte Bemerkung sollte Doktor Chance davon abhalten, näher auf das Thema einzugehen. Aber weit gefehlt. Will Chance, der kleinste und netteste Gynäkologe im konservativen Haus Sankt Jerusalem, ließ sich durch nichts entmutigen oder abschütteln. Und obgleich er der eher schüchterne Typ war, verlor er ausgerechnet bei mir jegliche Hemmungen. Er wurde es auch nicht überdrüssig, sich jeden Tag aufs Neue froh gelaunt einen Korb abzuholen. Nicht, dass er Körbe gewöhnt gewesen wäre und sich deshalb nichts daraus machte! Das genaue Gegenteil war der Fall. Sämtliche Spinatwachteln des Hauses rannten ihm scharenweise hinterher, aber er hatte sich in den Kopf gesetzt, ausgerechnet mich, die Krankenschwester mit sizilianischem Feuer im Blut, im Sturm zu erobern. Auch wenn der Sturm eher ein seichtes Lüftchen war und mein Feuer unter der OP-Kluft nicht lichterloh brannte.

Doc C., wie er von allen genannt wurde, war nicht gerade der leidenschaftlichste Typ, und nur, weil sich bei mir – ähnlich wie bei ihm – zwei Nationen vereinten, war das für mich noch lange kein überzeugender Grund, sich an seinen Hals zu werfen.

Was er nicht alles über den Konversationskurs wissen wollte! Welche Leute daran teilnahmen, worüber gesprochen wurde, ob ich viel Grammatik lernen musste und was weiß der Himmel noch alles. Ohne Vorwarnung wurde er nun noch persönlicher: „Aber Carina, Sie werden doch mal Zeit für ein Abendessen haben. Ganz unverbindlich und unverfänglich!" Zwei sanfte, braune Augen schauten mich dabei ganz verfänglich und verbindlich an und ließen mich die zweite Lüge an diesem Morgen aussprechen: „Ich esse nicht zu Abend!"

„Aber vielleicht zu Mittag?", kam es hoffnungsvoll hinter dem Mundschutz hervor.

„Nein!" Das war die dritte Lüge.

„Also ein Frühstück! Oder essen Sie gar nichts?"

„Ich esse zwischendurch", wand ich mich wie ein Wurm und rief, um endlich von diesem lästigen Thema abzulenken: „Da, das Ärmchen ist schon zu sehen!"

Auf den Boden der Tatsachen zurückgeholt, starrte der liebestolle Gyn in die blutigen Tiefen der jungen Mutter und murmelte: „Ach so, ja, äh! Na, dann soll es mal das Licht der Welt erblicken."

Routiniert zottelte er das kleine, gekrümmte, rot und weiß verschmierte Menschlein heraus, das prompt zu schreien begann. Ich lächelte entzückt und war wieder einmal davon überzeugt, dass ich, abgesehen von der Hebammenzunft, den schönsten Beruf der Welt ergriffen hatte. „Willkommen", flüsterte ich und beobachtete, wie Doktor Chance den blinzelnden Winzling der Hebamme überreichte, die schon mit einem warmen Tuch in den Händen auf das Neugeborene wartete. Das kleine, perfekte Wunder der Natur wurde sofort der frischgebackenen Mutter gezeigt, die ihre Tochter mit einem strahlenden Lächeln auf den Lippen begrüßte. Tränen der Freude rannen ihr über die Wangen und auch ich konnte in diesem Augenblick ein Schniefen der Rührung nicht unterdrücken. Ja, das musste wohl eines der schönsten und wichtigsten Ereignisse im Leben einer Frau sein. Dabei wurde mir bewusst, dass ich mit meinen 28 Jahren und 344 Tagen bereits stramm auf die dreißig zuging und der Vater meiner zukünftigen Kinder sich noch nicht einmal hatte blicken lassen. Mein Freund Malte war für mich zwar der Traummann schlechthin, aber leider hatte ich das Pech, nicht seine Traumfrau zu sein, was folglich für mich ein Alptraum war. So oft wie möglich und so beharrlich wie nötig gab er mir zu verstehen, dass er sich eine Freundin aus „gutem Hause" wünschte und dass ich deshalb nicht als seine ständige Lebenspartnerin in Frage käme. Mein Rückschluss war, in seinen Augen also aus „schlechtem Hause" zu sein. Unverschämtheit!

Als Tochter eines sizilianischen Gastarbeiters und einer Berliner Schneiderin entstammte ich in Maltes Augen dem Proletariat und war daher nicht würdig, einmal seinen ehrenvollen Nachnamen zu tragen. Obwohl ich mir sicher war, dass sich keine Frau darum reißen würde, ausgerechnet „Bauer" heißen zu wollen. Nur wegen meines netten Aussehens hatte er sich meiner erbarmt und mich zu seiner Freundin auserkoren. Zum

Vorzeigen war ich gut genug, und so machte er mit mir in seinem Golfclub, im Segel-, Tennis- und Fußballverein eine gute Figur. Ich hatte Malte auf einer Fete in einem Tennisclub eines Berliner Nobelviertels kennen gelernt. Das war reiner Zufall, denn für gewöhnlich pflegte ich nicht solche Veranstaltungen zu besuchen. Ich war absolut unsportlich und hasste Tennis! Bälle übers Netz, in einen Korb oder in ein Tor zu werfen oder zu schießen, lag mir nicht. Es fiel mir schon schwer, im täglichen Leben immer am Ball zu bleiben.

Ursprünglich war ich mit meinem Kommilitonen Stephan dort, der es auf mich abgesehen hatte, mich aber nicht die Bohne interessierte. Als wäre die Situation nicht schon unangenehm genug gewesen, verliebte ich mich auch noch Hals über Kopf in seinen Tennislehrer Malte. Für mich war dies jedenfalls typisch, denn wie immer suchte ich mir einen schwierigen Typen aus, der gar kein Interesse an mir hatte. Malte, das charmante Tennis-Ass, war nicht so leicht zu haben wie Stephan es gewesen wäre, der mir an diesem Abend keine sechs Zentimeter von der Pelle wich. Nur ab und zu warf mir Malte einen kurzen Blick zu, der mir aber heiße und kalte Schauer über den Rücken jagte. Das wiederum stachelte meinen Jagdinstinkt an. Ich wurde plötzlich sportlich und entwickelte ein ausgesprochenes Durchhaltevermögen.

In solchen einschneidenden Lebenssituationen kamen meine Süchte dann ganz besonders zum Vorschein. Meine erste Sucht war das Fernsehen. Nichts war entspannender als Live-Shows, in denen sich Leute wie du und ich bis auf die intimsten Intimitäten entblößten. Meine zweite Sucht war vergleichsweise harmlos und hieß Schokolade. Gäbe es einen Schokella-Fanclub, wäre ich die Vorstandsvorsitzende, wenn nicht sogar die Präsidentin. Meine impertinent schlanke Schwester Allegra, die sich immer nur mit knackigem Gemüse und frischen Obstsorten vollstopfte, sagte ständig zu mir, dass ich der Inbegriff einer italienischen Praline wäre und sicher auch einmal derer Form annehmen würde.

Aber zurück zu Malte. Seit ich diesen Inbegriff eines Mannes – groß, stattlich, sportlich und selbstbewusst – vor mir stehen gesehen hatte, war mein Motto: den oder keinen! Seinen Namen fand ich zwar doof, aber alles andere mehr als schnuckelig. Ihn zu erobern war harte Arbeit gewesen: Überzeugungsarbeit. Letztendlich war meine Hartnäckigkeit jedoch von Erfolg gekrönt. Ob die Beziehung hingegen so erfolgreich war, wagte selbst ich, emanzipierte, jedoch vor Liebe erblindete Frau mit der rosarotesten Brille auf der Nase, zu bezweifeln.

Wenn wir zusammen waren, sollte ich vor allem, bitteschön, nichts über meine einfache Herkunft verlauten lassen. Man hätte sonst Rückschlüsse auf ihn ziehen können, denn sein Vater war schließlich Personalchef einer großen Braunschweiger Kaffeefirma. Nicht zu vergleichen mit meinem Vater, einem einfachen Kuhhirten aus den vertrockneten Bergen Siziliens, der jetzt Berlins Straßen mit einem Besen sauber hielt. Maltes Mutter konnte es sich leisten, eine Nur-Hausfrau zu sein und die Bequemlichkeiten eines Frauchens voll auszukosten, während meine Mutter ein Leben lang schuften musste.

Ein echt netter Typ, dieser Malte. Wirklich! Genau der Halt, den ich brauchte. Ein einfühlsamer Typ so ganz ohne Standesdünkel und Vorurteile. Deswegen bewunderte ich ihn zwar sicherlich nicht. Wohl aber wegen seiner leicht überheblichen Art, mit gewissen Menschen umzugehen, wegen seiner hervorragenden Allgemeinbildung und seinem bereits mit 23 Jahren abgeschlossenen Betriebswirtschaftsstudium. Jetzt war er 25 ½ Jahre alt und gerade dabei, als Immobilienmakler einer renommierten Firma viel Geld zu verdienen. Malte war nun einmal allen Männern, die ich kannte, um Nasenlängen voraus. Apropos Nasenlänge: Malte besaß eine ziemlich große Nase und widerlegte die Theorie, wonach frau des Mannes Männlichkeit an der Nasenlänge ausmachen könnte. Physisch gab es zwar nicht wirklich etwas auszusetzen, aber das Liebesleben war Maltes geheimer Schwachpunkt. Er war wohl mehr dafür geschaffen, Immobilien zu makeln als erotische Phantasien auszuleben. Um es kurz zu sagen: Phantasien hatte Malte überhaupt keine. Erotische erst recht nicht. Der sonst so perfekte, überheblichspöttische 190-cm-Mann mit vollem, rötlichblondem Haar und veilchenblauen Augen hatte in dieser Beziehung nicht allzu viel zu bieten. Und das war genau der Punkt, in dem ich, die minderbemittelte, rassige Halbsizilianerin, dem kantigen Malte um einige Nasenlängen voraus war. In unseren intimen Stunden vergötterte mich Malte. Ich war endlich seine Nummer eins, was leider nur ein schwacher Trost für mich war. Denn mein Beruf und mein Abendschulkurs konnten ihn überhaupt nicht beeindrucken. Seiner Meinung nach hätte ich mit 29 Jahren längst Oberschwester sein müssen, wenn ich schon zum Medizinstudium zu faul war. Schnösel-Malte interessierte nur, mit welchen VIPs er die Clubanmeldung teilte und welcher Promi ihm heute wieder über den Weg laufen würde. ‚Dieses arme Mädchen ist doch nichts für dich, mein Junge‘, konnte ich seinen Vater förmlich sagen hören, den ich nicht umsonst in den ganzen zwei Jahren unserer Beziehung kein einziges Mal zu Gesicht bekommen hatte. Und da Malte, von Beruf Sohn, seinem lieben Papa gefallen wollte, kam für ihn nun einmal nur etwas Blaublütiges oder eine ‚von Beruf Tochter‘-Frau in Frage.

Ich hatte ja nicht einmal Modelmaße, mit denen ich Papa Bauer hätte beeindrucken können. Mit meinen 165 cm sah ich neben Malte aus wie eine Zwergin, und meine fünf Kilo über dem Idealgewicht streckten optisch auch nicht gerade. Auch damit zog mich Malte ständig auf, obwohl ich über seine zehn Kilo Bauchspeck noch nie ein Wörtchen verloren hatte. Noch mehr als arbeiten, Sport treiben und angeben liebte es Malte nämlich, zu essen. Und ich liebte jedes Gramm seiner Dreier-Kombination aus Rettungsringen. „At the end of the day, everything is horizontal anyway", pflegte ein indischer Stationspfleger immer zu sagen, und was machten da schon die Längen- und Breitenunterschiede aus? Leider waren diese netten Stunden äußerst selten, denn Malte hatte als vielbeschäftigter Mann von Welt natürlich nur wenig Zeit für seinen Mausezahn, wie er mich liebevoll nannte. Angie, meine beste Freundin und Arbeitskollegin, überkam jedes Mal ein leichter Brechreiz, wie sie sagte, wenn sie uns zusammen sah. Und Dennis, unser bester schwuler Freund und Arbeitskollege, nannte Malte nur Würg-Malte, was Maltes Charaktereigenschaften eigentlich recht gut beschrieb. Dennis‘ Meinung war mir aber egal. Er kannte Malte ja gar nicht richtig!

„Kommen Sie heute Abend auch auf die Weihnachtsfeier, Carina?", fragte Doktor Chance liebreizend und beäugte mich dabei intensiv, während er die Gebärmutter wieder zunähte.

„Natürlich komme ich", hörte ich mich antworten und überlegte dabei fieberhaft, wo ich die Einladung, die mir vor zwei Wochen ins Haus geflattert war, vergraben hatte.

„Na also, geht doch!" Der Gyn schaute mich mit zufriedenen Augen an, und ich konnte ihn förmlich durch den Mundschutz lächeln sehen.

Ich seufzte. Doktor Will Chance, der Arzt, der *mich* anhimmelte, war das genaue Gegenteil vom selbstherrlichen Malte: klein, dunkelhaarig, nett und bescheiden. Genauso würde ich mich selbst beschreiben. Und da eine Frau ja meistens das liebt, was sie selber *nicht* darstellt, riss mich der Kleine, Dunkle, Nette nun einmal nicht vom Hocker.

Im Schwesternumkleideraum schaute ich in den Spiegel und erschrak. War das wirklich ich, die mich da blass und pickelig anstarrte? Irgendwie hatte ich mich attraktiver in Erinnerung. Das Neonlicht hob schonungslos jede Unebenheit in meinem Gesicht hervor und stürzte mich in die totale Verzweiflung. Gleich begann die alljährliche, langersehnte Weihnachtsfeier in der hauseigenen Kantine, und ich war alles andere als in Hochform. Hektisch versuchte ich, ein paar Pickelchen auszudrücken, doch ausgerechnet jetzt kam jemand zur Tür herein.

„Huch, Verzeihung!", flötete eine männliche Stimme. Wie von der Tarantel gestochen drehte ich mich um und erblickte Dennis, der sich in Schale geschmissen hatte und aussah wie eine Schwester Königin Elisabeths.

„Carina, Liebes! Du sollst doch nicht dein hübsches Gesicht verunstalten. Das sieht danach schlimmer aus als vorher", fistelte er mir zu und zog missbilligend die rechte, akkurat gezupfte Augenbraue hoch. Dann stellte er sich neben mich und begann, ebenfalls in seinem Gesicht herumzumanipulieren. Ich hatte keine Lust, die Pickel anderer schwinden zu sehen, und fummelte das Kleine Schwarze aus meinem Spind heraus. Auf wunderbare Weise kaschierte es meine Problemzönchen. Da waren zum einen meine Fettpölsterchen, und zum anderen meine genauso überflüssige Beinbehaarung. Das Überflüssige hatte ich im Überfluss, das Notwendige, wie eine etwas üppigere Oberweite, leider nicht. Nicht, dass ich ein Plättbrett zu nennen wäre, aber das Erlebnis, dass fremde Damen und Herren im Kaufhaus neidische oder bewundernde Blicke auf mich warfen, während ich am BH-Stand bei Körbchengröße D kramte, war mir fremd. Ich musste mich mit dem Überflüssigen herumplagen, während andere das Glück hatten, sich sofort mit den wichtigen Dingen des Lebens beschäftigen zu können. Und da fragte Malte noch, warum ich nicht Medizin studiert hatte. Die Antwort lag doch auf der Hand: Weil meine Zeit für die Reduzierung des Überflusses draufging.

„Dennis, hör endlich auf zu quetschen, du bist schon geschminkt", ermahnte ich meinen Freund und zwängte mich dabei in den Hauch aus schwarzer Seide und Chiffon. „Ach, Carina, du hast Recht. Wir sehen uns am Tisch! Heute kommt übrigens ein strippender Weihnachtsmann, vielleicht ist der ja was für dich", flötete Dennis und entschwebte. „Oder für dich", rief ich ihm hinterher, während ich mit dem Reißverschluss kämpfte. Nach einer Zeit merkte ich, wie kleine Schweißperlen meine Stirn benetzten. Wunderbar! Jetzt nicht nur pickelig, sondern auch noch verschwitzt. Mit letzter Kraft zwängte ich mich in die teure Edelwurstpelle. Das Deo hatte zum Glück noch nicht versagt und ich konnte aufatmen. Püh! Nun noch einmal kurz Bauch, Oberschenkel, Oberarme und Wangen eingezogen und … zipppp, der Reißverschluss ging endlich zu.

Ich nahm mir vor, gleich am nächsten Tag auf Schokellaentzug zu gehen und eine vitaminreiche Nulldiät zu machen. Aus Erfahrung wusste ich aber, dass der feste Entschluss meistens schon beim Frühstück dahinschmolz. Denn was war ein frisches, noch warmes Brötchen ohne diese braune, süße Schokoladenmasse? Und spätestens abends vor dem Fernseher brauchte ich meine traditionelle Gute-Nacht-Schokellaeinheit. Mir fiel ein Stein vom Herzen. Das mit dem Reißverschluss war ja noch einmal gut gegangen. Sonst hätte ich bei der Weihnachtsfeier im dick machenden, zweiteiligen Hebammenensemble, im zerknüllten, grünen OP-Kittel oder im zu großen, weißen Krankenschwesternoutfit erscheinen müssen. Als so genannter „Springer" hatte ich alles im Schrank. Da, wo ich gebraucht wurde, weil eine Arbeitskraft ausgefallen war, sprang ich ein und es erübrigt sich wohl, zu sagen, dass die erste Voraussetzung für diesen Job äußerste Flexibilität war. Auch was die Kleidung anging. Leider wussten das die wenigsten Kollegen zu würdigen. Für sie war ich weder Fisch noch Fleisch. Mit mir konnten die Hebammen nicht über die Krankenschwestern herziehen und die Schwestern nicht über die Hebammen.

Wenigstens brauchte ich keine Angst zu haben, heute in unpassender Kleidung vor meine lieben Kolleginnen und Kollegen treten zu müssen. Nicht auszudenken, wie verwirrt die Ärzte und Schwestern gewesen wären, wenn ich im Schwesterndress anmarschiert wäre! Aber in der stinkenden Arbeitskluft auf der Weihnachtsfeier zu erscheinen, wo alle im mehr oder weniger passenden Glitzer-Cocktailfummel auftauchten, hätte wohl selbst bei meinen Freunden für Unverständnis gesorgt. Bevor ich mich zum Gespött des Krankenhauses gemacht hätte, wäre ich lieber direkt nach Hause gegangen. Das wäre ein Triumph für die gewesen, die mir meine Springer-Position neideten und die ich als meine natürlichen Feinde im Krankenhausdschungel ansah. Zu diesen Neidern zählte ich zum Beispiel die linke Lilian und die Bazille Barbara, die zusammen das „Linke-Bazillen-Gespann" mit den traumhaften Alptraummaßen 200-220-240 abgaben. Ihre Intrigen und Lästereien waren schon nicht mehr spaßig zu nennen, aber Dennis sagte immer: „Was interessiert einen Adler das Krächzen alter Krähen." Wie Recht er doch hatte!

Bei jeder sich bietenden Gelegenheit versuchten Lilian und Barbara mit viel Energie und Arbeitsaufwand, mich schlecht zu machen. Hätten die eifrigen Kolleginnen auch bei ihrer Arbeit so viel Beständigkeit und Fleiß an den Tag gelegt, wäre das Niveau in unserer filmreifen Soap opera um einiges höher gewesen. Andächtig wischte ich in meinem Gesicht herum, um das Rouge gleichmäßig zu verteilen. Ich gehörte zu dem Frauentyp, der mit einem bisschen mehr Schminke im Gesicht gleich völlig verändert aussah und die Blicke auf sich zog. Damit löste ich unterschiedliche Gefühle aus. Bei gewissen Kolleginnen erzeugte das Eifersucht, für meine Fotografinnen-Freundin Nicole aber gab ich ein beliebtes Übungsobjekt ab. ‚Hey, hey, hey!', ermahnte ich mich. ‚Mal ein bisschen Beeilung, sonst steigt die Party ohne dich!' Jetzt konnte ich ohne Weiteres dem aufgedonnerten Haufen, der da draußen in kleinen Grüppchen zusammensaß und jeden neu Hereinkommenden von oben bis unten musterte, ohne Minderwertigkeitskomplexe entgegentreten. Noch ein bisschen Lieblingsparfüm aufgesprüht und schon flatterte ich hoch erhobenen Hauptes aus dem Umkleideraum.

Die Krankenhauskantine war voller als sonst. Ich erkannte kaum jemanden wieder. Was Kleidung und Schminke doch so alles ausmachten! Nur die Frauen, die fingerdick geschminkt zur Arbeit erschienen, waren unverkennbar. „Hallo, Schwester Jessica! Hallo, Pfleger Waldemar!" Wo waren denn meine Lieblingskolleginnen? Angie, 29 Jahre, schön, blondgelockt und lieblich, Dennis, 28 Jahre, schwul und eingefleischter Psychologiestudent, sowie die 25-jährige Krankenschwester Modesta aus Kenia, die im dritten Semester Tiermedizin studierte. Suchend schaute ich mich um und konzentrierte mich beim Gehen in den hohen, schwarzen Pumps darauf, nicht umzuknicken.

Die Band spielte ihr erstes Lied. Ah, da waren ja Angie und Dennis. Ich beschleunigte meine Schritte und auf meinen Lippen machte sich ein Lächeln breit, was jedoch sogleich wieder erstarb, als Dennis quer durch den Saal schrie: „Huhu, schöne Fraa-auu! Hier entlang bitte!" Wie peinlich! Denn jetzt schauten auch die noch von ihren Tischen hoch, die vorher hungrig die Speisekarte studiert hatten. Gerade wollte ich noch einen Zahn zulegen, um mich endlich aus dem Interessensbrennpunkt des gesamten Kollegiums zu entfernen, als aus dem Nichts plötzlich und unerwartet ein Schatten auf mich zutrat, der mich unaufgefordert bei der Hand nahm und an sich zog. Im Augenblick des Schreckens dachte ich an Malte, aber dafür war der Schatten zu dunkel und zu klein geraten. Außerdem hatte Malte aufs Heftigste protestiert, als ich zu fragen wagte, ob er mich auf unsere Weihnachtsfeier begleiten wollte. „Unter meinem Niveau", hatte er abgewinkt und mich angewidert angeschaut. Als ich meine Gedanken wieder beisammen hatte, erschrak ich noch heftiger, denn ich erkannte, wer der Besitzer des Bauches war, an den ich gedrückt wurde: Kein Geringerer als Doktor Will Chance strahlte mich etwas mehr als üblich an und schwang zusammen mit meinen unbeholfenen Extremitäten frohgelaunt das Tanzbein. Zu Hilfe! Angie, Dennis, zu Hilfe!

Heute war der Doc aber ganz besonders aufdringlich. Wahrscheinlich war Alkohol im Spiel, orakelte ich und versuchte, meine entsetzten Gesichtszüge in ein frohes Lächeln zu verbiegen. Das Auditorium musste mir ja nicht sofort ansehen, dass ich dem Liebling des Krankenhauses am liebsten eins mit meinem kleinen, aber schweren Abendtäschchen übergebraten hätte.

„Dr. Chance, ich, äh, wollte mich erst einmal hinsetzen", machte ich einen zaghaften Versuch, mich vom Doc loszueisen. Schweißausbruch! „Ach, wo Sie nun schon mal hier sind ...", grinste der Gynäkologe verliebt und tat so, als hätte nicht er mich, sondern ich ihn aufgefordert. Eigentlich war mir die Berufssparte der Gynäkokken, wie wir die Gynäkologen manchmal nannten, schon immer suspekt. In ganz Berlin gab es meines Wissens nach nur eine einzige Urologin, und 60 Prozent der Frauenärzte waren Männer. Verstohlen sah ich mich im Saal um. Morgen würde ich in aller Munde sein: „Wer war denn die Langbeinige mit den behaarten Beinen, äh, anders herum. Wer war denn der langhaarige Monica-Bellucci-Verschnitt, der so hingebungsvoll mit dem kurzbeinigen Doktor Chance tanzte? Haben wohl ein Verhältnis? Leider ist der süße Doc etwas klein geraten, aber wenn das Schneckchen die Stöckelschuhe auszieht, dann geht er ihr immerhin bis zum Kinn!"

Doc Chance ergriff seine Chance und legte zu „Jingle Bells" eine flotte, polkaähnliche Sohle aufs Parkett. Ohne Rücksicht auf meine bestöckelten Füße, die irgendwie nicht so richtig den Takt des Arztes fanden und hilflos hinterherschleiften. „Sie tanzen wundervoll, Carina!", feuerte mich der emsige Doc wild hüpfend von unten her an. „Sie auch", log ich und mir wurde bewusst, dass ich in meinem ganzen Leben noch nicht so viel gelogen hatte wie am heutigen Tag. Ich lächelte milde und madonnenhaft und versuchte, mich darauf zu konzentrieren, mich irgendwie in den undefinierbaren Rhythmus meines Tanzpartners einzufühlen, was jedoch ein erfolgloses Unterfangen war. Hoffentlich stand mir meine Verzweiflung nicht ins Gesicht geschrieben.

„Haben Sie eigentlich noch Geschwister?" Der kurze Braune hüpfte unerschrocken hin und her. „Ja, noch eine Schwester. Wir sind Zwillinge", ächzte ich und ließ mich dabei mehr oder weniger elegant umherwirbeln. Inzwischen waren wir bei einem mit der Samba verwandten Tanzschritt angelangt. „Oh, ist die genauso hübsch wie Sie?", eiferte Doc C. vom Rhythmus berauscht. „Nein, sie ist das ganze Gegenteil", entgegnete ich zwischen zwei Pirouetten. Das sollte nicht bedeuten, dass Allegra hässlich war. Aber tatsächlich hatte ich mit meiner Schwester nicht die geringste Ähnlichkeit. Sie war gertenschlank, hatte braune, taillenlange Spaghettihaare, haselnussbraune Rehaugen – und hasste Schokella. Ich wurde am 31. Dezember um 23:55 Uhr geboren und sie am 1. Januar um 0:10 Uhr. Da konnte ja keine Ähnlichkeit aufkommen! Die akademische Viertelstunde hatte Allegra beibehalten, was meine Familie immer zur Weißglut brachte.

Außerdem war sie der Perlenkettchen-Typ mit pastellfarbener Rüschenbluse aus Seide, Faltenröckchen, Perlonstrumpfhosen und flachen Pumps, was ja nun gar nicht mit meinem Kleidungsstil übereinstimmte. Trotz der offensichtlichen Unterschiede verstanden wir uns gut.

Ich erhielt als ersten Namen nach alter sizilianischer Dorftradition den meiner italienischen Großmutter und hieß eigentlich Maria-Carina. Allegra bekam das „Maria" einfallsreicherweise als zweiten Namen hinten drangehängt. ,Carina' wählten meine Eltern in der Hoffnung, dass die erste Tochter hübsch werden würde, was, glaube ich, auch einigermaßen zutraf. ,Allegra' erhielt ihren Namen in der Hoffnung, dass sie fröhlich werden würde, was eigentlich weniger der Fall war. Hier in Berlin wurden wir nur ,Carina' und ,Allegra' gerufen, aber auf Sizilien, in meiner Heimatstadt, dem Heimatort meines Vaters, rief mich meine Oma immer mit Stolz geschwellter Brust: „MA-RIII-A!!", und nie wusste ich, welche Enkelin denn nun gemeint war, denn diverse Cousinen hießen ebenfalls Maria. Ich fühlte mich also nicht angesprochen, und Allegra sowieso nicht, da Maria bei ihr nur der Zweitname war. Die Glückliche! Diese Tatsache ließ meine eigensinnige, verbohrte sizilianische Verwandtschaft zwar immer sehr übellaunig werden, mein Vater brachte es aber auch nicht übers Herz, meiner Oma zu erklären, dass seine ältere Tochter mit dem zweiten Teil des Doppelnamens angesprochen werden wollte. Nein, das hätte sie als große Beleidigung empfunden. Lieber ließen sie alle gewähren, da niemand ahnte, wie lange sie noch unter den Lebenden weilen würde. Das war nun seit fast dreißig Jahren so – und Oma erfreute sich bester Gesundheit.

Nichts gegen die heilige Jungfrau, aber ich begann den Namen ,Maria' immer mehr abzulehnen. Dennoch entschied ich irgendwann, mich für zwei Wochen im Jahr mit dem Namen zu arrangieren. Vielleicht hätten unsere Eltern uns lieber frommere Namen geben sollen, wie zum Beispiel „Diligenza" (die Fleißige), „Pulita" (die Saubere) oder „Ordinata" (die Ordentliche). Für meine sizilianische Großmutter wären das sicherlich akzeptablere Namen gewesen! „Carina" und „Allegra" fand sie scheußlich, denn echte Katholikinnen hatten Demut und Ernst zu zeigen und nicht hübsch und fröhlich zu sein. Nach mir und Allegra kamen jedenfalls keine weiteren Geschwister, und das gab ebenfalls Anlass zu ständigen Sticheleien von Seiten meines Großvaters, der sich so sehr einen Enkelsohn gewünscht hatte, um den Namen „La Palma" weitergeben zu können. In Italien sah das Namensrecht vor, dass die Frauen nach der Heirat ihren Nachnamen behielten und die Kinder, ohne Wenn und Aber, den Nachnamen des Vaters oder, genauer gesagt, den Nachnamen des Ehemannes bekamen. Einmal hatte mein Onkel Carlo, der jüngste Bruder meines Vaters, gemeint, dass eine sizilianische Frau meinem Vater sicherlich Söhne geschenkt hätte. Als Onkel Carlo dann einige Jahre später eine blutjunge Sizilianerin heiratete, gierten alle nach den ersehnten Enkelsöhnen. Aber da es doch immer wieder eine ausgleichende Gerechtigkeit gab, bekam auch er „nur" drei Töchter.

„Ach, wie schade, dass Ihre Schwester keine Ähnlichkeit mit Ihnen hat", hechelte der nette Gyn durchgeschwitzt und fischte nach einem Baumwolltaschentuch in der Innentasche seines Jacketts. Ich drehte mich suchend um und klapperte dabei jede Tischreihe ab, denn irgendwo musste auch Allegra heute Abend hier umherschwirren. Und richtig, da war sie! Im beigefarbenen, langen Hosenanzug mit besagtem Perlenkettchen und flachen Pumps stand sie zwischen ihren Kolleginnen und winkte mir unerwartet fröhlich zu. „Das dort ist Allegra", machte ich Will auf meine Zwillingsschwester aufmerksam. Doc Chance verrenkte sich seinen Hals. „Ach, auch sehr nett! Ganz anders als Sie", bemerkte er und befasste sich gedanklich wieder mit mir, indem er mir tief in die Augen und ins Dekolleté schielte. „Hat Ihnen eigentlich schon einmal jemand gesagt, dass Ihr Name gut zu Ihnen passt? CARINA! Das ist doch italienisch und heißt ‚hübsch‘, nicht wahr?" Er tupfte sich mit dem blütenweißen, frischgebügelten Stofftaschentuch einige Schweißperlen von der Stirn. Ich wich einige Zentimeter zurück, um mich nicht wieder einer möglichen Kontaminierung mit Bazillen durch Tröpfcheninfektion auszusetzen wie heute Morgen am OP-Tisch, und drehte mein Gesicht in Richtung Dennis, Angie und Kollegin Modesta, die mir feixend zugrinsten. Während ich ein säuerliches Gurkengesicht machte, konzentrierte ich mich wieder aufs temperamentvolle Hin- und Herwanken. Der Doc wollte smalltalken, und ich war krampfhaft damit beschäftigt, ihm auf die Sprünge zu helfen – besser gesagt, seinen Sprüngen zu folgen, wobei ich versehentlich seinen Spann erwischte.

Doktor Chance versuchte, sein schmerzverzerrtes Gesicht unter Kontrolle zu bekommen. Ganz Gentleman ließ er sich nicht das Geringste anmerken. Den gellenden Schmerzensschrei unterdrückend, damit auch niemand meinen kleinen Patzer mitbekam, schunkelte er mit mir voller Leid schaffender Leidenschaft weiter über die Tanzfläche. Genug Platz hatten wir ja, schließlich waren wir immer noch die Einzigen. Oh, Carina, was für ein Tag! Heute hatte ich schon so einiges bereut, und gerade bereute ich ganz ungemein, in meiner frühen Teenagerzeit keinen obligatorischen Tanzkurs absolviert zu haben, obwohl der mir in diesem Augenblick wahrscheinlich auch nicht viel genützt hätte.

„Doktor Chance, wo haben Sie denn so unmö…, äh, ungewöhnliche Tanzschritte gelernt?", keuchte ich, um mir dann wieder hochkonzentriert seine undefinierbaren Ausfallschritte einzuprägen. „Das liegt mir im Blut, meine hübsche Carinissima!" ‚Welch sprachbegabtes Wortgenie‘, schoss es mir durch den Kopf. „Meine Großmutter väterlicherseits war eine waschechte Vollblutindianerin!" Willy platzte fast vor Stolz. Er schien sich wirklich Mut angetrunken zu haben, denn so heißblütig und losgelöst hatte ich den schüchternen Arzt noch nie erlebt. Unauffällig schnupperte ich an ihm herum. Tatsächlich, eine dünne Wodka-Kirschfahne gemischt mit feinstem französischem Rasierwasser kondensierte mir aus selig lächelnden Lippen und glasigen Augen entgegen. Zu allem Übel bemerkte ich, dass der nette Doc ein süßes Grübchen am Kinn hatte und zwei noch niedlichere auf den vollen Wangen. Mein Lächeln musste Doktor C. wohl missdeutet haben, denn unter heftigem Stöhnen zog er mich äußerst heißblütig an sich. Von den niedlichen Grübchen einmal abgesehen war Doc Chance aber so überhaupt nicht mein Typ. Offenbar verschoss Amor seine Pfeile wild in der Gegend: Die Unerotischen trugen mich auf Händen, sofern sie mir nicht gerade zu Füßen lagen, und die, die ich attraktiv fand, interessierten sich nicht für mich.

Eine Strophe später verstummte die Band. Unendlich erleichtert wollte ich mich gerade der großen Chirurgenhände entledigen, hatte die Rechnung jedoch ohne den noch immer im Siebenachteltakt wankenden, tanzwütigen Viertelindianer gemacht, der sich besitzergreifend in mein kleines Schwarzes gekrallt hatte. Die Band begriff sofort, dass hier nur eine Zugabe helfen konnte, und spielte zu einem weiteren flotten Weihnachtsliedlein auf. Nun gesellten sich auch andere Tanzpaare zu uns und nickten uns aufmunternd zu.

„Do… Doktor Chance, ich möchte gerne erst einmal an meinen Platz und etwas trinken. BITTE!" Ich war jetzt wirklich unwirsch und fletschte die Zähne. Keine zehn Indianergroßmütter würden mich jemals wieder auf die Tanzfläche bekommen! Nein, so hatte ich mir die ersten Minuten der Kantinen-Weihnachtsfeier nicht vorgestellt. Ich wollte jetzt unbedingt zu meinen Freunden an den Tisch. Um jeden Preis! Der Doktor schaute mich enttäuscht an und wirkte augenblicklich stocknüchtern.

„Oh, bitte Carina, gerne! Ich geleite Sie an den Tisch", sagte er etwas zerknirscht. Es tat ihm offensichtlich leid, mich so genötigt zu haben, und so umschlang er fürsorglich meine Taille. „Bis später", verabschiedete sich Chance höflich, rückte mir den Stuhl zurecht und bedankte sich artig für den Tanz. „Aber das hat Carina doch gerne für Sie gemacht!", kam es von Dennis, dem ich einen Giftblick zuwarf. Selten hatte ich den so dringlichen Wunsch verspürt, im Erdboden versinken zu können! Ich fühlte mich auf unangenehme Weise vom gesamten Kollegium beobachtet und versuchte, mir mit aller Macht meinen angeknacksten Gemütszustand nicht anmerken zu lassen. Immer nur lächeln, Carina! LÄCHELN!

Der Saal war nett geschmückt, leicht abgedunkelt und eine Lichtmaschine erzeugte romantische, winterliche Sterne. Er hatte nichts mehr mit dem Raum gemeinsam, wo das ausgehungerte und ausgetrocknete Krankenhauspersonal seine Mahlzeiten in Rekordzeit hinunterschlang und dabei wild kauend die neuesten Krankenhausklatschgeschichten austauschte. „Schau uns nicht so beleidigt an. Wir hätten dich schon gerettet", grinste Angie. „Fragt sich bloß, wann", moserte ich. „Wenn ich Schwielen an den Füßen gehabt hätte?" Dennis haute in die klaffende Wunde, indem er sagte: „Die Schwielen hätte wohl eher Doc Chance gehabt. Wie Fred Astaire und Ginger Rogers habt ihr nicht gerade ausgesehen. Aber: The show must go on! Nun lächle mal wieder, Carina! Beim nächsten Tanz hätte ich abgeklatscht. Ehrlich!"

„Ja, um mit IHM weiterzutanzen", bemerkte ich trocken, und Modesta bekam einen Kicheranfall. Sie sah in ihrem weißen, kitschigen Paillettenkleidchen total süß aus. Es stand in einem interessanten Kontrast zu ihrer braunen Haut.

„Wie findet ihr eigentlich mein Kleid? Ist es nicht ein Traum?", fragte sie uns ernsthaft, als sie mit dem Kichern fertig war. „Es ist das Highlight des Abends", antwortete Angie bemüht begeistert und wir schauten uns diskret schmunzelnd an, weil wir offenbar absolut einer Meinung waren. „Meine Güte, was haben die sich nicht alle in Schale geschmissen", bemerkte Dennis. Am Nebentisch hatten doch tatsächlich meine Erzfeindinnen Lilian und Barbara ihre Plätze eingenommen und schauten herablassend zu uns herüber. Die beiden kranken Schwestern von der gynäkologischen Station steckten ihre wasserstoffblonden, hochtoupierten Strohköpfe zusammen und begannen zu tuscheln. ‚Alte, blöde Hexen', dachte ich. ‚Jetzt lästern sie wieder, was das Zeug hält. Und das Schönste dabei: Sie halten sich für das absolute Maß aller Dinge, als bräuchten sie auf die Gefühle anderer überhaupt keine Rücksicht zu nehmen! Andere schlecht zu machen, haben sie sich zur Lebensaufgabe erkoren. Nachher werden sie sich Doc Chance zur hängenden Brust nehmen und sich gnadenlos über mich lustig machen.'

Ihrer Meinung nach war ich eine schlechte Krankenschwester – zahlreiche, zufriedene Patienten bewiesen das Gegenteil – und dass ich auf der Abendschule Kurse besuchte, war ebenfalls eine willkommene Gelegenheit für sie, über mich herzuziehen. Als könnten ausgerechnet sie sich über das Lernen eine Meinung bilden, wo doch das Wenige, was bei ihnen erweitert war – nämlich ihr Hauptschulabschluss – dicht gefolgt war vom Taillenumfang. Aber so war bei ihnen wenigstens etwas erweitert, denn ihr Horizont war es bestimmt nicht. Dennis war der festen Überzeugung, dass die beiden Giftspritzen nur darauf neidisch waren, dass Doktor Chance MICH mit in den OP nahm, um Haken zu halten, während sie auf der Station vergammelten und Ärsche putzen mussten! Auch Dennis blieb von den Lästereien der beiden nicht verschont. Ihn hatten sie angeblich beim Sex mit einem Kollegen in der Abstellkammer erwischt, worauf Dennis erwiderte, dass er wünschte, es wäre so gewesen. Denn dann hätten sie von ihm lernen können, was einen Mann wirklich befriedigt.

Lilian und Barbara wurden im ganzen Haus nur noch „die linken Bazillen" genannt. Wir hatten uns alle ein dickes Fell wachsen lassen, was die Lästereien in diesem gottesfürchtigen Hause betraf. Leider gab es überall diese Anti-Stimmungsmacher, denen es eine Befriedigung war, anderen Leuten das Leben zu vermiesen. „Hört auf, euch das Maul zu zerreißen, sonst bröckelt noch der Lippenstift ab", bemerkte Dennis trocken. Die Giftnattern verzogen verbittert ihren Mund und suchten sich augenblicklich neue Opfer. Nun war auch mir wieder zum Lachen zumute. Der Cocktail schmeckte fruchtig lecker und leicht nach Zimt. Ich entspannte mich etwas und hoffte, den weiteren Abend von peinlichen Situationen verschont zu bleiben.

„Carina, ich finde, du und Will, ihr seid ein schönes Paar." Dennis' Stimme klang ehrlich begeistert. „Willst du mich verarschen? Der geht mir doch noch nicht einmal bis zum Hals", antwortete ich entsetzt. „Na und? Stell dir vor, dann kannst du ihn leichter auf seine Geheimratsecken küssen." Dennis war hin und weg von seiner Idee und kriegte sich vor Lachen nicht mehr ein.

In diesem Moment wurde das Büfett eröffnet. ‚Essen, genau, essen bringt meine Seele wieder ins Gleichgewicht.' Ich marschierte ans Ende der Warteschlange. Dennis hielt die kultivierte Nahrungsaufnahme wohl auch für eine gute Idee und stand alsbald neben mir. Er schaute sich in der Runde um. Schwester Maren von der Intensivstation lächelte uns freundlich entgegen. „Carina!", Dennis' Stimme klang urplötzlich leicht hysterisch. Er hatte sich in meinem Arm festgekrallt, dass es schmerzte. „Aua! Was ist denn? Hab ich Schokella am Mund?", rief ich erschrocken. Hektisch wischte ich mir über die Schnute.

Einer meiner größten Alpträume: Ich gehe auf ein Fest, schwebe hinein wie Kleopatra zu ihrer Krönung am Nil und anstatt, dass sich alle verbeugen, geht ein hämisches Grunzen und Quieken durch die Menge, weil die Prinzessin einen mit Schokella verschmierten Mund hat. Wie peinlich!

„Carina!" Dennis klang nun zutiefst theatralisch.

„Was denn?"

„Wer ist der Mann neben Will Chance?"

„Was weiß ich? Keine Ahnung!" Ich rieb mir meinen Oberarm, den Dennis inzwischen wieder losgelassen hatte.

„Carina, bitte, bitte, stell mir dieses himmlische Wesen neben Willy vor! Carina, meine Primalina! Ich bitte dich, sonst sterbe ich!" Dennis reimte gerne.

„Ich kenne ihn doch gar nicht", entgegnete ich verwirrt.

„Aber du kennst zumindest Onkel Willy besser als ich! Los, geh bitte und frag für mich!" Und schon schubste er mich an den Anfang der Warteschlange, wo Doktor Chance mit einem wirklich nett aussehenden jungen Mann mit Spitzbart stand. Wie Dennis hatte auch dieser einen kleinen, runden Ohrring im rechten Ohrläppchen. Nun verstand ich auch, weshalb Dennis so zielstrebig vorgestellt werden wollte. Dennis' ganzes Seelenheil schien plötzlich davon abzuhängen.

„Ich bin froh, den Fred Astaire der Taktlosen los zu sein und jetzt soll ich wegen dir Chance, die Zweite, auf mich nehmen? Den werde ich den ganzen Abend nicht mehr los!", maulte ich.

„Carinalina, ich bitte dich, tu es für mich!", reimte Dennis flehend und schob mich ohne Gnade auf den verschwitzten Gynäkologen zu. Als wir vor den beiden männlichen Grazien standen, fiel mir sofort auf, dass Wills Begleitung strahlend blaue Augen hatte und etwas größer als Dennis war. Dennis' neuer Schwarm hatte dunkles, kurzes Haar und sah aus der Nähe noch sympathischer aus, als ich es erwartet hatte. Dennis zwirbelte nervös an seinem Ohrring und steckte sich eine Zigarette an, obwohl das Rauchen in der Kantine strengstens untersagt war. Irgendwie standen wir nun wie zwei kleine Kinder, die den Weihnachtsmann und seinen Gehilfen einmal aus der Nähe sehen wollten, vor den beiden. Da es heute Abend nicht noch peinlicher werden konnte, zupfte ich an Onkel Doktors Schürzenzipfel und hüstelte eindringlich.

„Hi, Doktor Chance", rief ich gespielt heiter. „Na, auch Hunger?" So eine geistreiche Frage konnte ja nur von mir kommen.

„Carina, Sie, hier bei mir?" Der Arzt blickte mich erstaunt an.

Nach einer etwas peinlichen Pause hörte ich mich indiskret fragen: „Wer ist denn dein netter Begleiter?" Jetzt duzte ich den Doc auch noch! Wo war denn das Erdloch, damit ich diskret darin versinken konnte.

„Oh, entschuldigt! Das ist mein Bruder Net! Er ist auch Arzt. Net, das sind Carina und Dennis, die springenden Schwestern, von denen ich dir schon erzählt habe!"

„Ja, ich erinnere mich. Will hat mir schon einiges von euch erzählt", gab er zu verstehen und lächelte auf eine Art und Weise, dass sich über uns der Himmel auftat. Unfreiwillig musste ich über die Vornamen der beiden grinsen. ‚Ich WILL heute NET noch mal tanzen', dachte ich und verkniff es mir gerade noch, laut loszulachen.

„Hi, Net!" Dennis nahm gleich Nets Hand und schubste mich leicht zur Seite. Ich hatte ausgedient, hieß das. Carina konnte abmarschieren. Dennis war hin und weg und himmelte den netten Net zwischen Wiener Würstchen und Kartoffelsalat an. Wie romantisch!

Gerade war ich dabei, mich wieder hinter Oberhebamme Trude einzureihen, als Doc Chance mich an sich heranzog: „Bleib doch!"

„Will net!", entglitt es mir.

„Ach, wie schön! Nachher trinken wir Schwesternschaft!" Will hatte mich offenbar falsch verstanden und lächelte glücklich von einem Ohr zum anderen. Prost Mahlzeit, jetzt hatte ich ihn wirklich den ganzen Abend am Hintern kleben. Aber ich schwieg höflich, als ich Dennis' seligen Gesichtsausdruck bemerkte.

So kam es, dass ich an diesem Weihnachtsfest in Harmonie mit den Kollegen des Sankt Jerusalem Krankenhauses im Süden Berlins das Büfett einträchtig leer mampfte und im angeheiterten Zustand, im völligen Einklang mit mir selbst, ausgerechnet mit einem Gynäkologen Schwesternschaft trank. Doch der Abend war noch lange nicht zu Ende. Zwei Stunden später nämlich wurden der Krankenhaus-Julklapp und die heiß ersehnte Showeinlage durch die Pflegedienstleitung angekündigt. Die Ansprache hielt keine Geringere als Ordensschwester Epifania. Sie wälzte ihre üppigen, weltlichen Massen aufs Podest und begann mit ihrer Rede. Wie auf jeder Weihnachtsfeier bedankte sie sich bei allen Angestellten für die aufopfernde, liebevolle Arbeit im Krankenhaus. Von der Putzfrau bis zum Chefarzt seien wir alle Kollegen eines Teams, das zum Wohle des Patienten an einem Strang ziehen müsse, damit der Genesungsprozess des Patienten gewährleistet bleibe, bla bla bla bla bla.

„Und nun folgt nach alter Tradition die Verteilung der Julklapp-Geschenke. Zum Schluss darf ich im Namen aller Mitarbeiterinnen und Mitarbeiter allen Mitarbeitern und Mitarbeiterinnen ein gesegnetes Weihnachtsfest und ein glückliches, erfolgreiches neues Jahr wünschen! Wir, die Pflegedienstleitung, Schwester Hedda-Marie und ich, ..." Schwester Hedda-Marie nickte wohlwollend und huldvoll mit ihren falschen, babyblauen Augen auf uns herab. „... die Verwaltung und die Ärzte haben uns diesmal etwas ganz speziell außergewöhnlich Besonderes ausgedacht: Weil unser Krankenhaus-Team zu 70 Prozent aus Frauen besteht, bescheren wir euch und uns lieben Frauen heute einen strippenden Weihnachtsmann!"

Dennis flüsterte: „Und die sieben Prozent der Homosexuellen im Hause werden ignoriert?" Schwester Epifania zwinkerte noch einmal fröhlich in die Runde und rief: „Viel Spaß beim Zusehen oder Mitmachen! Ganz wie Sie wollen!" Diese Frau hatte was. Niemals hätte ich einer Ordensschwester solche profanen Worte zugetraut! Ich war froh, dass nicht ihre weltliche Stellvertretung, Schwester Hedda-Marie Spieß-Bürger – der Name passte zu ihr wie die Faust aufs Auge –, ihren Platz einnahm.

Nach einem alten schwedischen Brauch, den die skandinavische Vorgängerin von Schwester Epifania eingeführt hatte, fand nun die Verteilung der Julklapp-Geschenke statt. Alle Mitarbeiterinnen und Mitarbeiter hatten bis zum Vortag jeweils ein Geschenk mitzubringen, das nicht mehr als zehn Euro gekostet hatte. Jedes Paket wurde in einen großen Sack gegeben. Nun sollten jede Kollegin und jeder Kollege ein Überraschungsgeschenk daraus entnehmen. Schwester Hedda-Marie rief jeweils sechs Personen auf, die nach vorne gingen, um ihr Päckchen aus dem Geschenksack zu ziehen. Mein Name ‚La Palma' wurde zusammen mit meiner Cousine Maria, meiner Schwester Allegra, Barbara, Lilian und Doktor Heinrich Lorentz aufgerufen. Allegra, Maria und ich befanden uns also in bester Gesellschaft

Die beiden linken Bazillen und der lange Lulatsch Lorentz stürzten als Erste nach vorne. Wir hielten uns vornehm im Hintergrund und nahmen das erstbeste Geschenk, das uns in die Hände fiel, während Doc Lorentz, Lilian und Barbara effexthaschend kicherten und langatmig im Jutesack wühlten. Dann sollten wir unsere Geschenke aufmachen, damit auch alle sahen, was wir erwischt hatten. Heinrich Lorentz hielt eine perlmuttfarbene Duftlampe mit Aromafläschchen in die Höhe, Lilian ein Allround-Schneidebrett und Barbara einen Cocktail-Shaker. Schade, alles Dinge, auf die Maria, Allegra und ich auch scharf gewesen wären. Maria hingegen musste sich mit einem Kugelschreiber und einem Notizheftchen begnügen, Allegra konnte sich von nun an mit dem Buch einer deutschen Bestsellerautorin die Nächte um die Ohren schlagen und ich hatte ein Sparschwein ergriffen. Klasse! Es wurde solidarisch geklatscht, dann waren die nächsten Glücksritter an der Reihe. Ich musste gähnen. Dennis hatte seinen Kopf auf Angies Schulter gelegt und die Augen halb geschlossen. Solche Spielchen fanden wir jedes Jahr gleich unspannend. Die ganze Angelegenheit dauerte fast eine geschlagene Stunde, aber dann verdunkelte sich endlich der Saal.

Eine mitreißende, stimmungshebende Weihnachtsmelodie ertönte, und unvermittelt erschien ein Weihnachtsmann mit langem Rauschebart auf der Tanzfläche. Er bewegte sich auf die erste Tischreihe zu und zog meine Cousine Maria vom Stuhl. Sie erhob sich zögernd und ließ sich auf das Späßchen ein. Der stattliche Santa schob Maria in die Mitte des Saals und hüpfte mit ihr zusammen nach der heiteren Weihnachtsmelodie. Maria war im dritten Jahr ihrer Krankenpflegeausbildung, zu der ich ihr geraten hatte. Und so hatte ich neben meiner Schwester Allegra, die als Kinderkrankenschwester auf der Neugeborenen-Intensivstation arbeitete, noch weiteren familiären Beistand im Hause. Maria war ein total lustiger, immer fröhlicher Typ, der alle begeisterte. Sie war in Begleitung ihres Bruders Domenico, genannt Nico, gekommen, der ebenfalls sympathisch vor sich hin grinste. Nico war, wenn es nach dem Willen meines Großvaters ging, der Hoffnungsträger der Familie, da er als Einziger den Familiennamen „La Palma" weitertragen würde. Er hatte es in seinem Leben weit gebracht, nämlich vom Kofferträger zum Hoteldirektor in einem der größten Häuser in Berlins Zentrum. Ich war wirklich stolz auf meinen gut aussehenden Cousin!

Im Moment lachte sich Nico zusammen mit Maria über deren unfreiwilligen Auftritt kaputt. Marias üppiger Busen bebte freudig erregt, und alle im Saal waren begeistert, die Schwesternschülerin bei ihrem Amüsement beobachten zu dürfen. Besonders als der flotte Weihnachtsmann versuchte, sie über die Schultern zu werfen und dabei kläglich versagte, weil er offensichtlich ihr Fliegengewicht von 107 kg unterschätzt hatte. Maria fand sich, statt auf seinen Schultern, auf dem spiegelglatten Parkett wieder und krümmte sich vor Lachen. Dennis und ich hingen schlaff an der Tischkante und bissen grölend in unsere Pappbecher. Ich war stolz, eine so hübsche Cousine zu haben, die bei fünfzig Kilo Übergewicht so anziehend und attraktiv aussah, dass sie jedes Model an die Wand spielte! Maria wurde es langsam heiß, denn der Sexyboy ging jetzt ans Eingemachte. Ich grinste, zumal ich mir ziemlich sicher war, dass Maria auf diesem Gebiet noch keine Erfahrung hatte. Plötzlich ging das Licht aus und die Musik wechselte vom Rock 'n' Roll zur seichten weihnachtlichen Schmusemusik von Mariah Care. Der Rauschebart alberte nun nicht mehr herum, sondern nahm Marias Hände und ließ sich von ihr seinen roten Mantel aufknöpfen. Die Zuschauer grölten immer noch, denn Marias Gesicht nahm gierige Züge an. Fast war SIE die Attraktion des Abends und stahl dem strippenden Santa die Show. Dieser nahm es gelassen und ließ sich von Maria über den braungebrannten, muskulösen Rücken streichen. Seine Hüftschwünge wurden langsamer und erotisch. Unendlich langsam streifte er sich nun die rote Hose von den Lenden. Marias Augen konnten sich an so viel geballter Männlichkeit gar nicht satt sehen. Ungeniert stierte sie auf seinen roten Glitzertanga und grabschte danach. Der Weihnachtsmann klatschte ihr gespielt entrüstet auf die Finger.

In diesem Moment war ich mir absolut sicher, dass Maria, die immer so unschuldig tat, es auch wirklich war und noch nie einen nackten Mann unter sechzig aus der Nähe gesehen hatte. Ich wettete mit Dennis, dass sie mit ihren zwanzig Jahren noch Jungfrau war. Dennis lachte mich fistelig aus und meinte nur: „Stille Wasser sind tief, meine liebe Carina. Meiner Meinung nach hat sie schon mehr Erfahrungen gemacht, als ihr lieb sind."

„Quatsch! Schau sie dir doch an. Soll das eine erfahrene Frau sein? Immer, wenn sie verdorbene Dinge hört, bekommt sie vor Staunen den Mund nicht zu und wird rot bis an die Ohren", entgegnete ich entrüstet. Aber Dennis grinste nur und sagte: „Ach, Carina, bist du naiv!" Er beobachtete weiter die gekonnte Showeinlage der beiden auf der Tanzfläche und ich wusste nicht, über wen er sich mehr amüsierte. Über meine Cousine, die dem sexy Santa gerade einen Zehn-Euro-Schein in den Tanga steckte, oder über mich. Unverschämtheit, MICH naiv zu nennen! Ich hatte meine Unschuld schließlich auch mit zwanzig verloren.

Inzwischen nestelte Maria weiter an Mister Sexappeal herum und wir kramten nach unseren Taschentüchern, um uns die Lachtränen wegzuwischen. Maria sollte sich nun auf einen Stuhl setzen, damit der weihnachtliche Stripper auf ihrem umfangreichen Schoß erotische Auf- und Abbewegungen machen konnte. Nach einigen intimen Andeutungen nahm er langsam seine Mütze ab und stülpte sie der geifernden Maria übers schwarze Kraushaar. Dennis lag unterm Tisch vor Lachen und ich hielt mir die Bauchmuskeln fest, weil die akute Gefahr eines Nabelbruches bestand. Dann kam der Bart an die Reihe. Maria stand der weiße Rauschebart ausgenommen gut! Jetzt sollte sie dem vor Erotik nur so strotzenden Weihnachtsmann helfen, die Stiefel auszuziehen. Maria hielt lachend die beiden roten Cowboystiefel wie Trophäen in den Händen, nahm dann eine Nase voll weihnachtlichem Stiefelgeruch und tat so, als würde sie in Ohnmacht fallen.

Plötzlich wurde es stockdunkel im Raum und als das Licht wieder anging, baumelte der rote Mini-Glitzertanga um Marias Hals. Diese, soeben aus ihrer gespielten Ohnmacht erwacht, machte ein erstauntes Gesicht und verstand die Welt nicht mehr. Wir schlugen uns schreiend auf die Oberschenkel und alle im Saal klatschten rasend Beifall. Maria fasste sich schnell wieder und grinste keck in die Runde. Der nackte Weihnachtsmann war leider verschwunden und keinem tat es mehr leid als mir, dass er Maria den Anblick seines besten Stückes vorenthalten hatte. Ich blieb, wie befürchtet, nicht davon verschont, im Laufe des Abends mit meiner neuen „Schwester" Will zu tanzen. Angie griff sich Net, nicht, ohne einen eifersüchtigen Blick von Dennis einzufangen, der gerade ausgelassen mit Modesta tanzte. Wir amüsierten uns alle köstlich, und ich genoss die üppigen Komplimente, die Will verliebt austeilte, da sie bei Malte so spärlich gesät waren. Das Schönste, was Malte mir am Anfang unserer Beziehung gesagt hatte, war, dass ich eine wundervolle Kleopatranase hätte. Das fand ich sehr schmeichelhaft, denn eigentlich hasste ich meine hohe, kurze und zu gerade Nase und fand sie alles andere als königlich.

Zu meiner großen Überraschung schienen sich auf dieser Weihnachtsfeier auch noch andere Pärchen nähergekommen zu sein, denn ich sah meinen Cousin Nico eng umschlungen mit der fürchterlichen Elefantenkuh Barbara tanzen. Als sich die Reihen gegen Mitternacht lichteten und die Band „Alle Jahre wieder" spielte, wurde die Stimmung an unserem Tisch melancholisch. Will legte seinen Arm auf meine Schulter, was mir nicht einmal unangenehm war. Er war schon ein toller Kerl! Wir beschlossen zu gehen. Draußen empfing uns eisige Kälte und ein wilder Schneesturm peitschte durch die menschenleeren Straßen. Will, noch in lustig-munterer Hochstimmung, schlug vor, nachdem wir alle dabei geholfen hatten, Angies alte Kiste, Nets nagelneuen amerikanischen Kleinwagen und seinen schmucken italienischen Flitzer vom Schnee zu befreien: „Also, ich habe noch große Lust, eine Flasche Rotwein zu köpfen! Wer kommt mit?"

Dennis hatte nur auf diese Einladung gewartet, weil er herausgefunden hatte, dass Nets Wohnung gleich neben der von Will lag, und tönte: „Das hört sich super an! Ich liiiiebe Rotwein!" Ich warf Dennis einen genervten Blick zu, weil ich genau wusste, dass er lieber Weißwein mochte. Außerdem war ich todmüde und wollte unbedingt ins Bett – allein! Modesta wurde von ihrem Mann abgeholt. Angie, die Ärmste, hatte am nächsten Morgen Frühdienst und musste in vier Stunden schon wieder aufstehen. Auf sie konnte ich also nicht zählen. Etwas unschlüssig und übermüdet ließ ich mich in Wills Luxuskarosse fallen und überlegte, ob ich meine Meinung doch noch schnell ändern und mich von ihm nach Hause fahren lassen sollte. Dennis zuliebe biss ich jedoch in den sauren Apfel und ließ mich von Frank Sinatras weihnachtlichem Potpourri einlullen, das aus dem Autoradio halte. Die Tatsache, hier mit Will, der sich einiges davon versprach, im Auto zu sitzen, war mir total unangenehm. Seine Hoffnungen auf mehr wurden dadurch nur geschürt. Und diese Hoffnungen wollte ich eigentlich auf gar keinen Fall nähren.

Als Doc Chance mit seligem Lächeln auf den Lippen den Motor anließ, kam ich nicht darum herum, mich hundeelend zu fühlen. ‚Ach Will, du bist es einfach nicht, obwohl du das bist, was meine Oma eine gute Partie nennen würde!' Aber ich, die Kleopatra Berlins, stand mehr auf Arschlöcher, und Will war einfach viel zu nett. Ich seufzte und schaute Will von der Seite an, der mir bei jeder roten Ampel tief in die Augen blickte. In einer depressiven Stimmung wie dieser überlegte ich, was meine Oma, die gleich ums Eck wohnte, wohl davon halten würde, wenn ihre Enkelin im angeheiterten Zustand eine halbe Stunde nach Mitternacht in die Wohnung eines Stationsarztes fuhr, der heillos in sie verliebt war, während der Freund selig in seinem Bettchen den Schlaf der Gerechten schlief. ,Tut ein anständiges Mädchen so etwas?' ,Nein!', beantwortete ich mir die Frage selbst und wusste, dass ich damit Omas Meinung getroffen hatte.

Anständige Mädchen sicher nicht, aber: Wer wollte schon ewig anständig sein? Den Glauben an den Anstand hatte ich irgendwie verloren, als ich vor einem Jahr durch Zufall herausbekam, dass Malte, das Schwein, mich betrogen hatte! Noch dazu mit einem auf Körbchengröße D silikonaufgepolsterten Tennishäschen aus seinem Nobelverein in Zehlendorf, wo er an zweiter Stelle in der ersten Mannschaft spielte. Besagtes Doppel-D-Weib mit dem klangvollen Namen Constanze – wenigstens war er bei meinem Anfangsbuchstaben geblieben und vielleicht kamen als Nächste irgendwelche Carmens oder Christinas – schaute mich jetzt immer mit einem spöttisch-überheblichen Mundwinkelzucken an, was ich geflissentlich übersah. Außerdem, wer redete hier vom Betrügen? Ich hatte nicht vor, irgendjemanden zu betrügen, auch wenn Malte es verdient hätte. Frau musste ja nicht Gleiches mit Gleichem vergelten, oder? Dann wäre ich ja kein Deut besser als er. Damals hatte ich mich dazu durchgerungen, Malte zu verzeihen, weil es mir in den zwei Wochen, in denen ich Abstand gewinnen wollte, total beschissen ging und ich fünf Kilo abgenommen hatte. Nicht nur meine Nase sah aus wie die Kleopatras, ich hatte sogar endlich das Idealgewicht von Kleopatra erreicht und hätte Malte eigentlich dankbar sein müssen. Jedenfalls hätte eine ägyptische Sklavin nach zwei Jahren harter Arbeit beim Bau der Pyramiden neben mir wie das blühende Leben ausgesehen. Selbst Dennis und Angie flehten mich damals an, Malte um meiner selbst willen diesen winzig kleinen Fehltritt zu verzeihen, zumal dieser überzeugend Reue gezeigt hatte und meinte, dass Constanze im Bett eine echte Niete gewesen sei. – Der Arme! Mein Mitleid stieg ins Unermessliche. Die erniedrigende Entdeckung hatte ich nur einem dummen Zufall zu verdanken, denn der sonst so intelligente Malte hatte Madame C., wohl in einem Anfall von geistiger Umnachtung, MEINE Telefonnummer hinterlassen – wie süß, selbst bei ihr hatte er noch an mich gedacht. Die Dümmliche hatte mir dann eine eindeutig zweideutige Bemerkung aufs Band gesäuselt, wohl in der dämlichen Annahme, dass Maltes Mutter auf dem Anrufbeantworter zu hören war. Da ich die Eigenschaft besaß, mich mit Haut und Haaren zu verlieben und außerdem ein großherziger Mensch war, hatte ich beschlossen, meinem Prinzen diesen Seitensprung zu verzeihen. Der arme Junge hatte doch bisher nur Erfahrungen mit mir gesammelt und Anfänger waren nun einmal neugierig, oder? So richtig überzeugt war ich nicht davon, aber wenn es um den Helden meiner schlaflosen Nächte ging, belog ich mich gerne selbst.

Die darauffolgende Zeit war die schönste, die ich jemals mit Malte verbracht hatte. Plötzlich hatte er alle Zeit der Welt für mich. Wir machten eine Woche Urlaub in einem kleinen Dreieckshäuschen in Damp an der Ostsee und er brachte mir das Surfen bei. An fast jedem weiteren Wochenende fuhren wir an den Müritzsee und übten. Ich lernte American Football und Eishockey spielen und er nahm mich sogar oft in seinen Tennisverein mit, damit ich ihn bei Turnieren bewundern konnte. Ich war sein größter Fan und klatschte immer begeistert Beifall, obwohl ich die Spielregeln nur dürftig kannte und es sicher meist gar nichts zu klatschen gab. Auch auf diverse Golfplätze in Berlins grüner Umgebung schleppte er mich mit. Ich durfte ihm huldvoll beim Spielen zusehen und seine schwere Golfschlägertasche über die weiten Rasenflächen tragen. Er zeigte mir, wie ich den Golfschläger richtig halten musste und war total erstaunt, wie schnell ich lernte.

Diese schöne Zeit, in der ich jede Sekunde mit meinem angebeteten, blonden Hünen genoss, als wäre es die letzte, war der bisherige Zenit in meinem Leben. Und das hatte ich, letztendlich, nur dieser Constanze zu verdanken. Vielleicht sollte ich ihr eine Dankeskarte zukommen lassen für das Opfer, das sie gebracht hatte und wovon ich nun profitierte. Wie gut, dass ich bis jetzt davon zehren konnte, denn inzwischen lief leider alles in den alten Bahnen und wir sahen uns, wenn's hochkam, ein- bis zweimal in der Woche. Das fand ich viel zu wenig und bettelte deshalb ständig um weitere gemeinsame Stunden.

Angie und Dennis konnten mein klettenhaftes Wesen gar nicht begreifen, denn auch sie waren eher freiheitsliebende Menschen und hockten nicht ständig mit ihren aktuellen Partnern zusammen, was meiner Meinung nach aber daran lag, dass diese Freunde auch nicht die Partner ihrer Träume und ihres Lebens waren. Ich wurde von Tag zu Tag und Monat zu Monat unzufriedener und trauriger, denn ich begriff – vor allem, weil Malte es mir ja bereits ins Gesicht gesagt hatte –, dass ich nicht seine Frau werden würde. Und das, obwohl ich mir nichts sehnlicher wünschte und mir soviel Mühe gab, ihm zu gefallen. Für mich war und blieb er der absolute Traummann! Daraus folgte, dass ich meinen Freunden ständig mit meinen Negativgedanken in den Ohren lag. Angie und Dennis bewiesen jedoch immer, dass sie echte Freunde waren und hörten sich mein Gejammer geduldig an. Ich fand diesen Zustand, ständig an der langen Leine um jede Minute mit Malte betteln zu müssen, natürlich unerträglich und entwürdigend. Das ging sogar so weit, dass ich immer mehr Geld ausgab, um Maltes erlesenem Geschmack, was Kleidung und Make-up betraf, Genüge tun zu können. Betrübt saß ich nun in Wills Sportflitzer, während die letzten zwei Jahre vor meinem geistigen Auge Revue passierten.

Nein, Carina, so konnte und durfte es nicht mehr weitergehen! Ab SOFORT mussten andere Saiten aufgezogen werden. Ich würde endlich diverse Fachbücher lesen und Dennis und Angies gut gemeinte Ratschläge befolgen. Das hieß, nicht immer sprungbereit zu sein und meine eigenen Interessen nicht mehr zu vernachlässigen. Ich wollte, dass Malte mich endlich auf Händen trug, so wie ich es verdient hatte! Andere Männer rissen sich um mich und ich warf mich ausgerechnet dem an den Hals, dem es unangenehm war. ‚Mit MIR nicht mehr, so wahr ich Carina La Palma heiße!' Von dieser für mich so bedeutenden Erkenntnis bekam Will jedoch herzlich wenig mit, und als er vor einem prachtvollen Altbau am Maybachufer in Kreuzberg hielt, erschrak ich, weil ich die ganze Fahrt über meinen düsteren Gedanken nachgehangen hatte. Es tat mir fast leid, dass ich nicht einmal ein bisschen Konversation betrieben und wieder nur an mich und meine Probleme gedacht hatte.

Will rannte eifrig um den schwarzen Zweisitzer herum, machte mir die Tür auf und kramte vor dem großen Jugendstilportal nach den Hausschlüsseln. Dann stapften wir vier Stockwerke hoch, da das Gebäude keinen Fahrstuhl besaß. Bereitwillig führte er mich durch sämtliche Zimmer. Ein kleiner Flur mit grauem Teppichboden und weißer Raufasertapete empfing uns. Gleich links ging eine kleine, blitzsaubere weiße Küche ab und danach kam ein winzig kleines, ebenfalls weißes Badezimmer mit Dusche. Es folgte ein Arbeitszimmer mit einem großen Schreibtisch, vielen vollen Bücherregalen und einem mindestens ebenso vollen Wäscheständer mitten im Zimmer. Geradeaus gab es eine kleine Abstellkammer, wo Konserven, Staubsauger und Werkzeugkasten beheimatet waren. Rechts befand sich das Wohnzimmer mit einem schwarzen, teuer aussehenden Eckledersofa im einen und einem schlichten Bett mit schwarz-weiß karierter Tagesdecke im anderen Eck. Darüber ein Kunstdruck von Klimts „Kuss". An den Fenstern hingen weiße und schwarze Jalousien ohne Vorhänge. Zuletzt zeigte er mir den dritten Raum, der in mir große Verwirrung auslöste. Es handelte sich um ein romantisch eingerichtetes Schlafzimmer mit weißem Rüschenhimmelbett, das fast den ganzen Platz einnahm. Von oben baumelte ein kitschiger Kronleuchter mit kleinen Trockenblumensträußchen. Ich überlegte, wie Will zu dieser Geschmacksverwirrung kam.

Will schien mein verwundertes Gesicht bemerkt zu haben, denn er räusperte sich und sagte erklärend: „Das ist das Schlafzimmer meiner Freundin!" Der Satz hing wie ein Donnerschlag im Raum und ich versuchte, meine Gesichtsmuskulatur zu kontrollieren und so zu tun, als wäre das, was ich soeben vernommen hatte, das Natürlichste auf der Welt. ‚Hab dich doch nicht so, Carina! Wir sind doch modern veranlagt! Oder hast du ernsthaft geglaubt, dass dieser süße Arzt noch solo durch die schummerigen Krankenhausflure rennen würde?' Langsam fragte ich mich, ob Dennis bezüglich meiner Naivität nicht doch Recht hatte. Aus dem Wohnzimmer hörte ich jemanden lachen und herumalbern. Dennis und Net waren in der Zwischenzeit angekommen und hatten es sich gemütlich gemacht.

„Das Wohnzimmer ist mein Zimmer, denn wir schlafen oft in getrennten Betten", fühlte sich Will bemüßigt zu erklären. Ich war schon immer schlecht im Schauspielern und mein leicht geschocktes Inneres spiegelte sich in meinem Gesicht wider. Mein Ego, das sich durch Wills Schmeicheleien wieder positiv entwickelt hatte, hatte nun einen erneuten Knacks bekommen. Natürlich wurde gemunkelt, dass Doktor C. eine Freundin hatte. Aber dass sie jetzt auch noch zusammen wohnten, darauf war ich nun wirklich nicht vorbereitet gewesen. Fehlte nur noch, dass seine bessere Hälfte gleich zur Tür hereinspazierte und uns einen Kaffee anbot. Wir setzten uns auf das edle Ecksofa und stießen auf das bevorstehende Weihnachtsfest an. Net wollte uns dann seine Wohnung nebenan zeigen, aber Dennis' verschwörerischer Blick sagte mir, dass ich ruhig Platz behalten durfte. Ich überlegte kurz, was schlimmer war: Dennis' Blick oder die Tatsache, mit einem liierten Gynäkologen alleine in seinem Wohnzimmer zu vorangeschrittener Stunde auf einer schwarzen, erotisch kühlen Edelcouch herumzulümmeln und verliebten Blicken ausgesetzt zu sein.

Nets Wohnung interessierte mich, ehrlich gesagt, herzlich wenig und so blieb ich zu Dennis' Erleichterung auf dem Sofa kleben. Schlagartig wurde mir die fatale Entscheidung bewusst. ‚Meine Güte, Carina, was tust du da?!' Will goss mir, ganz Herr der Lage, noch ein Glas Rotwein ein und rückte voller Vorfreude ein Stück näher. Zu Hülfe! Aber diesmal würde mich niemand erhören, und Dennis war auch nicht da, um abzuklatschen. Mein gedanklicher Hilferuf verhallte also ungehört im Kleinhirn. Mist! Worauf hatte ich mich da wieder eingelassen? Noch dazu mit einem Arztkollegen! Wie sollten wir uns je wieder in die Augen blicken, ohne dass das ganze Haus Wind davon bekam? Carina, bist du dämlich! Ich nippte an meinem Rotweinglas, um die prekäre Situation zu verdrängen und ignorierte Wills aufdringliche und eindringliche Blicke. Als uns schließlich nur noch eine Bindfadenbreite trennte, stand ich abrupt auf und tat so, als würden mich Wills Bücher, die sich hier stapelten, brennend interessieren.

„Was du für tolle Bücher hast!", sagte ich im Rotkäppchen-Ton, das sich beim Anblick des Wolfs in Großmutters Bett über die großen Augen der Oma wundert, und kam mir dabei unendlich doof vor. Will hinter mir antwortete nicht. – Nanu, war der Wolf verschwunden? – Ich drehte mich zu ihm um und blickte in zwei maßlos enttäuschte Augen. Einlenkend fragte ich, was er gerade dachte.

„Ach, nichts", antwortete Will, und seine Stimme triefte vor Selbstmitleid. Das nervte mich. „Doch, sag's nur! Spuck's aus!", forderte ich ihn auf. „Ich hätte jetzt große Lust, dich zu küssen." ‚Bitte nicht', schoss es mir durch den Kopf und ich schluckte. Die Situation entglitt mir zusehends und plötzlich wollte ich nur nach Hause und in meinem Bett aufwachen. „Und du?", kam es vom Ledersofa.

Es entstand eine peinliche Schweigeminute, in der tausend Gedanken in meinem Köpfchen herumschwirrten, die ich zuerst sortieren musste. Sollte ich diesen Tag, der voller kleiner Lügen gewesen war, mit einer Lüge beenden oder zur Abwechslung einmal die Wahrheit sagen, auch wenn sie schmerzte? Ich hasste es, Menschen vor den Kopf zu stoßen! Immer schön rücksichtsvoll und einlenkend! Ich konnte ja sagen, dass ich schon, unter anderen Umständen, eventuell, nicht grundsätzlich abgeneigt sei, aber – ein Blick in Wills flehende Augen, und ich wusste die einzig richtige Antwort. „Ich nicht!"

Hätte er wegen des Kusses nicht so blöd gefragt, hätte ich ihm nicht so eine schonungslose Antwort geben müssen. Paradoxerweise übten nette Männer leider Gottes keine erotische Anziehungskraft auf mich aus. „Wo ist eigentlich deine Freundin?", fragte ich neugierig. Wills Blick verdüsterte sich. „Sie ist in den USA. Vor zwei Tagen rief sie mich an, um zu sagen, dass Schluss ist! Es gibt einen anderen." Frustriert schaute er aus dem Fenster. Plötzlich drehte er sich zu mir um und funkelte mich an: „Ach, hast du deswegen Bedenken? Das ist ja wirklich süß von dir, Carina. Du brauchst dir, wie du siehst, keine Sorgen um meine Freundin zu machen", und schon rückte er, mit einem neu aufflammenden Leuchten in den Augen, wieder ein Stückchen näher zu mir heran. Der Kloß in meinem Hals wurde immer unerträglicher und ich fand keine andere Lösung, als wieder aufzustehen, um dem bevorstehenden Kuss auszuweichen.

„Soll ich dich nach Hause fahren?" Überrascht drehte ich mich um: „Ja, bitte! Wenn es dir nichts ausmacht." Unendliche Erleichterung machte sich in mir breit und ich war schneller im Flur und hatte meinen Wollmantel angezogen, als Will schauen konnte. Leichtfüßig sprang ich die vier Stockwerke hinunter und stürmte auf die Straße, wo ein noch üblerer Schneesturm wütete als vorher. Will schaufelte und schaufelte, um seinen kleinen Flitzer vom Schnee zu befreien, aber es war völlig aussichtslos, denn der Wagen schien sich in seinem Schneebettchen wohl zu fühlen. Kaum hatte Will vor dem Auto aufgehört zu schippen und hinten begonnen, war vorne schon wieder alles zugeschneit. Schließlich setzte er sich mit blaugefrorener Nase ins Auto und versuchte, den Motor anzulassen. Aber der japste nur und sagte schließlich gar nichts mehr.

Inzwischen war es 2:30 Uhr und mir war eisig kalt. ‚Alles hat sich gegen mich verschworen', dachte ich und trippelte von einem Bein auf das andere. „Ich fürchte, du hast Pech, Carina. Taxen fahren sicher auch nicht, denn der Schnee ist viel zu hoch auf den Straßen. Die Streufahrzeuge sind noch nicht einmal bis zum Kottbusser Tor vorgekommen." Will schaute auf die große Kreuzung Richtung U-Bahn Station, die ziemlich weit entfernt war. Ich seufzte. „Wenn es dir nichts ausmacht, dann kannst du gerne mit, äh, bei mir schlafen", bot Will an, und seine Bemühungen, den Kampf gegen den Schnee aufzunehmen, hatten mich schon wieder milde gestimmt. Jetzt, zu nachtschlafender Zeit durch das eingeschneite und zugefrorene einsame Berlin zu wackeln, darauf hatte ich nun wirklich keine Lust, und so nahm ich sein Angebot wohl oder übel an.

Wir stiefelten abermals die vier Stockwerke zu seiner Wohnung hoch. Wills Miene hatte sich erhellt, und trotz seiner rot gefrorenen Ohren lächelte er mich an und trabte geschäftig zwischen Wohn- und Schlafzimmer hin und her. Jetzt, wo seine Beziehungsverhältnisse geklärt waren, hatte ich auch keine Hemmungen mehr, mein müdes, von Rotwein benebeltes Haupt in seiner Bude niederzulegen. „Wo möchtest du schlafen? Im Himmelbett oder hier?" „Ist mir ganz einerlei." „Auf der rechten oder der linken Seite?" Will schaute mich hypnotisierend an. ‚Ich bin kein Kaninchen', dachte ich und überlegte leicht verwirrt, wie ich die Frage interpretieren sollte. „Ich möchte alleine schlafen. Wo, ist mir egal", sagte ich schließlich resolut. Wenn Will ein Vogel gewesen wäre, hätte er jetzt mit hängenden Flügeln schlaff in der Ecke gegangen.

Und so kam es, dass ich die Nacht des 20. Dezembers in einem kitschigen Himmelbett verbrachte, in einer kleinen Wohnung in Kreuzberg, mit Blick auf den Landwehrkanal, im Bett der Exfreundin des Stationsarztes der Gynäkologie, der eine waschechte Vollblutindianerin zur Großmutter hatte.

3   Schokella zum Frühstück

Als ich am nächsten Morgen aufwachte, hatte ich Kopfschmerzen, mir war lausig kalt und das Schlimmste: Ich wusste zuerst gar nicht, wo ich mich befand. Schlaftrunken schaute ich mich im Zimmer um, bis die Erinnerung langsam wiederkam. Doktor Will Chance. Richtig! Die Weihnachtsfeier, und dann der Rest.Ein Blick aus dem Fenster sagte mir, dass es die ganze Nacht geschneit hatte. Ein Blick neben mich sagte mir, dass Will die halbe Nacht an meiner Seite gelegen haben musste und mein Gespür für Anstand und Sitte akut bedroht gewesen waren. Wann um alles in der Welt war dieser Knilch unter meine Bettdecke gekrochen und hatte meinen unschuldigen Dornröschenschlaf ausgenutzt, um seine Platt-, Senk- und Spreizquanten an meinen Füßchen zu wärmen? Das glaubte ich einfach nicht! So viel Dreistigkeit hatte ich dem netten Stationsarzt nun doch nicht zugetraut. Am liebsten hätte ich ihm mit meinem besagten schwarzen Abendtäschchen eins auf die zerzauste Rübe gehauen, aber ich besann mich eines Besseren. Denn erstens war das Abendtäschchen gerade nicht zur Hand, und zweitens musste ich ganz dringend! Also machte ich einen Salto mortale über den schnarchenden Will. Ihm war wohl kuschelig zumute, denn er rollte sich auf meine Seite, grunzte ein bisschen vor sich hin und sabberte auf die weißen Rüschen des Kopfkissens. Nicht auszudenken, wenn ich noch neben ihm gelegen hätte!

Ich schlich ins Badezimmer und duschte mich rasch. Als ich mit triefnassen Haaren wieder herauskam, nur in eines von Wills großen, schwarz-weiß gestreiften Badetüchern gewickelt, lief ich direkt in seine Arme. Seine roten Boxershorts mit unendlich vielen kleinen, nackten Weihnachtsmännern und der nackte, schwarz behaarte Oberkörper rissen mich nicht gerade vom Hocker, und so musste ich wohl ein ziemlich dummes Gesicht gemacht haben.

„Guten Morgen", sagte ich steif. „Guten Morgen, schöne Frau", säuselte Will gähnend. „Hat dir eigentlich schon mal jemand gesagt, dass du mit nassen Haaren umwerfend aussiehst?" Will schien sich von der nächtlichen Abfuhr an meiner Seite regeneriert zu haben und war bester Laune. Ich wich einen Schritt zurück, um nicht Kontakt mit seinem gekräuselten Brusthaar aufnehmen zu müssen. Dieser Orang-Utan erinnerte mich stark an meinen Vater, der mir leider seine haarigen Angelegenheiten vererbt hatte, so dass der Nassrasierer mein engster Freund und ständiger Begleiter war. Wer konnte es mir also verübeln, dass ich mehr auf unbehaarte, durchtrainierte Oberkörper stand? „Danke", antwortete ich selbstbewusst. Ich hatte einmal irgendwo gelesen, dass Frauen die Tendenz haben, keine Komplimente vertragen zu können, und statt sie mit einem Lächeln anzunehmen anfangen, sich klein zu machen. Wenn ihr Gegenüber zum Beispiel sagt: „Was hast du doch für schönes Haar!", dann sollte frau unbedingt der Versuchung widerstehen, von ihrer schwer zu bändigenden Strohmatte zu berichten und wie viel Kraft aufgewendet werden muss, um diese zu domestizieren. Auch sollte frau unbedingt vermeiden, ihre lästige, überflüssige Beinbehaarung und ihren Hang zur postpubertären Akne detailliert darzulegen! Nein, frau sollte sich einfach nur über das Kompliment freuen und es annehmen. Die kleinen Schwächen wie Hirsutismus und Seborrhöe würde der andere ohnehin irgendwann mitbekommen.

„Kannst du mir einen Föhn geben?", sagte ich schnell, noch bevor ich anfangen konnte, von meinem Haarausfall zu plaudern. Meine nassen Haare hatten inzwischen viele dunkle Wassertropfen auf dem Teppichboden hinterlassen. „Aber natürlich, meine hübsche Carina." Er kramte nach einem Föhn und reichte mir ein Designerstück aus Chrom. „Habe ich aus den USA", sagte er und gab mir auch noch ein paar frische, schwarz-weiße Handtücher, die gerade der Diskonter im Angebot hatte.

„Ach, übrigens hat dein Handy geklingelt. Ich war so frei, ranzugehen." „Und? Wer war dran?", fragte ich, während ich mit dem heillos verworrenen Kabel des Föhns kämpfte. „Ein Malte Bauer oder so ähnlich! Großes B, kleines auer! Scheint ein Witzbold zu sein!" „Ich lach mich kaputt", sagte ich und mir wurde augenblicklich schlecht. „Was hast du ihm gesagt?", fragte ich vorsichtig. „Na, dass ich der Stationsarzt bin und dass du gestern nach der Weihnachtsfeier bei mir übernachtet hast."

Ich glaubte, mich übergeben zu müssen. Unbeirrt fuhr Will fort: „Wenn du dir die Zähne putzen willst, kann ich dir auch gerne einen neuen Zahnbürstenaufsatz für die elektrische Zahnbürste geben. Normale habe ich nicht." Er kratzte sich zwischen seinen Beinen am nackten Weihnachtsmann. Ich schluckte. „Ja, bitte." Mehr fiel mir im Moment nicht ein. Was Malte jetzt wohl denken würde!

„Hättest du auch noch etwas anderes zum Anziehen für mich? Meine Klamotten stinken nach Zigarettenrauch", fragte ich, als ich mich etwas später wieder gefangen hatte. Malte vertraute mir voll und ganz und ich würde ihm später einfach alles erklären. Es würde schon nicht in einer Katastrophe enden, versuchte ich mir Mut zuzusprechen. „Ja, klar! Du rauchst nicht, nicht wahr?" Will stiefelte eifrig ins Zimmer der Ex und kramte im Kleiderschrank. „Nein, schmeckt mir nicht und macht alt, blass und krank! Ist außerdem nur orale Ersatzbefriedigung. Wenn ich mich oral befriedigen will, greife ich zu anderen Mitteln", antwortete ich altklug, wurde mir aber augenblicklich meiner schlüpfrigen Aussage bewusst, obwohl ich eher an Schokella gedacht hatte. Peinlich berührt kämmte ich hektisch mein langes Rapunzelhaar. ‚Mensch, Carina, halt's Maul!'

„Da bin ich ganz deiner Meinung", grinste Will zweideutig. „Ach Carina, nimm dir doch lieber selber etwas aus dem Schrank von Isolde. Ich bin sicher, sie hätte nichts dagegen", sagte er schließlich und beobachtete mich, wie ich mir zum ersten Mal in meinem Leben die Zähne mit einer elektrischen Zahnbürste putzte.

‚Isolde heißt die Holde', dachte ich. ‚Sehr hübscher Name. Schade nur, dass Tristan ihr zu langweilig geworden ist', und putzte dabei eifrig weiter. ‚Tolles Gefühl, diese elektrische Zahnbürste. Wahrscheinlich gut als alternatives Mittel zur oralen Befriedigung einsetzbar. Schön, wenn frau auf ein so vielseitig einsetzbares Haushaltsgerät Zugriff hat.' „Habe ich auch aus den USA", erklärte Will und zeigte auf den elektronischen Zahnbürstenapparat. Dann nahm er seine Anhimmelei wieder auf und stierte mich von der Badezimmertür aus an. Ich wettete, dass Will gerade versuchte, das Badehandtuch, das meinen Oberkörper umwickelte, zu hypnotisieren, um von mir abzulassen, und bemerkte einen eifersüchtigen Blick, welcher der elektrischen Zahnbürste galt.

„Ich war vor zwei Jahren in Kalifornien", sagte ich. „Und du?" „Florida und Arizona! Ach, Amerika ist super!" „Wann bist du eigentlich nach Deutschland gekommen?", fragte ich interessiert. „Meine Eltern haben sich scheiden lassen, als ich zehn Jahre alt war. Da meine Mutter aus Schwaben ist, ging sie zurück in ihr Elternhaus." „Ach, deshalb dein leicht schwäbischer Dialekt! Und? Hast du noch Kontakt zu deinen Verwandten in Amerika?" „Ja, ja! Net und ich fliegen fast jedes Jahr zu unserem Vater und unserer restlichen family. Vor einigen Jahren hatte sich dann für Isolde und mich die Gelegenheit ergeben, dort zu arbeiten." „Wie ist sie denn so, die Isolde?", fragte ich etwas distanzlos, um den gierigen Will wieder auf den Boden der Tatsachen zurückzubringen. Schließlich will frau ja nur ungern in frischen Wunden bohren. Aber Will war redselig: „Sie ist das genaue Gegenteil von dir." ,Aha, also groß, dürr, sportlich, blond und selbstbewusst.' „Sie ist etwas kleiner als du, hellblond und Floristin", gab Will bereitwillig Auskunft. „Isolde hat mich schon öfter betrogen. Von daher ist es jetzt nichts Neues. Wenn sie aus Amerika zurückkommt, dann will sie sicher wieder mit mir zusammen sein. Bis jetzt war es jedes Mal so. Aber ich denke, diesmal hat sie keine Chance. Ich habe mich nämlich in jemand anderen verliebt." Will schaute mich wieder wie ein Kaninchen an, als ich mich schüchtern an Isoldes Kleiderschrank zu schaffen machte. „Ach ja, kenne ich sie?", fragte ich unschuldig. Will lachte und erzählte freimütig weiter. „Einmal waren wir auf einer Party und weil wir alle reichlich getrunken hatten, beschlossen wir, im Wohnzimmer des Gastgebers zu übernachten. Überall lagen also Schnapsleichen herum. Isolde lag links neben mir. Sie dachte wohl, dass ICH links von ihr schlief, denn sie fing an, mit dem Typen an ihrer linken Seite herumzufummeln und zu knutschen. Ich lag aber rechts neben ihr und bekam mit, wie sie mit dem Falschen herummachte!"

Es fiel mir bei dieser grotesken Story unendlich schwer, nicht vor Lachen in den Kleiderschrank zu kippen, in dem ich wie ein Maulwurf herumwühlte. Irgendwie konnte ich nicht fassen, dass dem armen Onkel Doktor so viel Schlechtes widerfahren war. Will schien mein Glucksen als Gesprächsaufforderung zu deuten und nahm den roten Faden wieder auf: „Ich versuchte, Isolde zu signalisieren, dass ich auf der anderen Seite lag, aber das schien sie gar nicht zu interessieren, sie gab sich hemmungslos ihren alkoholbenebelten Gefühlen hin." ,Ja, ja, so sind die Floristinnen. Alles Blumenkinder', dachte ich breit grinsend und hustete heftig, um mich wieder unter Kontrolle zu bekommen. Es schien Will ein Bedürfnis zu sein, weiter über seine misslungene Beziehung zur verwirrten Floristin zu plaudern, die rechts und links nicht unterscheiden konnte oder wollte.

„Und was hast du getan?", wollte ich gespannt wie ein Flitzbogen wissen. Ich dachte an Vergeltung im Morgengrauen, wie zum Beispiel ein Duell mit dem Widersacher. „Ich drehte mich zur anderen Seite und hielt mir die Ohren zu, damit ich so wenig wie möglich von der ganzen Szene mitbekam, und versuchte einzuschlafen. Für die beiden neben mir schien das Ganze, so wie es war, in Ordnung zu sein, und so war es wohl für alle Beteiligten das Beste, wenn ich keinen Alarm schlug. Am nächsten Morgen schauten mich zwar ein paar von meinen Freunden etwas komisch an, aber inzwischen war ich Kummer gewöhnt und außerdem liebte ich sie ja."

Gut, das war natürlich auch eine Möglichkeit, mit dieser Situation umzugehen. Die Einstellung fand ich richtig sozial und Wills Verhalten war mehr als taktvoll. Ich selbst hätte jedoch etwas mehr sizilianische Leidenschaft eingebracht und mich wahrscheinlich schreiend, mit einem Kartoffelmesser zwischen den Zähnen, zwischen die beiden geworfen. Toleranz hin, Toleranz her.

„Hast du sie am nächsten Morgen nicht darauf angesprochen?", fragte ich, um Lässigkeit bemüht. „Doch, aber Isolde konnte sich an nichts mehr erinnern", antwortete Will resigniert. Ich musste schmunzeln. Im Dunkeln ist es schon mal möglich, sich zu täuschen. Das steht ja jedem mal zu, oder?! Inzwischen hatte ich mir eine Jeans und ein Sweatshirt geangelt und ging damit ins Bad, weil Will keine Anstalten machte, den Raum zu verlassen. Die Kleidung passte, obwohl Isolde, wie Will sie beschrieben hatte, kleiner war als ich. Lieblich nach seinem Herrendeo duftend, marschierte ich dann in die Küche, wo Will schon Kaffeewasser aufgesetzt und den Tisch gedeckt hatte. Nun suchte er im Kühlschrank nach der Margarine.

„Kann ich dir helfen?", fragte ich wie bestellt und nicht abgeholt im Türrahmen stehend und beobachtete seine Rückenansicht im schwarzen Frotteebademantel. „Nicht nötig! Mach es dir bequem. Ich geh noch schnell duschen! Willst du mitkommen?", sprach Will in den Kühlschrank hinein und als ich nicht antwortete, verzog er sich kommentarlos ins Bad. Mist! Hoffentlich hatten sich meine langen, dunklen Haare nicht im Abfluss breit gemacht. Ich hatte in der Hektik vergessen, diese zu entfernen, und auf meinen Haarausfall unter der Dusche war immer Verlass. Will ließ sich jedoch nichts anmerken und kam in aprilfrisch gespülter sportlicher Kleidung aus dem Bad. Er duftete nun ebenfalls nach dem herbwürzigen Deo. „Warte, ich mache noch schnell die Dusche trocken", sagte er und angelte nach einem Putzlappen unter der Spüle. Ich folgte ihm ins Bad und beobachtete Will, wie er mit emsiger Sorgfalt seine Fliesen abrieb. Das hatte ich noch nie gemacht! Als er endlich fertig war, legte er seine Hände auf meine Schultern, schob mich in die Küche zurück und drückte mich zart auf einen Küchenstuhl. Dabei schaute er mir tief in die Augen. „Lach mal!", forderte er mich unvermittelt auf. „Wieso?", fragte ich verständnislos und versuchte, seine Hände von meinen Schultern zu schütteln. „Meine Güte, was hast du für süße Grübchen", sagte er bewundernd und strich mir mit seinem Zeigefinger auf eins meiner Grübchen auf der Wange. In meinem Magen kribbelte es. Ich lächelte unsicher und verkniff mir, ihn auf sein Grübchen am Kinn anzusprechen. Dann goss uns Will endlich Kaffee ein und setzte sich ebenfalls.

Einerseits waren mir diese ganzen vertrauten Gesten des Morgens unangenehm: Erst in der Nacht nichts gemacht, nun aber das Duschgel und den Frühstückstisch geteilt und in die Klamotten der Ex geschlüpft – andererseits war es wirklich eine wundervolle Ablenkung. Ich hatte in den letzten zwölf Stunden nicht ein einziges Mal an Malte gedacht! Na, jedenfalls bis Will mir sagte, dass er angerufen hatte. Peinlich berührt ließ ich meinen Blick über den kleinen, vollen Tisch schweifen und atmete tief durch. Das war wieder typisch Carina! So etwas konnte der braven Allegra nie passieren. Die hätte bereits gestern Abend vor dem Auto abgewinkt, Dennis' flehentlichen Blick geflissentlich übersehen oder sich von Modesta und ihrem Mann geradewegs nach Hause chauffieren lassen. Ich hingegen musste die Nacht rotweinschlürfend in fremden Wohnungen herumlungern, neben dem Stationsarzt aufwachen und nun auch noch Margarine und Duschgel mit ihm teilen.

„Möchtest du vielleicht Tee oder ein Frühstücksei?", fragte Will im Tonfall eines übereifrigen Hotelpagen, der gerne bereit war, jegliche Extrawünsche zu erfüllen. Es fehlte nur noch, dass er fragte, ob auch alles meinen Wünschen entspräche. „Oder entspricht alles deinen Wünschen?" „Alles bestens. Ich trinke morgens lieber Kaffee und vermeide cholesterinhaltige Speisen. Wenn möglich, hätte ich gerne noch ein Aspirin!" Ich wunderte mich über den Schwachsinn, der da gerade aus meinem Mund gesprudelt war. ‚Ich vermeide cholesterinhaltige Speisen.' Seit wann denn das? Schnell schaute ich mich verlegen in der kleinen Küche um, damit ich Wills Blick auswich. Und um zu kontrollieren, ob ich nicht irgendwo ein Glas Schokella übersehen hatte.

Das schmale Küchenfenster gab einen trostlosen Blick auf einen tristen, verschneiten Hinterhof frei. Da saßen wir uns nun wie Brüderlein und Schwesterlein gegenüber. In meinem Magen kribbelten tausend Ameisen vor Unbehagen, wie dies früher vor jeder Klausur war. Wills Blick klebte auf mir. Unruhig rutschte ich auf dem Stuhl hin und her. Will hatte mir das gewünschte Aspirin gebracht und dann ein Knack- und Backbrötchen mit Margarine beschmiert. Fürsorglich reichte er es mir und blickte mir dabei abermals tief in die Augen. „Hast du Schokella?", fragte ich, inzwischen unter Entzugserscheinungen leidend. „Ach so, ja klar! Bitteschön! Hat ja nur wenig Cholesterin!", grinste Will und fischte in einer Schublade nach dem schwarzen Gold. „Dankeschön", lechzte ich gierig und riss ihm das volle Schokellaglas aus der Hand. Dabei berührten sich unsere Finger und Doktor Will Chance wurde augenblicklich rot im Gesicht.

Irgendwie hatte ich das dringende Bedürfnis, einen Winterspaziergang um den zugefrorenen See zu machen, der sich hinter dem Schwesternwohnheim befand, wo ich seit Jahren wohnte. Um die Stimmung etwas aufzulockern, begann ich, das Gespräch auf das Krankenhaus zu lenken und Will stieg erfreut ein. Wir lästerten über alle und jeden und irgendwann hingen wir vor Lachen unterm Stuhl.

„Sag mal, Carina. Kann es sein, dass dich einige deiner Kollegen nicht leiden können?" „Hast du das auch gemerkt?", fragte ich erstaunt. „Na, dass Hebamme Gabi und Lilian und Barbara dich nicht leiden können, merkt selbst ein Blinder mit Krückstock", bemerkte Will nüchtern. „Was meinst du, ist der Grund dafür?" „Wieso, belastet dich das?" „Ja, irgendwie schon. Ich kann prinzipiell erst einmal alle leiden, und wenn nicht, lasse ich mir zumindest nichts anmerken." „Du bist ja auch du und etwas ganz Besonderes", sagte Will. „Schade, dass nicht alle so sind! Die meisten Menschen sind nun mal dumm, liebe Carina, und da heißt es dann, mit den Dummen leben müssen. Und deshalb sollte es dir gleich sein, was Dumme von dir denken. Meistens sind sie nämlich nur neidisch." „Weshalb sollte jemand auf mich neidisch sein, Will?" Ich war verwundert. „Carina, hast du dich schon einmal im Spiegel betrachtet und damit meine ich nicht nur den Spiegel an der Wand. Du siehst gut aus, du hast das Herz auf dem rechten Fleck, ein angenehmes Wesen und zumindest ich bin sehr gerne mit dir zusammen." Plötzlich fand ich Will ganz super und hätte ihm jetzt am liebsten ein Küsschen auf die Geheimratsecken verpasst. In großzügiger Stimmung sah ich sogar davon ab, ihn auf sein in mein Bett verlegtes Nachtlager anzusprechen.

„Hast du schon einmal darüber nachgedacht, Medizin zu studieren?", fragte mich Will unvermittelt. „Ich weiß nicht, ich bin doch kein hyperintellektueller Mensch." „Aber Carina, ich doch auch nicht. Als wären alle die, die studiert haben, hyperschlau. Sie sind ja noch nicht einmal besonders fleißig. Das A und O ist doch nur, den Anfang zu machen und für die Klausuren etwas zu lernen. Einen guten Arzt machen die inneren Werte aus, und die hast du im Überfluss, denn die Patienten himmeln dich an. Ich bin gerne bereit, dir im Studium unter die Arme zu greifen." Will schaute mir tief in die Augen. ‚Und unter den Rock wohl ebenfalls', dachte ich, lächelte aber über seine netten

Worte. „Wer weiß, vielleicht mache ich ja dann auch einen Kurs an der Volkshochschule, um Italienisch zu lernen", sagte Will und zwinkerte mir zu. Augenblicklich wurde ich stocknüchtern und schaute ihn bierernst an. „Ich bin aber bei den Fortgeschrittenen", antwortete ich und fand Wills Bemerkung aufdringlich. „War ja auch nur ein Scherz", sagte Will schnell und ich war wieder zufrieden.

So brachte ich nett plaudernd das Frühstück hinter mich und Will bestand darauf, mich nach Hause zu fahren. Als wir im kleinen Flur standen und ich meinen Mantel anziehen wollte, nahm er plötzlich meine Hände. „Warum guckst du so?", fragte ich, schon wieder unsicher. „Du hast Schokella am Mund", antwortete Will, angelte sich ein Taschentuch aus der Hosentasche, als ich schon wieder keines fand, und begann emsig, Schokella aus meinem Grübchen zu pulen.

Endlich auf der Straße, sprang sein Wagen diesmal ohne Murren an und Will fuhr mich zügig nach Hause. Als ich vor der Tür des Schwesternwohnheimes stand, war ich fast glücklich. Will hatte sich mit einem Kuss auf die Wange verabschiedet und keine Anstalten gemacht, noch mit hochkommen zu wollen. Das Schwesternwohnheim wurde intern auch „Befruchtungszentrum" genannt und ich wollte dieses Gerücht nicht noch untermauern. Ich atmete erleichtert auf und suchte nach meiner neu erworbenen Big Anna Handtasche von Pojng, um die Hausschlüssel herauszunehmen. Panisch bemerkte ich, dass ich sie in Wills Auto liegen gelassen haben musste. „Ich blöder, schussliger Trottel", murmelte ich und war völlig genervt, weil ich nun gezwungen war, bei Will anzurufen, um mich abermals mit ihm zu treffen. Pommi, die Hauswartsfrau, wischte gerade mit akribischer Genauigkeit den Hausflur und machte mir die Haustür auf, als sie sah, dass ich wie ein begossener Pudel ohne Schlüssel davor stand.

„Na, Kleene, haste die Schlüssel vergessen? Ist alles in Ordnung?" Pommi schaute mich intensiv an und unterbrach kurz ihre Wischtätigkeit. „Du siehst aus, als wenn du eine Tasse Kaffee nötig hättest!" „Gerne, Pommilein! Wenn du Zeit hast, immer!" Pommi schloss ihre Wohnungstür auf und ein Duft nach Putzmittel strömte mir entgegen. In ihrer Wohnung hatten sogar die Sofakissen Bügelfalten, und obwohl sie stark rauchte, roch es nicht nach Zigaretten. Wir gingen in die Küche und ich setzte mich in die Essecke. Als eine frischgebrühte Tasse Kaffee vor mir stand und ich viel Milch dazu gegossen hatte, brach es aus mir heraus. „Ach Pommi! Malte liebt mich nicht!" „Wie kommst du denn darauf? Hat er das gesagt?" Pommi setzte sich zu mir. „Nein, aber ich merke es! Wenn ich nicht so unglaublich schusselig, inkonsequent und unattraktiv wäre, würde er mich sicher mehr lieben!" Da war sie wieder: meine innere Unsicherheit. Ich war eine, die jedes Jahr bei der Zeitumstellung entweder zu früh oder zu spät erschien, bei der regelmäßig die Milch überkochte, die die Kaffeemaschine anließ und auch, wenn die Hämorrhoiden blühten, nicht auf die tägliche Futterration an Schokoriegeln verzichten konnte. Die, die zwar gerne Medizin studieren würde, aber den Hintern nicht hochbekam, um mit Fleiß und Ausdauer ihre Träume zu verwirklichen, die in den eigenen vier Wänden fröhlich, redegewandt und witzig war, aber in der Öffentlichkeit zu einem aschenputtelartigen Mauerblümchen mutierte. „So ein Blödsinn, Carina. Ich habe dir schon mehrfach gesagt, dass es dir nur am nötigen Selbstbewusstsein mangelt. Wenn du dich selbst liebst, lieben dich auch die anderen! Und wenn du dich von Malte nicht genug geliebt fühlst, dann liegt das nicht an dir und deinen Eigenschaften, sondern daran, dass er für dich nicht der Richtige ist. Wenn dich einer wirklich liebt, dann liebt er dich trotz und gerade wegen deiner Schwächen, denn niemand ist perfekt."

Ich bewunderte Pommi und musste unwillkürlich an Will denken, der mir kurz zuvor ja auch schon ins Gewissen geredet hatte. Pommi hatte keinen Schulabschluss, war früher Kassiererin in einem Lebensmittelladen gewesen und wischte hier die Flure. Sie war eine total sympathische Frau mit gesundem Menschenverstand und dem Selbstbewusstsein einer Nancy Reagan. „Du hast Recht, Pommi! Ich werde an mir arbeiten", versprach ich, drückte Pommi, nahm den Ersatzschlüssel mit und machte mich auf, um in meine Wohnung zu gehen. Im Hausflur drehte ich mich noch einmal nach ihr um und winkte, dann betrat ich den Fahrstuhl.

Als ich meine Wohnungstür aufschloss, überfiel mich nicht nur das Chaos, sondern auch das Gefühl der Glückseligkeit, was beim Anblick der Bücher auf dem Schreibtisch jedoch augenblicklich wieder erstarb. Bis nach Neujahr wollte ich das noch alles für meinen Volkshochschulkurs durcharbeiten und das war nicht gerade stimmungshebend. Dicke italienische Grammatikwälzer und Goethes „Italienische Reise" stierten mich intensiv an und erinnerten mich an meinen heutigen Abendkurs um 19:00 Uhr. Ich beschloss, zuerst einmal den Anrufbeantworter abzuhören. Drei Anrufe waren verzeichnet. Der erste war von meiner Schwester Allegra, die fragte, wo ich mich denn herumtreiben würde. Der zweite war von Angie, die vom Frühdienst aus nur kurz kontrollieren wollte, ob ich gestern Abend auch gut zu Hause angekommen sei. Aber anscheinend hätte ich mich anderswo doch besser untergebracht gefühlt! Der dritte war, oh Wunder, von Malte, der aufs Band maulte, bei wem ich denn eingeschneit gewesen sei und dass wir doch im Park joggen gehen wollten. Es war wieder einmal eine Woche, eine ganze, lange Woche seit unserem letzten Treffen vergangen, wo wir zwischendurch nur einmal telefoniert hatten, um das nächste Treffen zu organisieren. Heute wollten wir im Tempelhofer Frankepark um den See joggen, denn ich hasste die langen Anfahrtswege zum Wannsee oder Grunewaldsee, besonders wenn ich noch lernen musste. Lieblos schaute ich meine Bücher an und überlegte, ob ich mich wieder in die alten Abhängigkeitsstrukturen begeben wollte. Oder war jetzt tatsächlich eine neue Ära angebrochen, wie ich es mir vorgenommen hatte? Der Wille war stark, das Fleisch war schwach.

Ich beschloss, meine Fleischmassen zu überwinden, griff kurzerhand zum Telefonhörer und wählte Maltes Nummer. Sein Anrufbeantworter sprang nach zweimaligem Klingeln an und seine von sich selbst äußerst eingenommene, aber über alles geliebte Stimme ertönte: „Sie haben den Anschluss 777 42 69 0 von Malte Bauer gewählt. Ich bin zurzeit leider nicht erreichbar, aber Sie können mir gerne nach dem Piepton eine Nachricht aufs Band sprechen. Ich rufe Sie dann umgehend zurück!" ‚Alles leere Versprechungen', dachte ich und teilte ihm gespielt fröhlich mit, dass ich heute leider nicht mit ihm joggen gehen könne, da ich lernen müsse. Am liebsten hätte ich es geheimnisvoll gemacht und gesagt, dass ich etwas anderes, Wichtigeres vorhatte, aber das fand ich irgendwie gemein. So gemein war er zwar manchmal zu mir, aber ich wollte es nicht auch sein. Dann wählte ich seine Handynummer, aber da war nur die Mailbox, auf die ich ebenfalls eine Nachricht sprach.

Schnell zog ich mich um, weil ich nicht länger als nötig in Isoldes Klamotten stecken wollte, und lief zu Allegra hinüber, die zwei Wohnungen weiter wohnte, um sie zu fragen, ob sie mich zum heiß ersehnten Winterspaziergang begleiten wollte. Schwesterherz war nicht da. Sicher war sie mit unserer Mutter zum Einkaufen gefahren. So stapfte ich alleine durch den kniehohen Schnee, genoss die kalte, klare Luft und den Sonnenschein und ging eine halbe Stunde durch den kleinen Park spazieren.

Für irgendetwas musste die Übernachtung bei Will ja schließlich gut gewesen sein. Eine Liebesbeziehung soll guttun und nicht krank machen, denn dieser Schönling von Malte-Würg, um mit Dennis' Worten zu sprechen, machte mich tendenziell mehr krank als glücklich. Noch nie hatte ich so häufig Kopfschmerzen wie im letzten Jahr, weil mir dieser Mensch eben Kopfzerbrechen bereitete! Ich wollte mich ab sofort intensiv meinem Studium der italienischen Sprache widmen, mehr Freude am Arbeiten haben und mich körperlich mehr pflegen. Heute waren nicht mal meine Zehennägel lackiert! Und dann, wenn ich vielleicht gar nicht mehr daran dachte, würde Malte meine wahre, innere Schönheit bemerken und mir endlich Einlass in das Reich der ehrenwerten Bauersleut' gewähren.

4   Arbeitsfrust und Herzeleid

Ich starrte auf den Dienstplan und konnte es nicht fassen. Die stellvertretende Pflegedienstleitung, Schwester Hedda-Marie, hatte keine andere Dumme als ausgerechnet mich gefunden, um die Nachtdienstlücke am Silvesterabend im Kreißsaal zu füllen! Wutschnaubend machte ich mich auf den Weg ins Büro der Pflegedienstleitung und bekam zu hören, dass Schwester Epifania in Rom beim Papst sei, ob ich mit Hedda-Marie vorlieb nehmen wolle? Ja, das wollte ich! Deshalb hatte sich also Hedda-Marie getraut, meinen Dienstplan umzuschmeißen. Hedda-Marie wurde über den Europieper angewählt und einige Minuten später rauschte sie ins Büro, wo ich stocksauer auf sie wartete.

„Guten Tag, Schwester Hedda-Marie", sagte ich schlecht gelaunt, erhob mich aber wohlerzogen. „Ach, Schwester Carina, das ist aber eine nette Überraschung", flötete sie und klimperte mit den Wimpern. „Frohe Weihnachten, falls wir uns nicht mehr sehen", fügte sie überfreundlich hinzu und schaute mich mit einem gewinnenden, strahlenden Lächeln auf den Lippen fragend an. „Ja, danke, ebenfalls, Schwester Hedda-Marie. Ich bin zu Ihnen gekommen, weil ich gerade gesehen habe, dass der Dienstplan umdisponiert wurde. Statt für den Frühdienst am Silvestertag bin ich jetzt für den Nachtdienst eingesetzt worden!" „Moment, ich schau kurz nach, Schwester Carina." Hedda-Marie begann geschäftig auf ihrem Schreibtisch zu kramen und studierte intensiv ihre Aufzeichnungen. „Ach ja! Ich musste Pfleger Hauke rausnehmen, weil der abgesagt hatte. Hauke hat ja keinen festen Vertrag wie Sie und hat natürlich deshalb das Recht abzusagen. Kennen Sie Hauke eigentlich schon?", säuselte die stellvertretende Pflegedienstleitung.

„Ja!", antwortete ich einsilbig, denn mein Gegenüber begann vom Thema abzuschweifen, was sie immer gerne tat, um unbequemen Wortwechseln aus dem Weg zu gehen. Außerdem empfand ich die Tatsache, Hauke zu kennen, nicht gerade als Bereicherung in meinem Leben. Er war der einzige Zeuge einer meiner ersten, misslungenen Blutabnahmen: „Carina, kannst du mir schnell Blut abnehmen? Ich will wissen, wie meine Leukos sind. Fühl' mich in letzter Zeit so schwach." Hilfsbereit hatte ich sofort zugestimmt und seinem hinterhältigen Augenzucken nicht genug Beachtung geschenkt. Ich legte ihm also den Stauschlauch um den Oberarm und informierte ihn, plötzlich doch etwas verunsichert, dass es schon lange her sei, seit ich das letzte Mal Blut abgenommen hatte. Aber Hauke sagte nur: „Wird schon, Carina, keine Sorge." Guten Mutes zog ich den Stauschlauch also fest, hielt die Spritze mit der Kanüle in meiner Rechten, suchte mit der Linken eine dicke Armvene, desinfizierte schnell und stach zu.

Wunderbar! Blut schoss sofort in die Kanüle und ich zog die Spritze auf, bis sie voll war. Ich hatte meinen lässigen Gesichtsausdruck siegestaumelnd beibehalten, als das

Fatale geschah. Statt spätestens jetzt den Stauschlauch zu lockern, zog ich Trottel die Spritze aus dem Arm und Haukes verdammtes Blut spritzte bis zur Decke. Mein erster Gedanke war: „Das hat er mit Absicht gemacht." Mein zweiter Gedanke: „Wo sind die Daumenschrauben?" Und ein dritter Gedanke zwängte sich mir auf: „Würde Hauke es mir übel nehmen, wenn ich, um von mir abzulenken, behaupten würde, ER hätte den Arm aus der Spritze gezogen?"

Ich hätte mich ohrfeigen können. Das war also mein Präludium mit Hauke und ich wette, es war ihm eine besondere Freude, mich damit im ganzen Haus lächerlich zu machen, um sich selbst ins rechte Licht zu rücken und vor Hedda-Marie den Superpfleger ohne Fehl und Tadel zu spielen. Dafür hatte ich den Liebling von Schwester Hedda-Marie letzten Silvester schlafend in der Spülkammer überrascht. Die leere Sektflasche unterm Arm sagte mir, dass es sich ganz bestimmt nicht um einen Schönheitsschlaf handelte. Allerdings hatte ich das nicht im ganzen Krankenhaus herumerzählt, um ihm peinliche Momente zu ersparen.

„Sie werden ja sicher wissen, dass ich an diesem Tag Geburtstag habe und natürlich gerne feiern würde ...", nahm ich den Faden wieder auf. „Aber Sie können doch den ganzen Nachmittag feiern, Schwester Carina. Es ist wirklich nicht anders zu machen, sonst hätte ich Ihnen das nicht zugemutet. Und Sie verdienen doch auch viel mehr!", fiel mir Hedda-Marie ins Wort und schlug einen Ton an, der keine Widerrede zuließ. Ich hatte plötzlich das Gefühl, dass sie eigentlich Dankbarkeit erwartet hatte und nun sehr enttäuscht von mir war, weil ich nicht gewillt war, ihre Füße zu küssen. Ich schluckte und stotterte schließlich: „Ja, ja, nun – wenn Sie meinen!"

Schwester Hedda-Marie setzte ihr gekünsteltes Lächeln wieder auf, klimperte mit den Wimpern und reichte mir freundschaftlich die Hand zum Gruße. Als ich aufstand, um das Büro zu verlassen, hatte ich mich wieder so weit gefasst, dass ich ihr ebenfalls noch ein fröhliches Weihnachtsfest wünschte und mich hoch erhobenen Hauptes entfernte, um mich im nächsten WC zu verbarrikadieren und vor mich hin zu fluchen. ‚Diese blöde Kuh! ICH blöde Kuh!' Ich war ja nicht einmal fähig, meine Wünsche und Bedürfnisse zu formulieren, geschweige denn durchzusetzen. Ich brauchte dringend ein Selbstfindungsseminar zum Aufbau meines nicht vorhandenen Selbstbewusstseins und zum gekonnten Einsatz der Ellbogen. So konnte es nicht weitergehen. Der dämliche Würg hatte sich nach meinem Anruf ebenfalls noch nicht gemeldet und das war nun schon drei Tage her. Erreichbar war Malte auch nicht, und das gab mir den Rest. Ich war am Boden zerstört und wischte mir eine Träne der Wut von der Wange. Schniefend verließ ich das Krankenhausklo und ärgerte mich den Rest meines Frühdienstes.

Mit mir konnten sie das ja machen. Da ich während meiner Krankenpflegeausbildung drei Monate im Kreißsaal eingesetzt gewesen war, wurde immer gerne auf mich zurückgegriffen, wenn Not an der Hebamme war. Ich war eigentlich gerne Krankenschwester. Hätte es nur Patienten gegeben und hätte ich mich nicht noch mit Schwestern, Ärzten und Hebammen herumschlagen müssen, wäre es ein Traumjob gewesen und ich hätte darin meine Berufung gesehen. Ich verwöhne gerne! Sowohl medizinisch als auch pflegerisch und psychologisch. Irgendwann erkennt jedoch jeder einmal, dass dieser Beruf eine regelrechte Lakaientätigkeit ist, und das frustriert. Als Ausgleich besuchte ich Abendkurse, in denen ich entspannen und abschalten konnte und dabei sogar noch etwas lernte. Dieses Semester hatte ich mich ganz eigennützig für Italienisch entschieden, letztes Semester hatte ich einen Computerkurs belegt und die Jahre davor Seidenmalerei und kreatives Schreiben. Als Krankenschwester im Schichtdienst verfiel frau sonst allzu leicht in die Isolation, und das Krankenhaus ersetzte einem dann den Rest der Welt. Die Hebammen in unserem Krankenhaus waren fast alle Zicken. Was ich da schon erlebt habe, geht auf keinen Dehnungsstreifen. Von Sprüchen wie ‚Was rein kommt, muss auch wieder heraus kommen' bei zimperlichen werdenden Schwangeren bis hin zu unfreundlichen, abfälligen Bemerkungen gegenüber der Schwesternschaft wunderte mich bei unseren Hebammen gar nichts mehr. Ausnahmen bestätigten wie immer die Regel.

Als ich das erste Mal mit einer Hebamme zusammenstieß, war ich neunzehn und hatte gerade einen intensiven, dreimonatigen Schülerinneneinsatz in der Anästhesie hinter mir. Diese Hebamme war, genauso wie ich, erst in der Ausbildung, hielt es aber für nötig, mich vor der in den Wehen liegenden werdenden Mutter und allen herumstehenden Kollegen anzuschnauzen, was mir einfiele, den Blutdruck an dem Patientinnenarm messen zu wollen, in dem eine Kanüle steckte. Im Prinzip hatte die Gute natürlich Recht und wollte nun mit ihrem Gelernten vor sich selbst und allen anderen prahlen, aber wer gerade drei Monate auf der Anästhesie eingesetzt gewesen war, wo täglich circa 100 Mal Blutdruck gemessen wurde, konnte nicht nur dort, wo eine Kanüle saß, den Blutdruck messen, sondern auch an jeder anderen beliebigen Extremität mit venösen Einstichstellen. Zumal in diesem Fall die Patientin auf dem anderen Arm lag und es dort noch unmöglicher gewesen wäre, eine Manschette anzubringen. Vollkommen baff brachte ich mal wieder keinen Ton heraus und verließ wütend den Raum. Etwas später sahen wir uns im Pausenraum wieder. Ich wurde ihr gegenüber äußerst ungemütlich und ließ sie wissen, dass ich ja das nächste Mal gerne am Hals den Blutdruck messen könnte, wenn ihr das mehr zusagen würde – und zwar bei ihr! Darauf erwiderte sie dann nichts mehr. Anscheinend hatte sie bemerkt, dass auf ihre unqualifizierten Einwände verzichtet werden konnte.

Dieser Hebammen-Zusammenstoß blieb mir nachhaltig im Gedächtnis hängen und ich war somit alles andere als begeistert, meinen Geburtstag und das neue Jahr ausgerechnet gemeinsam mit einer Hebamme feiern zu müssen. Nach dem Dienst schleppte ich mich noch einmal zum Springerdienstplan, der in einer Nische vor dem OP-Bereich aushing. Vor lauter Entsetzen hatte ich gar nicht darauf geachtet, wer meine lieben Kolleginnen sein würden, und das war ja nicht unrelevant. Als ich sah, mit wem ich meinen Geburtstag verleben und das neue Jahr beginnen würde, lief es mir siedend heiß den Rücken hinunter. Nicht irgendeine Hebamme, sondern Oberzicke Gabi stand auf dem Plan! Diese Silvesternacht würde mir also noch lange in guter Erinnerung bleiben, denn es gab wirklich nichts Wünschenswerteres, als mit der Königin der Erzfeindinnen den Jahreswechsel zu verbringen. Gegen sie waren Lilian und Barbara, das Linke-Bazillen-Gespann, richtige Waisenkinder. ‚Herzlichen Glückwunsch, Carina! Du hast das große Los gezogen!' Es wurde mir mehr und mehr bewusst, wie viele Feinde ich doch hatte. Bei den Krankenschwestern waren es Barbara und Lilian, bei den Hebammen besagte Gabi. Aber auch bei den Ärzten gab es Nichtsnutze, wie zum Beispiel einen gewissen Herrn Doktor Stemper, dem der Stümper ins Gesicht geschrieben war. Missmutig machte ich mich auf den Heimweg, um die Freuden und Leiden eines Frühdienstes von mir abzuschütteln, indem ich mir ein heißes Bad einließ und mich entspannte. Es blieb mir nichts anderes übrig, als dem Glückstag entgegenzufiebern. Schönes neues Jahr auch! Ich sah mich schon mit Gabi Schwesternschaft trinken und johlend im angeheiterten Zustand Arm in Arm mit ihr durch die Krankenhausflure taumeln. Vom vielen Bleigießen beschwingt würden wir dicke Pfannkuchen mit Eierlikör- und Marmeladenfüllung in uns hineinstopfen und schmutzige Lieder lallen, um dann mit Assistenzarzt Stemper-Stümper um die Wette zu schunkeln. Bei dieser Vorstellung verging mir die Lust auf den Jahreswechsel und ich machte mich erst einmal auf den Weg zu einer meiner Lieblingsboutiquen, wo ich meine Frustkäufe zu tätigen pflegte. Wieder zu Hause angekommen fühlte ich mich besser. Ein neues, kleines Schwarzes baumelte anmutig in meinem Kleiderschrank. Dazu kehrten passende Schuhe und ein Handtäschchen in meine Behausung ein. Ein sündhaft teurer Kaschmirpulli, das war er jedenfalls, bevor er heruntergesetzt worden war, rundete die ganze Sache ab. Kaum befand ich mich im Flur, da klingelte auch schon das Telefon.

„La Palma!", meldete ich mich etwas außer Puste. ‚Sollte mal wieder ins Fitness-Studio gehen', dachte ich und horchte gespannt in die Muschel hinein. „Ja, hier auch", flötete Maria am anderen Ende der Leitung. „Hallo, Lieblingscousine", freute ich mich. „Was gibt's? Warte bitte kurz, ich muss mich erst hinsetzen. Komme gerade vom Einkaufen zurück." „Ja, mach das, bist ja schließlich auch nicht mehr die Jüngste." Als ich mich gerade künstlich über diese Bemerkung aufregen wollte, quasselte Maria aber schon ohne Punkt und Komma weiter: „Was ist eigentlich Barbara für ein Typ? Die scheint ja ganz nett zu sein. Sie ist ja eine Freundin von Lilian, und Nico und Lilian waren doch einmal zusammen." Maria, wie es so ihre Art war, fiel gleich mit der Tür ins Haus. Ich schluckte: „Also ich ..." Zum Glück erwartete Maria keine Antwort von mir, denn sie schien ihre Meinung, was Barbaras Charakter betraf, schon gefestigt zu haben, und die war positiv. „Nico hat Barbara über Lilian kennen gelernt. Ich glaube, auf der Weihnachtsfeier hat sich etwas zwischen den beiden angebahnt. Kennst du nicht auch jemanden für mich, Carina?" Marias Stimme war weinerlich geworden. „Na, den strippenden Weihnachtsmann", grinste ich und fand meine Idee super. „Haha!" Maria war wenig begeistert. „Aber Maria, Lust auf etwas Knackiges haben wir doch alle." Ich grinste breit. „Wenn mir jemand einfällt, rufe ich dich an, okay? Jetzt muss ich aber lernen", wimmelte ich Maria ab. Ich hatte keine Lust mehr, mir ihr begeistertes Gelaber von meinen Erzfeindinnen anzuhören. In Zukunft musste ich mich vorsehen, was ich Maria gegenüber von mir gab.

„Warte mal, ich muss dich etwas Persönliches fragen. Du versprichst aber, es niemandem weiterzuerzählen, okay?" Marias Stimme wurde geheimnisvoll. „Okay", antwortete ich und wurde nun doch hellhörig. „Sag mal, Carina, findest du, dass irgendetwas nicht mit mir stimmt? Ich meine, ich habe nun schon ein paar Erfahrungen gesammelt, hatte aber immer Pech." Ich schluckte. Maria hatte Erfahrungen gemacht? Da drängte sich mir doch die Frage auf, mit wem und wann und wo und überhaupt. Ich konnte es nicht fassen! „Äh, Maria, mit wem hast du denn Erfahrungen gemacht?", fragte ich deshalb und stellte mich blöde. „Na, mit Männern, Carina! Bist du vom anderen Stern, oder was?" Ich schluckte wieder. Ja, wahrscheinlich war ich das. Ich hätte schwören können, dass Maria noch als eiserne Jungfrau umher lief. Dennis hatte wohl doch recht behalten, was meine Naivität anging. Ich ahnte nun, dass dieses Thema äußerst heikel für Maria war und fragte vorsichtig: „Und weiter?" „Kaum ist die erste Nacht vorbei, haben sie nichts mehr von sich hören und sehen lassen. Was ist falsch an mir? Wieso? Carina, ich bin so verzweifelt", heulte Maria. „Hey, hey, hey! Mit dir ist alles in Ordnung! Glaube mir, Maria! Mit den Typen stimmt etwas nicht! Wer dich nicht will, der hat dich nicht verdient! Du triffst schon noch den Richtigen", sagte ich im Original-Pommi-Tonfall und tröstete damit die arme Verzweifelte. „Was ist, kommst du nachher mit zu meinem Italienischkurs oder wollen wir uns morgen zum Schwimmen treffen? Vielleicht sehen wir da einen netten Bademeister für dich, der dich rettet und dann Mund-zu-Mund-Beatmung machen kann?" „Gut", seufzte Maria. „Zum Schwimmen also. Bis morgen dann."

Als ich auflegte, war ich sehr nachdenklich. Komisch, dass ausgerechnet Maria Schwierigkeiten hatte, einen Freund abzubekommen, wo sie doch so attraktiv und lustig war. An ihrer Körperfülle lag es wohl nicht. Es gab sicher genug Männer, die darauf standen. Lustlos nahm ich mir Goethes „Italienische Reise" vor und begann, unkonzentriert das Kapitel zu lesen, in dem Johann Wolfgang am 2. April 1787 in Palermo ankam. Wie gerne wäre ich jetzt auch in Palermo angekommen! Bald darauf klingelte abermals das Telefon und mein Herz machte einen Freudensprung, als ich Maltes Stimme erkannte. „Hi! Na, wie geht's, wie steht's?" „Hallo Schatz", hauchte ich und auf meinen Lippen bildete sich ein seliges Lächeln. „Wo warst du denn die ganze Zeit? Habe schon ein paar Mal probiert, dich anzurufen", maulte Malte. „Hier, um für dich sprungbereit zu sein", säuselte ich, war aber innerlich etwas genervt, denn es konnte gar nicht sein, dass er versucht hatte, mich anzurufen. Weder auf meiner Mailbox des Handys noch auf dem Anrufbeantworter zu Hause waren Anrufe verzeichnet gewesen. Malte ging nicht weiter darauf ein und fragte, ob ich Lust hätte, mit ihm erst Minigolf in der neuen Halle am Pariser Platz zu spielen und dann mexikanisch essen zu gehen. Klar hatte ich Lust! Und was für eine! „Wann?" „Entweder gleich oder sofort!" „Also, dann umgehend", lachte ich und legte auf, um sofort mit einer Schönheitsprozedur – Augenbrauen zupfen, Nasenhaare schneiden, Beine und Achseln enthaaren, duschen, cremen, föhnen, legen – zu beginnen und mir zu überlegen, was ich zu unserem Treffen anziehen sollte, um weder overdressed noch underdressed zu sein und trotzdem zu beeindrucken. Als ich mir eine halbe Stunde später Make-up auflegte, klingelte das Telefon abermals. „Ja, bitte?", fragte ich gehetzt und wenig freundlich. Störungen konnte ich jetzt nicht gebrauchen. Die Königin von Ägypten badet gerade in Eselsmilch, um für ihren Cäsar schön zu sein!

„Hallo, Carina, ich bin's", sagte Malte kurz angebunden. „Du, es ist etwas Wichtiges dazwischen gekommen. Ich muss nochmals ins Büro. Tut mir leid! Wir verschieben es auf ein anderes Mal, okay? Warst du etwa schon fertig?" „Ich? Fertig? I wo", log ich, dass sich die Balken bogen. „Ich ruf dich wieder an, okay?" Ich schwieg. „Kannst du nicht nach dem Termin zu mir kommen und bei mir übernachten?", versuchte ich einen Vorstoß. „Nein, leider nicht. Das wäre alles viel zu umständlich und überhaupt." „Ach, bitteee", kroch ich vor ihm im Staube. „Nein, geht wirklich nicht." Maltes Stimme klang nun leicht pikiert. „Übrigens, ich werde das Weihnachtsfest in Braunschweig bei meinen Eltern verbringen", wechselte er das Thema, als ob mich das aufgemuntert hätte. „Schön!", sagte ich einsilbig. Ich wusste nicht, ob ich Verständnis haben oder einfach nur sauer sein sollte. Mir war hundeelend. Kurzfristige Absagen waren in letzter Zeit häufiger vorgekommen und das machte mich nicht gerade glücklich und zufrieden.

„Tschüss dann, Mauseherz." „Tschüss", sagte ich und legte auf. Ich war maßlos enttäuscht und plötzlich war mir zum Heulen zumute. Bestimmt war das die Strafe für die Nacht, die ich bei Will verbracht hatte. Malte hatte nicht einmal mehr nachgefragt, so gleichgültig war es ihm, aber strafen tat er mich doch. Für den Rest des Tages verfiel ich in tiefe Agonie, die nicht einmal mein Lieblingsfilm „Arsen und Spitzenhäubchen" mit Cary Grant vertreiben konnte. Vollkommen frustriert fing ich schließlich noch an, wie eine Bescheuerte im Bademantel mit Lockenwicklern und verschmierter Schminke meine Wohnung zu putzen. Pommi wäre stolz auf mich gewesen!

Weihnachten nahte. Am ersten Advent hatte ich bereits meinen Adventskranz vom Dachboden hervorgekramt und zwei Wochen später begann ich, mein kleines Reich festlich zu schmücken. Überall standen Duftkerzen herum, mein Panoramafenster zierten silberne Weihnachtsglöckchen und meine Schlafnische war mit einer romantischen Weihnachtslichterkette dekoriert. Ein hübscher, mittelgroßer Weihnachtsbaum, an den ich Strohsterne und Engel gehängt hatte und der heftig nach frischer Tanne roch, stand neben dem Fernseher. In der Weihnachtszeit liebte ich es besonders, zu Hause zu sein. Draußen war es bitterkalt, in meiner Wohnung hingegen warm und gemütlich.

Heiligabend wurde es leer im Schwesternwohnheim. Kerstin, meine Nachbarin, war bei ihren Eltern und Allegra und ich trafen uns mit unseren Eltern, Onkel Fernando und seiner Frau Mariella zur Mitternachtsmesse in der italienischen Kirche in Charlottenburg. Danach fuhren meine Eltern, Allegra und ich zu unserer lieben Omi und stopften Weihnachtsköstlichkeiten in uns hinein. Am ersten Weihnachtstag folgte das obligatorische Mittagessen bei Onkel Fernando. Eigentlich freute ich mich, ein bisschen mit Maria plaudern zu können. Sie erzählte mir dann auch tatsächlich im leisen Flüsterton, dass sie über das Internet einen netten Mann kennen gelernt hatte. Was sich in den letzten zwei Jahren nahezu zu einem Ritual ausgewachsen hatte, war der weihnachtliche Anruf von meinem Traummann Malte aus dem heimatlichen Braunschweig. Er erzählte mir, dass er all seine Freunde wieder gesehen habe. Die Silvesterparty würde er mit seinem alten Tennisclub auf der Dachterrasse eines Hotels mit Swimmingpool und Sauna verbringen. ‚Ach, wie schön für ihn‘, dachte ich. ‚Dann kann er sich von einer Corinna oder Carlotta seinen fleischigen Stiernacken massieren lassen, während er sich im Jacuzzi seine Rettungsringe umsprudeln lässt!‘

„Und rate mal, wer auch da ist ...“, versuchte Malte meine Neugier anzukurbeln. „Constanze, die extra zum Turmspringen angeheuert wurde“, unkte ich. Malte schien leicht irritiert. „Woher weißt du das?“, stotterte er. „Was?“, fragte ich, nun ebenfalls leicht irritiert, zurück. „Das mit Constanze oder das mit dem Turmspringen?“ „Das mit Constanze! Sie kommt doch auch aus Braunschweig!“ ‚Ach, wie schön für sie‘, dachte ich äußerst missmutig. „Na, wenn das kein zufälliger Zufall ist. Warum hast du mir das nie erzählt?“, stänkerte ich. Mein Herz klopfte wie wild, meine Antennen waren ausgefahren. Alles in mir schrie: ‚Achtung, Falle!‘ „Ist doch unwichtig, oder? Wenn ich daran denke, rufe ich zu deinem Geburtstag an“, flachste der auch in prekären Lebenssituationen immer zu Scherzen aufgelegte Malte noch, bevor er auflegte. Dieser Satz hob meine Stimmung auch nicht gerade. Der Arsch konnte mich mal!

Die einzige Abwechslung, die sich dieses Jahr zu Weihnachten in die strikte Abfolge der Ereignisse einschlich, waren die zahlreichen Anrufe des eifrigen Wills. Sie konnten mein angeschlagenes Ego wenigstens teilweise wieder aufbauen. Schade nur, dass Will meiner Idealvorstellung eines Traummanns nicht im Entferntesten entsprach. Schließlich hatten wir uns noch im Europacenter bei einem japanischen Essen sehr gut unterhalten. Das versöhnte mich wieder mit dem anstrengenden Weihnachtsfest und stimmte mich doch noch zuversichtlich für meinen Spätdienst am Silvesterabend. Ich widerstand sogar dem inneren Wunsch, mich einfach krankzumelden, denn das wäre zu auffällig und zu eindeutig gewesen. Auch Angies aufmunternde Worte am Telefon konnten mich nur mittelmäßig über den schweren Schicksalsschlag, das Gesicht von Gabi an meinem Geburtstag acht Stunden ertragen zu müssen, hinwegtrösten. Es hieß, sich mit erhobenem Haupt zum Schafott zu schleppen und dabei zu denken, dass es hätte schlimmer kommen können. „Angie, findest du mich eigentlich willensschwach?" „Hä, wer sagt das denn? Ich halte Menschen für willensschwach, die etwas Schlechtes tun, gerne damit aufhören würden und es nicht schaffen. So, wie ich mit dem Rauchen. Du gehörst eindeutig nicht in diese Kategorie und lass dir das auch nicht einreden!" Dann wechselte sie kurzerhand das Thema und berichtete mir, dass sie in der Milchbar jemanden gesehen hatte, den sie ganz toll fand. Nun ging sie mit ihrem Freund Tim im Schlepptau und unserem Busenkumpel Dennis in den Szeneladen, um ihren Schwarm wiederzusehen und um auf das neue Jahr anzustoßen. Ich amüsierte mich über ihre selbstbewusste Art und Dreistigkeit, ihren Freund Tim zur Fleischbeschau auch noch mitzunehmen. Alles war besser, als das Trampeltier Gabi, die Schreckliche, ertragen zu müssen.

Eigentlich hatte Silvester schon von Kindheit an seinen besonderen Reiz, da es ja auch mein Geburtstag war. In diesem Jahr wurde meine Freude eben nur durch den Spätdienst mit meiner Erzfeindin Gabi gefährlich getrübt. Weder das traditionelle Geburtstagsmittagessen im engsten Familienkreis in unserem Stammrestaurant konnte meine Laune entscheidend verbessern, noch das obligatorische Rubbellos, das mein Vater stolz präsentierte und womit er meinte, seine besondere Generosität unter Beweis stellen zu können. Leider hatte ich, wie jedes Jahr, nichts gewonnen. Nicht einmal ein neues Los. Es war 21:15 Uhr und der Nachtdienst hatte eigentlich noch nicht begonnen. Ich hatte die Angewohnheit, immer etwas früher auf der Bildfläche zu erscheinen. Eine Übergabe im Kreißsaal war nicht nötig gewesen, da keine entbindungswütigen Frauen in den Wehen lagen. Ich saß im Hebammenzimmer, das gerade frisch gestrichen und silvesterlich geschmückt war, und schlürfte in meiner aparten grünen Hebammenkluft Pfefferminztee mit Honig. Gabi war sofort wie ein Yeti davongepoltert, um nicht mit mir zusammen den Tee genießen zu müssen. Danke, gleichfalls! Als sie wiederkam, wechselte sie drei Worte mit der verknöcherten Kollegin Erna und hatte mich noch nicht einmal begrüßt. Warum ausgerechnet Gabi mich so hasste, war mir ein völliges Rätsel, denn eigentlich war gar nichts vorgefallen, jedenfalls, soweit ich mich erinnern konnte. Anfangs war sie noch ganz nett. Doch urplötzlich, seit Doktor Chance auf der Bildfläche erschienen war, spürte ich eine Welle des Hasses auf mich zukommen.

„Carina, können Sie mit mir auf die Station 4 zu Frau von Bissmark kommen! Ihre Wehen haben eingesetzt." Doktor Vogelstetters Stimme klang ungewohnt diplomatisch. „Eigentlich ist Gabi dafür verantwortlich, ich bin nur aushilfsweise hier!", informierte ich ihn. „Gabi musste kurz weg! Kommen Sie nur mit!", orderte der Oberarzt. Ich grunzte und machte drei Kreuze, dass mir wenigstens die Gegenwart von Doktor Stemper erspart blieb, obwohl Doktor Vogelstetter auch nicht sehr viel besser war. Also erhob ich mich gemächlich. Arbeitseifer zu zeigen war heute völlig deplatziert. Schlecht gelaunt trabte ich hinter dem Oberarzt her, sein weiß bekitteltes Kreuz im Visier des Schwesternhäubchens. Auf zu Frau von Bissmark! Die Ärmste beneidete ich heute nicht. Zum einen, weil sie in den Wehen lag, was ja höllische Schmerzen sein müssen, wie ich mir habe sagen lassen, und zum anderen, weil sie die Fratze vom ach so sympathischen Oberkittel an ihrem Intimbereich ertragen musste. „Welche Schwangerschaftswoche?", nuschelte Doktor Vogelstetter gegen die Fahrstuhltür. ‚Woher soll ich das wissen? Ist das Ihre Patientin oder meine? Meine Patientin wird sie erst, wenn sie im Kreißsaal liegt oder mich die Schwestern über eine neue Patientin informieren. Mich hat aber keiner informiert', dachte ich und ärgerte mich, mit welchem Anspruch diese männlichen Halbgötter in verwaschenem Weiß daherstolziert kamen.

„Das würde ich auch gerne wissen. Bin ganz Ohr", antwortete ich und lächelte ihn auffordernd an. „Das will ich ja von Ihnen erfahren, Schwester Carina. Oder sind Sie nicht informiert?" Der Vogelsänger schaute durchdringend zurück, jedoch ohne zu lächeln. „Ich scheine da genauso gut informiert zu sein wie Sie, Doktor Vogelstetter, aber sicherlich wird uns die Schwester gleich hilfreich zur Seite stehen", sagte ich und schaute durchdringend zurück. ‚Sag jetzt nur nichts Falsches, du Idiot!' Meine Stimme klang frostig und der Oberarzt hielt es wohl für besser, erst einmal nichts zu erwidern. Tunlichst vermied er jeglichen Augenkontakt und starrte mit erhobener Augenbraue gegen die Spiegel im Fahrstuhl. Ich beobachtete ihn aus den Augenwinkeln. Der Gute war auch nicht gerade mit Schönheit geschlagen. Wie er wohl als Kind ausgesehen haben mochte? Manchmal malte ich mir aus, wie einige von den Anbetungswürdigen als Jungen von ihrer Mutter ausgeschimpft worden waren oder sich in ihrer Jugend von den Mädchen einen Korb nach dem anderen eingehandelt hatten. Sofort verschwand mein Urinstinkt, mich vor ihnen in den Staub zu werfen und sie anzuhimmeln, wie die meisten es sich wünschten. Immer wieder rief ich mir ins Gedächtnis, dass dieser vor Selbstherrlichkeit und Arroganz strotzende Berufsstand auch aus Menschen bestand, die nur mit Wasser kochten. Nur diese selbst schienen es vergessen zu haben!

Der Doktor mit den bombastischen Segelohren hüstelte und sagte ganz unaufgefordert: „Ich dachte, Sie machen Übergabe." „Ja, so wie auch Sie Übergabe machen", antwortete ich distanziert und der kleine Fahrstuhlgong, der signalisierte, dass wir angekommen waren, verhinderte erst einmal einen weiteren Wortwechsel. Ich folgte dem Weißgott, Gift und Galle in des Vogelfängers schuppenbehangenen Nacken sprühend, und verwünschte ihn, auf dass er als hässlicher grüner Frosch mit Segelohren den Rest seines Daseins fristen sollte. Aufgeregt wühlte die Vogelscheuche beim Laufen in seinen Kitteltaschen. „39. Schwangerschaftswoche, mit Wehen. Da haben wir es ja." Er triumphierte über meine Unwissenheit und betrat mit selbstgefälligem Lächeln die Station. „Wir machen ein CTG und sehen, wie weit sich der Muttermund geöffnet hat", belehrte er mich. Wehmütig dachte ich an meinen leckeren Pfefferminztee mit Honig, der jetzt völlig sinnlos im Hebammenzimmer erkalten würde, wo ich offiziell noch nicht einmal Dienst hatte.

Wir waren vor dem Glaskasten angekommen, wo die Schwestern saßen und immer Kaffee tranken. Schwester Jessica, eine weitere Extrawache und Freundin von mir, mit der ich zusammen die Krankenpflegeschulbank gedrückt hatte, sprang sofort vom Stuhl auf, als sie uns kommen sah. Aber zu spät! Der Vogelstrauß hatte seinen Kopf nicht in den Sand gesteckt und ihre zur Entspannung auf dem Schreibtisch ausgestreckten Füße bereits wahrgenommen. Im wütenden Laufschritt schnellte er auf Jessica zu und brüllte noch vor der Kanzel über den ganzen Flur: „Füüüüße vom Tiiiisch!!!" Jessica schaute ihn entgeistert an. Was ging es ihn denn an, ob eine Krankenschwester in ihrer Schwesternkanzel ihre Füße auf ihrem Schwesterntisch hatte? Schließlich musste sie doch die Ablagefläche putzen und nicht er. Jessica war viel zu geschockt, um zu antworten, und ich entschied, ebenfalls den Mund zu halten, weil Doktor Vogelstetter bestimmt mit der Hygienenummer kommen würde, und dass er die Verantwortung für die Station hätte bla bla bla. Es wäre schön gewesen, wenn er sich lieber nach dem Popeln seine Hände desinfiziert hätte, bevor er wieder zu seinen Patienten ging, wie ich einmal von der Glaskanzel aus im Schwesternzimmer beobachtet hatte. Soeben hatte sich Doktor Vogelstetter das Fünkchen Respekt, das ich noch für ihn empfand, verscherzt. Des Weiteren ärgerte mich, dass mir meine Eltern nicht eine weniger bescheidene Erziehung hatten angedeihen lassen, denn sonst hätte ich jetzt ohne Hemmungen von seiner Erdölbohrung aus dem Nähkästchen geplaudert. Um die unangenehme Situation zu relativieren, sagte ich erst einmal: „Guten Abend", und machte den aggressiven Bock unterschwellig darauf aufmerksam, dass er im Eifer des Gefechts vergessen hatte, zu grüßen. Der übel gelaunte Oberarzt überhörte den Gruß geflissentlich und schnauzte: „Wo liegt die von Bissmark? Privat? Na, dem Namen nach zu urteilen sicherlich!" ‚Immer dem Stöhnen nach', dachte ich und Jessica führte uns mit hängenden Ohren in das Zimmer der Patientin, deren Ächzen über den ganzen Flur zu hören war. „Warum ist die Tür auf?", meckerte Doktor Vogelstetter, als hätte er für heute nicht schon genug Frust abgelassen, und flatterte hektisch auf das Einzelzimmer zu. Respektvoller als bei Vierbettzimmern klopfte er an. Jessica zog den Kopf ein und ich sagte schnell: „Damit ich sie besser hören kann." Das sollte ein kleiner Witz als Beitrag zur Situationsauflockerung sein. Tatsächlich entglitt dem Vogelfänger ein leichtes Lächeln. Wenigstens hatte er seinen Humor nicht vollends verloren, wenn seine Contenance schon auf der Strecke geblieben war. Das CTG, mit dem die Wehentätigkeit gemessen und die kindlichen Herztöne überwacht werden sollten, stand bereits im Zimmer, und ich verkabelte nach einem herzlichen Gruß und aufmunterndem Blick die sich vor Schmerzen krümmende Patientin. Der Arzt stand mit verschränkten Armen an der Fußseite des Bettes und war auf Beobachtungsposten.

Die CTG-Nadel begann sofort, hektisch hin- und herzukratzen. „Frau von Bissmark, atmen Sie jetzt einmal ruhig ein und wieder aus und denken Sie an Ihren letzten Urlaub!", befahl ich freundlich, aber bestimmt. „Lieber nicht", kam es zwischen zwei Stöhnern von der verschwitzten Patientin, deren feines Blondhaar auf der Stirn klebte: „Diesem Urlaub verdanke ich ja meinen jetzigen Zustand." Ich wollte lachen, aber der Lacher blieb mir im Halse stecken, als Jessica, die sich an der Bettdecke zu schaffen machte, mir zuraunte, dass das Schwein sie sitzen gelassen hätte. Frau von Bissmark machte ein missmutiges Gesicht. Als hätte die Arme nicht schon genug zu leiden gehabt, musste ich sie in ihrem Zustand auch noch an ihre misslungene Beziehung mit anschließendem Storchbesuch erinnern. Doktor Vogelstetter hatte sich zum Fenster gedreht und fühlte sich wieder unbeobachtet, als er verträumt seine Abendbrotreste aus den Schneidezähnen kratzte. Er hatte unsere Konversation offensichtlich nicht verfolgt und glotzte verloren in den schwarzen Nachthimmel hinein, während er weiter in seinem Mund herumfingerte. Mein angeekelter Blick kreuzte sich mit dem von Jessi. Dann schaute ich wieder zur Patientin und zückte den Blutdruckapparat.

„Ach, Carina." Vogelstetter hatte seine Mundhygiene kurzfristig unterbrochen und richtete das Wort an mich: „Sind Sie nicht ein Springer?" Despektierlich blickte er auf mich herab. „Richtig! Aber ich habe eine Zusatzausbildung", gab ich bereitwillig Auskunft. „Zusatzausbildung? Na, welche denn?", fragte der Arzt frech. „Intensivmedizin", antwortete ich einsilbig und pumpte die Armmanschette auf. Schlagartig veränderte sich sein Gesichtsausdruck. Mit geweiteten Augen, die plötzlich nicht mehr nur einen Springbock in mir sahen, gierte er mich an. „Wieso sind Sie dann Springer?" „Weil ich so flexibel bin." „Ach, Schwester ... Carina, was ich Sie schon immer fragen wollte: Sie haben so wunderwunderschöne, dunkle Augen! Von wem haben Sie die denn?" Eigentlich war ich jetzt darauf gefasst gewesen, meinen und seinen gesamten Lebenslauf ausgebreitet zu sehen, aber der Herr Oberarzt hatte so blitzschnell das Thema gewechselt, dass mir ganz schwindelig wurde und ich erstaunt antwortete: „Von meiner Mutter." Eigentlich war mir danach, ‚vom Sandmännchen' zu sagen, meiner Müdigkeit entsprechend.

„Und Ihre schönen, langen Haare?" „Von meinem Vater!", entgegnete ich wie aus der Pistole geschossen. Mitten im bislang wohl schmerzvollsten Lebensabschnitt von Frau von Bissmark klangen seine persönlichen Fragen etwas grotesk und passten so gar nicht zum Stöhnen der Patientin. Völlig aus dem Konzept gebracht pumpte ich die Blutdruckmanschette noch einmal auf. Auch Frau von Bissmark kam mit dem Stöhnen und Atmen aus dem Konzept und gluckste in ihr Kissen. Nur Doktor Vogelstetter fand seine Fragerei nicht fehl am Platze. „Kommt da was aus dem Süden?", fragte er. Ich überlegte, ob das eine Fangfrage sein könnte. Was meinte er mit „was"? Ich hatte schon wieder eine blöde Antwort passend zur blöden Frage parat, besann mich aber und sagte: „Mein Vater ist Sizilianer, meine Mutter Deutsche." Na, nun wurde es aber turbulent im Zimmer! An seinem über die Maße strahlendem Gesicht erkannte ich, dass für ihn in diesem Augenblick der dunklen Nacht die Sonne aufgegangen war. „Neeeeiiin!!", sang Doktor Vogelstetter begeistert und musterte mich nun besonders intensiv, so als wollte er analysieren, welche äußerlichen Merkmale deutscher und welche italienischer Herkunft waren. „Ich liiiieeebe Sizilien – und die Sizilianerinnen", flötete er gut gelaunt. ‚Ich liebe aber keine selbstherrlichen, neugierigen Oberindianer', dachte ich bei mir und fragte ihn lächelnd: „Und von wem haben Sie Ihre Ohren?" Wahrscheinlich resultierte seine Liebe zu Sizilien aus einer Jugendromanze während eines Urlaubes in Taormina, am Fuße des Vulkans Ätna. Gerade als er der rassigen Inselmaid seine Liebe gestehen wollte, brach der Vulkan aus und sie hatten sich in der Hektik der Flucht aus den Augen verloren. Seitdem suchte das Vögelchen in jedem Gesicht, welches von langen, dunklen Haaren umrahmt war, die dunklen Augen der kleinen Rosalia. Oh Gott, was für eine Tragödie! Mir traten die Tränen in die Augen. „Von meiner Mutter", antwortete der Statthafte stolz.

Selten hatte ich solch abstehende Exemplare gesehen. Musste ja eine aparte Frau sein, die Frau Mutter. Da wir uns so gut in der Vererbungslehre auskannten, wollte ich jetzt mehr wissen. „Und Ihre Nase?", bohrte ich weiter und schmunzelte die Patientin verschwörerisch an. „Raten Sie mal", flirtete er, vor Sympathie strotzend. „Vom Nasenbären?", fragte ich trocken. Das genetische Ratespiel begann mir Freude zu bereiten. Frau von Bissmark krümmte sich unterdessen in ihrem Bett vor Lachen und Wehen und brachte das CTG hörbar aus dem Takt. Ich musste mich stark unter Kontrolle halten, um mich nicht neben die Patientin ins Bett zu werfen und mich von Lachkrämpfen geschüttelt meiner soeben zurückgewonnenen guten Laune hinzugeben. Wir grunzten alle vor uns hin: Jessica, Frau von Bissmark und ich. Schließlich fragte ich, ob der Herr Doktor nun bereit wäre, die Weite des Muttermundes zu messen. Der Oberarzt war bereit und sagte diensteifrig: „Ja, ja, das mache ich schon."

Wieder kramte Doktor Vogelstetter in seinen von Speckrändern verzierten Kitteltaschen und zauberte zwei steril eingepackte Handschuhe hervor. Von Händedesinfektion hielt der Oberarzt auch diesmal nichts. Zum zweiten Mal an diesem Abend tat mir die wehende Frau leid, obwohl ich irgendwo gehört hatte, dass der Leidende nicht mehr den Menschen sieht, sondern nur noch den Arzt, der helfen soll, und somit dessen Persönlichkeit in der Stunde des Schmerzes in den Hintergrund rückt. „Haben Sie schon den Blutdruck gemessen?", wollte Doktor Vogelstetter wissen und fingerte dabei emsig in Frau von Bissmark herum. „Nach Riva Rocci 130 zu 95", antwortete ich prompt. „Hm, der Muttermund ist schon 7 cm offen. Wir nehmen sie mit in den Kreißsaal, da können nen wir sie besser überwachen", informierte uns der Oberarzt und würdigte die Hochschwangere keines Blickes. ‚Mensch zu werden ist nicht schwer, Frau zu sein dagegen sehr', dachte ich mitfühlend, als ich das Gesicht der erschrockenen Frau von Bissmark sah. „Der Patient kommt mit in den Kreißsaal", wiederholte er barsch. Suchend und verwundert schaute ich mich nach einem Patienten um, der auch mit in den Kreißsaal sollte. Ach, er meinte wohl Frau von Bissmark! Ich verstand nie, warum bei den Frauen auf einer gynäkologischen Station, wo es sich doch wirklich und ausschließlich um Frauen handelte, oft nur von Patienten geredet wurde. In mir jedenfalls löste das immer heillose Verwirrung aus.

Eine Stunde später klingelte es an der Kreißsaaltür und ich drückte auf den Knopf der Gegensprechanlage. Gabi, inzwischen wieder im Kreißsaal eingetroffen, lotterte mit den Füßen auf dem Tisch im Hebammenzimmer herum und guckte fern, während ich engmaschig die Vitalzeichen unserer einzigen Kundin überwachte. Blutdruck, Puls und Körpertemperatur wurden in die Kurve am Bettrand eingetragen und das CTG war ebenfalls angeschlossen. Jetzt konnte es losgehen. Doktor Vogelstrauß steckte seinen Kopf bei Gabis Füßen offensichtlich in den Sand, hatte seine Hände immer noch nicht desinfiziert und aß genüsslich meine Pfannkuchen mit Zuckerguss und Erdbeermarmeladenfüllung. Ich hatte mich schon auf das bevorstehende Donnerwetter wegen Gabis Megafüßen auf dem Tisch gefreut, aber die erwartete Szene, wie ich sie eben bei Jessica erlebt hatte, blieb aus. Ich wunderte mich so sehr, dass ich mich sogar zu den beiden Sympathieausgeburten ins Hebammenzimmer begab und einen Pfannkuchen hinunterwürgte, weil ich mich davon überzeugen wollte, ob Gabis Schweißtreter noch immer auf dem Kaffeetisch ruhten. Aber Dickmadam ließ sich von der Anwesenheit des Oberarztes gar nicht beirren und lümmelte relaxt auf dem Stuhl herum. Ungerührt guckte sie weiter in die Glotze, wo gerade die ultimative Silvestershow mit Anke Engel und Thomas Gottwitz lief. ‚Ach, das ist ja interessant', dachte ich. ‚Wenn zwei das Gleiche tun, ist es noch lange nicht dasselbe!' Gabi, unser Hausdrachen, hätte Doktor Vogelstetter mit Haut und Haaren gefressen, wenn er es gewagt hätte, ihr auch nur einen tadelnden Blick zuzuwerfen. Oberarzt hin, Oberarzt her, ihre Mauken legte sie da nieder, wo es ihr passte. Und erst recht dann, wenn sie in ihrem Hebammenzimmer weilte. Da kannte die stämmige Gabi kein Pardon.

Gabi war nur zwei Jahre älter als ich, aber es kamen mir wie Jahrzehnte vor. Ich hätte gerne gewusst, aus welcher unerschöpflichen Quelle ihr immenses Selbstbewusstsein stammte – da hätte ich mir auch gerne etwas abgezapft, zumal sie keine so großartige Hebamme war, wie sie alle glauben machen wollte. Schließlich fragte ich ins Mikrophon der Gegensprechanlage hinein: „Ja, bitte, wer da?" „Ich gehöre zu Frau von Bissmark! Magnus von Bissmark mein Name", quakte es mir entgegen. Ich drückte auf den Summer und gewährte Einlass. In der Stunde der Geburt kamen auch die miserabelsten Erzeuger aus ihren Löchern hervorgekrochen, um die Geburt des versehentlichen Nachwuchses mitzuerleben.

Und dann sah ich – ihn! Erst von hinten, dann drehte er sich um und strahlte mich mit dem süßesten Lächeln an, seit es Schokella gibt. Der hellblonde Adonis wurstelte an seinem grünen Schutzkittel herum, den alle Besucher im Kreißsaal überziehen mussten, und schien sich irgendwie verfangen zu haben. Das entlockte mir ein Lächeln und mit diesem Lächeln auf den Lippen schwebte ich der zartesten Versuchung auf Wolke sieben entgegen.

„Kann ich Ihnen irgendwie helfen?", tänzelte ich um ihn herum. So ruhig ich äußerlich wirken mochte, in meinem Magen herrschte ein einziges Tohuwabohu: ‚Ich würde Sie gerne aus der Umklammerung des aufdringlichen Kittels befreien und es wäre mir dann ein ausgesprochenes Vergnügen, mich selbst ein bisschen an Sie zu klammern!' Zwei große, graugrüne Augen musterten mich und das wohlgeformte, ovale Gesicht, von einem gepflegten Herrenschnitt umrahmt, nickte mir entgegen. Die Begeisterung basierte auf Gegenseitigkeit, wie nett. Andere Mütter hatten also auch schöne Söhne! Sichtlich von der Rolle reichte ich ihm das grüne OP-Häubchen und die Plastiküberzieher für die Straßenschuhe. Manche Menschen mutierten mit der Haube ja echt zu einer Witzfigur, aber diesem Magnus stand offenbar alles, denn er sah immer noch anbetungswürdig aus. Magnifik! Ich liebe graugrüne Augen, hellblondes Haar, 190 cm große Männer! Vor allem, wenn sie noch zu haben waren. Beinahe hätte ich mich verschluckt. Dieser griechische Gott war aber nicht mehr zu haben. Das schien mir in meinem akuten Anfall von unbändiger Begeisterung irgendwie entfallen zu sein. Augenblicklich befand ich mich wieder auf dem unromantischen Boden der Tatsachen. Mist! Mist! Mist! ‚Carina, nun sag mal deinen Schmetterlingen im Magen, sie können wieder aufhören, so hektisch umherzuflattern', ermahnte ich mich selbst. Außerdem achtete ich wieder nur auf Äußerlichkeiten, als wäre ich darauf nicht schon oft genug hereingefallen. Statt ihn weiter anzuhimmeln, schritt ich endlich zur Tat, um ihn aus seiner Kittelgefangenschaft zu befreien.

Die glückliche Frau von Bissmark! Ach nein, die unglückliche Frau von Bissmark. Schließlich hatte er, Magnus, sie schwanger sitzen gelassen. Da merkte frau wieder einmal, dass Schönheit bei einem Mann nicht wünschenswert war, wie ich ja selber bei Malte-Würg sah. Auf den ersten Blick zogen Supermänner die Frau schon mit einem einzigen Blick in ihren Bann, aber sobald sie dann in ihrem Netz zappelte, wurde sie mit Füßen getreten, verlor ihren Reiz, und je mehr sie zappelte, desto schlechter wurde sie behandelt. Der tollste Mann im Kreißsaal – was im Moment auch nicht schwer war, denn im Hebammenzimmer lungerten nur noch das Mannweib und der komische Obervogel herum – lächelte mich dankbar an. Dabei kamen doch tatsächlich zwei niedliche Grübchen auf jeder Wangenseite zum Vorschein. Nun war es vollends um mich geschehen. Alles, nur keine Grübchen! Ehrfürchtig hing ich an seinem Kittel und grabbelte länger, als es nötig gewesen wäre, an ihm herum. Herr von Bissmark meinte entschuldigend, dass er mit den Dingern noch nie zurechtgekommen sei und erklärte, als er mein fragendes Gesicht sah, dass er deshalb Internist geworden sei, da bräuchte er nicht zu operieren. ‚Ein Insider', dachte ich und wurde dunkelrot im Gesicht, was sich auf beide Ohren ausweitete. Meine aufgescheuchten Schmetterlinge gehorchten mir wieder überhaupt nicht und flatterten heftig gegen meine unschuldigen Magenwände. ‚Ruhe da unten, der Traummann ist vergeben', schimpfte ich in Richtung Bauchraum, wertete das Ganze jedoch als ein äußerst positives Zeichen. Denn erstaunt stellte ich fest, dass meine Gefühle zu Würg schon mehr erkaltet waren, als ich es zu hoffen gewagt hatte. Diese Erkenntnis versetzte mich in Hochstimmung. Ungezügelt steigerte ich mich in einen noch intensiveren Gefühlsrausch hinein, den ich als willkommene Therapie ansah.

Wie albern, wie dämlich, wie absolut grotesk! Typisch Carina eben! Hatte ich denn ganz vergessen, dass dieser Magnus innerlich ein Fiesling sein musste, da er seine ehemalige Angebetete schwanger sitzen gelassen hatte? So viel besser als mein Malte konnte er also auch nicht sein. In Anbetracht dieser Erkenntnis hatte ich plötzlich Schwierigkeiten, dem blonden Hünen ins Gesicht zu sehen. Wollte ich der armen, werdenden Mutter jetzt den reuigen Vater wegschnappen? Ich schämte mich meiner Gedanken. Das erinnerte mich an eine wahre Begebenheit, die vor einigen Jahren hier im Hause passiert war: Eine Frau kam zur Entbindung, begleitet von ihrem Mann. Der Geburtshelfer und die werdende Mutter verliebten sich ineinander, über die Köpfe des Ehemannes und des Neugeborenen hinweg. Unglaublich! Eine Frau, die sich im Wehenschmerz noch verlieben, und ein Arzt, der sich in die attraktive Geburtsposition einer werdenden Mutter vergucken konnte. Der Arzt war übrigens kein Geringerer als der ehrenwerte Oberarzt Doktor Vogelstetter. Er wurde dann vor acht Jahren der temporäre Lebensabschnittsbegleiter von Schwester Hedda-Marie Spieß-Rute, die dann wiederum unsere stellvertretende Pflegedienstleitung wurde. Doch dieser gemeinsame Lebensabschnitt währte nicht lange, denn Schwester Hedda-Marie ehelichte den Krankenhausverwaltungsleiter Max Bürger und hieß dann Spieß-Bürger. Vor zwei Jahren wurde sie geschieden und war jetzt eine Hedda-Marie Spieß-Bürger, geschiedene Spieß-Rute.

Mein weiterer Werdegang, so ich mich nicht selbst zügelte, würde mich mit Hedda-Marie auf eine Stufe stellen und wie folgt aussehen: Schokellaabhängige, kranke Schwester mit Abendschulkurs und Zusatzqualifikation schnappt während ihres Dienstes im Kreißsaal entbindender Aristokratin den – ja, was eigentlich, Ehemann? – vor der Nase beziehungsweise während der Wehen weg. ‚Carina, du bist wieder einmal ein echtes Glückskind', stöhnte ich in Gedanken vor mich hin. Das Herz schlug mir bis zum Hals und ich watete auf rosaroten Schäfchenwolken, passend zu meiner rosaroten Brille, Richtung Vorwehenzimmer, wo die bemitleidenswerte Frau von Bissmark der Geburt ihres kleinen Bissmarkherings entgegen hechelte.

„Hallo, Magnus", ächzte sie. „Schön, dass du gekommen bist", und drückte ihm ein Küsschen auf die Wange. „Benedikte, meine Liebe, wie steht es um dich?" Der entzückende Mensch nahm mitfühlend die Hand seiner Frau und streichelte sie. Wer würde ihm bei dieser liebevollen Geste den Fehltritt, sich während der Schwangerschaft aus dem Staube gemacht zu haben, nicht verzeihen? Meine eifrigen Schmetterlinge dachten gar nicht daran, mit dem Flattern aufzuhören. Mir wurde leicht übel und abwechselnd heiß und kalt. So etwas war mir wirklich noch nie passiert. Mit hochroten Ohren atmete ich tief ein und fragte die werdende Mutter, mich wieder auf meinen Job konzentrierend, ob sie etwas Lachgas zur Schmerzlinderung haben wolle. Nein, wollte sie nicht. Jetzt, da ihr Gemahl wieder bei ihr war, wollte sie offenbar stark und unabhängig sein. „Wir hätten noch andere schmerzlindernde Methoden und Mittelchen im Angebot." Ich wollte gerade ausholen, um alles genauestens zu erklären, als die Patientin meinte: „Nein, nein, lassen Sie nur! Ich will eine ganz natürliche Geburt."

Komisch! Auf dieser Welt war schon fast alles unnatürlich: die Haarfarbe, die Zähne, die Haut, die Nase, Bauch, Busen, Po und Fingernägel, aber ausgerechnet die Geburt, eines der schmerzvollsten Ereignisse im Leben einer Frau, wollten plötzlich alle ganz natürlich haben. „Natürlich", sagte ich. „Wie Sie meinen!", und trollte mich, als Gabi missmutig über den Flur blökte: „Telefon! Nimm auf dem Flur ab!" Ich ging zum Telefon und meldete mich. „Hallo, Schnuckelfee!", grölte Dennis gegen die laute Hintergrundmusik der Milchbar an. „Wir wollten dir schon mal ein gesundes neues Jahr wünschen. Wir denken an dich!" „Fein", schrie ich zurück. „Amüsiert ihr euch auch gut ohne mich?" „Klar! Net ist hier, nur Angie ist schlecht gelaunt, weil ihr Schwarm nicht da ist! Wie und wann bist du eigentlich neulich nach Hause gekommen?" „Hä, ich hör dich so schlecht!", log ich. „Versteh schon! Bis zum nächsten Jahr!", kreischte Dennis lachend und legte auf.

Im Laufe meines Dienstes kam ich nicht darum herum, mit Magnus von Bissmark ein paar Worte wechseln zu müssen, während ich seine Angetraute betreute. Inzwischen hing die Patientin etwas benebelt auf dem Entbindungshocker, da sie nach einer besonders bauchzerreißenden Wehe doch um Lachgas gefleht hatte. Ich jedenfalls war auch ohne Lachgas glücklich und fragte den Traummann gerade, wann er denn sein Studium beendet hätte. Er berichtete dann von seiner Praxis in Steglitz. Für einen verheirateten Mann schaute er mich, für meine Begriffe, etwas zu romantisch an, was mich stark an Will erinnerte. „Sie haben wundervolle Augen, Schwester Carina", sagte Herr von Bissmark unvermittelt, was mich wiederum an Vogelstetter denken ließ, jedoch mit dem Unterschied, dass meine Knie weich wie Wackelpudding wurden. Nach Jahren der Entbehrung hatte ich nun schon zwei Bewunderer, und das war irgendwie zu viel für Kleopatras unterentwickelte, unerwiderte Gefühlswelt. Mir tat Frau von Bissmark ein bisschen leid: Der werdende Vater flirtete wild mit der Krankenschwester, während sie in den Wehen lag. ‚Dafür komme ich sicher in die Hölle', dachte ich und meine Wangen glühten wie reife Tomaten.

Der Rest unserer tiefsinnigen Gespräche ging dann in der allgemeinen Geburtshektik und Schreierei unter, denn die tapfere, natürliche Frau kreischte weiter nach allen Anästhesiemethoden, die es auf der Welt gab. Nun war es jedoch zu spät. Der Oberarzt managte die Geburt alleine, weil Gabi auch jetzt nicht aus dem Hebammenzimmer herauszubekommen war. Wenn keine Komplikationen anstanden, begleitete die diensthabende Hebamme die Frauen meistens alleine durch die Geburt. Dickmadam Gabi war jedoch nicht von ihrer ersten Reihe vor dem Fernseher wegzukriegen gewesen. Die hatte vielleicht Nerven! Doktor Vogelstetter war sichtlich schlecht gelaunt. Offenbar wollte auch er lieber Ankes sexy Minikleidchen im Fernsehen bewundern, als die Patientin kreischen hören und den Ehemann taumeln sehen.

Magnus von Bissmark war inzwischen recht blass um die Nase geworden und stand windschief in einer Ecke herum. Jede Sekunde bestand die Gefahr, dass der Neunzig-Kilo-Mann umkippen würde. Alles lief jedoch perfekt und genau sechzehn Minuten später, eine halbe Stunde vor Mitternacht, erblickte das Bissmarkbaby in unserem wundervollen, konfessionellen Krankenhaus das Licht der Welt. Eine Stunde später, nachdem sich Mutter und Kind ausführlich kennengelernt hatten, tupfte ich den süßen, verschrumpelten Säugling ab und rief Gabi, um die Erstuntersuchung durchführen zu lassen. Dann bekam der stolze Papa seinen Nachwuchs in den Arm gedrückt. ‚ICH WILL AUCH EIN BABY, SOFORT!', schrie alles in mir. ‚Ich will auch endlich DEN Richtigen kennen lernen und an meiner Seite haben, denn leider kann das eine das andere ausschließen.' Aber bereits beim ersten Wunsch tat sich eine schier unüberwindliche Hürde vor mir auf. Ich fand es total schwierig, in Berlin oder sonstwo auf der Welt, einen Mann kennen und lieben zu lernen, der einen passenden Deckel zu meinem Topf darstellte. Wenn ein Mann wie Malte mit der Einstellung in eine Beziehung ging, dass für ihn nur eine Schöne, Intelligente UND Reiche in Frage kam, dann deckte sich das nun einmal nicht mit den Attributen, die ich zu bieten hatte. Eine Meinungsänderung war in den ganzen Jahren nicht eingetreten und auch nicht abzusehen. Im Gegenteil, er wurde ein immer größerer Snob. Warum sollte ich also weiter meine kostbare Zeit mit ihm verschwenden?

„Na, wie fühlen Sie sich als frischgebackener Vater?", fragte ich Herrn von Bissmark, obwohl ich es eigentlich gar nicht wissen wollte. „Wieso, ich bin doch gar nicht der Vater", antwortete Magnus von Bissmark erstaunt. „Ich bin der frischgebackene Onkel, Schwester Carina", und er lachte mich fröhlich mit wiedergewonnener Farbe auf den Wangen an. Erleichtert stimmte ich mit ein und ich glaube, dass der Traum von einem Mann genau gehört hatte, wie der Stein von meinem Herzen genau auf meine Füße gefallen war. „Oh!", entfuhr es mir schließlich geistreich. „Meinen Sie, Schwester Carina, dass ich sonst erlaubt hätte, dass Sie so miteinander flirten?" Benedikte von Bissmark kicherte, und diesmal wurde nicht nur ich puterrot im Gesicht. Alle drei lachten wir erleichtert auf, während uns das Neugeborene mit großen Augen anschaute. Die junge Mutter lächelte selig ihren kleinen Sohn an und sagte in den Raum hinein: „Was haltet ihr von dem Namen ‚Sylvester' für meinen Sohn?" Magnus und ich schauten uns an und wir nickten. „Bitte, kommen Sie doch einmal zu uns zum Essen", kuppelte Benedikte und zwinkerte mir erschöpft, aber glücklich zu. „Ich glaube, Magnus würde sich freuen." Dann schob ich sie zur Überwachung in den Vorwehenraum, wo sie noch zwei Stunden liegen blieb. Magnus wartete vor der Tür und grinste mir entgegen, als ich die Tür hinter mir schloss. „Tja, also, Schwester Carina, ich würde mich wirklich sehr freuen, Sie wiederzusehen", sagte er mit hochrotem Kopf und smartem Lächeln und gab mir seine Visitenkarte. „Ich auch", hauchte ich und reichte ihm die Hand zum Abschied.

Mit seligem Gesichtsausdruck ging ich ins Hebammenzimmer, wo Gabi, die Schreckliche, mich erwartete. Ich aber schwebte drei Meter über dem Erdboden und nahm sie gar nicht mehr wahr. Da nun nichts mehr los war, hatte ich das dringende Bedürfnis zur Station 16 zu gehen, wo Waltraud Nachtdienst hatte. Sie hatte mich in meinen ersten Diensten eingearbeitet und war einfach super nett. „Na, alles okay bei den Bissmarks?" Ich schaute mich um. Offensichtlich hatte Gabi sich erbarmt, das Wort an mich zu richten. „Ja, alles bestens! Ach Gabi, macht es dir etwas aus, wenn du die Patientin im Vorwehenraum übernimmst? Ich gehe mal kurz auf Station 16!" „Ja, ja. Beeil dich aber, weil ich auch noch schnell zur Erste-Hilfe-Station wollte", muffelte mir Gabi entgegen. „Gut", sagte ich und machte mich aus dem Staub, rüber zum Altbau. Ein dunkles, riesiges, kaltes Treppenhaus empfing mich und ich huschte an meinem Geburtstag, zehn Minuten vor dem Jahreswechsel, eilig zu Waltraud, die mich schon mit Sekt und Orangensaft erwartete. Heute konnte mir nichts mehr die Laune verderben!

6   Überraschungsbesuch mit fadem Nachgeschmack

Im Schwesternwohnheim waren alle eine große Familie. Die Türen standen fast immer offen und Allegra und Kerstin gingen sowieso ständig bei mir ein und aus. Wir saßen zu dritt bei mir um den Tisch und sahen aus wie Gespenster. Adstringierende Feuchtigkeitsmasken mit Aloe Vera und Gurkenextrakten zierten unser Antlitz und um den Kopf hatten wir ein Frotteehandtuch gewickelt, weil wir eine Haarkur gegen Spliss einmassiert hatten. Ausnahmsweise blitzte mein Zuhause und der Duft von ökologisch abbaubarem Putzmittel zog durch die Räume. Pommi war hier gewesen, und während sie meine Wohnung auf Vordermann gebracht hatte, hatte ich meinen Kleiderschrank geordnet und entrümpelt. Meine Güte, was da für scheußliches Zeug aus der Versenkung aufgetaucht war! Immer, wenn ich einen alten Pulli wieder im Schrank verstecken wollte, kam Pommi angerannt und entriss ihn mir.

„Der steht dir doch gar nicht! Wie lange hast du den nicht mehr angehabt?" „Äh, drei Jahre", gestand ich. „Dann weg damit." Und schon war das alte Stück in der großen Mülltüte für die Altkleidersammlung verschwunden. Etwas wehmütig schaute ich ihm hinterher. In dieser Hinsicht war ich wie mein Vater vom Stamme der Jäger und Sammler. Immer auf der Jagd nach Schnäppchen, die sich dann in meinem Kleiderschrank sammelten. Mein Vater, der bei der Berliner Stadtreinigung arbeitete, ging sogar so weit, dass keine Mülltonne in der ganzen Stadt vor ihm sicher war. Er war da ganz hemmungslos und schreckte auch vor einem Kopfstand nicht zurück, wenn er darin Verwertbares vermutete – kein Wunder, dass unser Keller aus allen Nähten platzte. Pommi hatte mich in die große Kunst des Putzens eingeweiht. Mir schwirrten noch Sätze im Ohr wie „Immer von oben nach unten putzen, die Toilette zuletzt, die Ecken besonders gründlich", und „Aber Carina, nun fass doch den Schwamm richtig fest an und halt ihn nicht in der Hand, als hättest du etwas stinkendes Braunes am Finger." Nachdem Pommi mit einem vollen Müllsack in der einen und einem Altkleidersack in der anderen Hand von dannen gezogen war, blieb ich allein mit meiner Wehmut zurück. Kurz darauf stießen Allegra und Kerstin meine Wohnungstür auf, um sich bei mir einen gemütlichen „Inspektor-Columbo-Abend" zu machen. Allegra, die heute shoppen war, hatte auch gleich noch ihre zahlreichen Einkaufstüten mitgebracht und auf dem Fußboden verteilt, um uns ihre neuesten Errungenschaften vorzuführen. Kerstin wühlte in den Taschen, als wollte sie ein passendes Kleidungsstück für sich selbst abstauben und geriet jedes Mal in absolute Verzückung.

„Du brauchst gar nicht so zu kramen, die Sachen passen dir ja doch nicht", grinste ich, was bei Kerstin, die ihre Figur immer etwas schlanker einschätzte, einen Sturm der Entrüstung auslöste. Sofort war sie bereit, sich demonstrativ auf meiner Waage zu wiegen, um Allegra und mir zu beweisen, dass sie genauso leicht war wie meine Schwester. „Aber Kerstin, ich bin doch 10 Zentimeter größer als du", gab Allegra zu bedenken, und als wir in Kerstins enttäuschtes Gesicht blickten, war uns klar, dass sie zugenommen haben musste. „Habt ihr Karola gestern Nacht auch so laut stöhnen gehört?", fragte Kerstin, während sie den Abendbrottisch deckte. „Oh, die Arme! Ging es ihr schlecht?", antwortete Allegra mitfühlend. „Nee, zu gut! Ihr heimlicher Liebhaber und Arzt auf ihrer Station war wieder da", grinste Kerstin. „Stellt euch mal vor ..." Zu gewissen Vorstellungen kamen wir leider nicht, denn es klingelte mitten im Satz plötzlich Sturm. Ich weilte gerade im Bad, wo ich mich der undankbaren Aufgabe hingab, mir die Zehennägel mit einem französischen Edelprodukt lackieren zu wollen. Missmutig humpelte ich zur Wohnungstür und betätigte den Türöffner. Die Gegensprechanlage ging wieder einmal nicht, und das, wo so viele Verrückte frei herumliefen und hier so viele Frauen wohnten. ‚Ich sollte den Defekt schnellstens melden', dachte ich, als unten jemand auf den Fahrstuhlknopf drückte. Der Aufzug setzte sich lautstark in Bewegung und wie gebannt starrte ich auf die silberne Fahrstuhltür.

„Nun mach doch endlich die Tür zu! Wer weiß, wer dich besucht", schimpfte Kerstin. „Vielleicht ist es der GEZ-Fritze, weil du deinen Fernseher nicht angemeldet hast", unkte Allegra. Während ich also in aller Eile die Wohnungstür zumachte, mit einem Hechtsprung den Fernseher ausknipste und mir dabei den großen Zeh am Fernsehtischchen stieß, worauf sich mein frischer Nagellack über den Rand des Nagelbettes verteilte, klingelte es auch schon eindringlich an meiner Türe. Vor Schmerzen laut fluchend und den Störenfried zu später Stunde verdammend, taumelte ich den Zwei-Quadratmeter-Flur entlang und äugte durch den Spion.

Nein! NEIN!! „Wer ist denn da?", flüsterten Allegra und Kerstin im Chor, als sie mein verzweifeltes Gesicht sahen. Draußen standen zwei Personen und schauten sich gegenseitig abschätzend und erstaunt an. „Es sind Will UND Malte", wisperte ich panisch. „Meine Güte, was mache ich denn jetzt?" Mir brach der Schweiß aus und ich flatterte wie ein aufgescheuchtes Huhn im Flur hin und her. „Nun mach die Tür auf! Sie wissen doch sowieso, dass du da bist", sagte Kerstin lässig und freute sich offensichtlich für mich, weil sich vor ihrer Wohnungstür nicht so aufregende Szenarien abspielten.

Es klingelte immer penetranter. Schließlich atmete ich tief ein, setzte mein Sonntagsgesicht auf und öffnete. Malte und Will guckten mir mit entsetzten Gesichtern entgegen. „Hallo, ich dachte, ihr freut euch, mich zu sehen?", flachste ich und stand lässig am Türrahmen. „Über Aschenputtels Stiefmutter würde ich mich im Augenblick mehr freuen", schnaubte Malte und schob mich zur Seite, um in die Wohnung zu gelangen. ‚Klar, fühl dich nur wie zuhause, Malte! Das kannst du, weil du ja so oft bei mir bist', dachte ich genervt und tat noch einen Schritt zur Seite, um auch Will eintreten zu lassen. Er lächelte mir schüchtern entgegen und stammelte vor sich hin, dass er gerade in der Nähe gewesen wäre und mir meine hübsche Pojng-Handtasche, die ich neulich in seinem Auto vergessen hatte, vorbeibringen wollte.

„Ich wollte nicht stören, aber ich dachte, dass du dein rosa Julklappgeschenk, deinen Ausweis und den Führerschein sicher gebrauchen könntest." „Das ist nett von dir, Will, und du störst überhaupt nicht", log ich und zog ihn in meinen Miniflur. Inständig hoffte ich, dass er sich nicht quer durch meine Big Anna, vorbei an Tampons, Mundspray und aufgeweichten Kaugummis, gewühlt hatte. Damenhandtaschen sind schließlich etwas sehr Intimes, genauso wie Nachttische. Als ich mich umdrehte, sah ich mein Gesicht im Spiegelbild und schrie kurz auf, um dann gehetzt ins Bad zu verschwinden. ‚Mist, erst meine Flucherei vor der Tür, dann Will und Malte zusammen auf meiner Fußmatte und ich obendrein mit Turban und Feuchtigkeitsmaske dekoriert.' Hektisch wusch ich mir wenigstens das klebrige Zeugs von der Visage und kehrte dann, wieder etwas gefasster und königinnengleich, ins Wohnzimmer zurück, wo meine zahlreichen Verehrer auf mich warteten. Wie für die Menschen des Altertums der Leuchtturm von Pharos bei Alexandria das siebte Weltwunder gewesen sein musste, so war es für mich mindestens das achte, Malte unangemeldet in meiner glanzlosen Hütte willkommen zu heißen. In den ganzen zwei Jahren unserer Partnerschaft war das etwa fünf Mal passiert, und diese fünf Mal hatten sich auf das erste halbe Jahr konzentriert.

Ich stand also vor den beiden Pseudo-Romeos in meinem weißen, abgewetzten, sexy Frotteebademantel mit Rosenkragen und lila Hausschuhen und leistete ungewollt meinen Beitrag zur allgemeinen Erheiterung. Allegra und Kerstin hatten sich an den Abendbrottisch gesetzt und indiskret die Ohren gespitzt. Unschuldig langten sie schon einmal kräftig zu und aßen das frisch zubereitete Rührei. Erwartungsvoll schaute ich von einem zum anderen, aber Malte grinste nur spöttisch, starrte dabei scheinheilig auf meinen großen, lädierten und verschmierten Zehennagel, setzte sich schließlich, ganz Gastgeber, zu den mampfenden Weibern an den Tisch und machte den Fernseher an. „Will, willst du dich nicht auch setzen und dir ein Brot streichen?", bot ich an, aber Will schaute mich nur desillusioniert an und murmelte etwas von Eile und Weggehen. Im Flur angelangt machte ich die Tür hinter uns zu. Will entschuldigte sich für sein plötzliches Erscheinen. „Ist nicht schlimm", versicherte ich ihm höflich und machte ihm die Wohnungstür auf. Eilig trat er auf den Hausflur, blieb dann aber abrupt stehen und fragte unvermittelt: „Wer ist denn dieser zwei Meter Kotzbrocken?"

Ich schluckte. „Das, äh ... das ist ... äh ....", stotterte ich unsicher. „Ach, Carina, ist ja auch egal. Du siehst zauberhaft aus. Ich habe mich so in dich verliebt", und schon stand Will vor mir, drückte mir einen Kuss auf den Mund und verschwand wieder im Fahrstuhl, der ihn, so plötzlich wie Will gekommen war, wieder verschluckte und ins Erdgeschoss beförderte. Wie vom Blitz getroffen stand ich im dunklen, kalten Flur. Nach ein paar Sekunden hatte ich mich wieder gefasst und ging zurück in die Wohnung. Malte befand sich in fröhlicher Runde und hatte sich auf meinem Sofa breit gemacht.

Angeregt kauend erzählte er detailliert, was bei diesem Columbo-Krimi, der gerade über den Bildschirm flimmerte, als Nächstes passieren würde, nahm jede Pointe vorweg und zerstörte die Spannung.

„Komm, Carina, setz dich zu mir! Wer war denn dieser abgebrochene Gartenzwerg mit Glatze?" Keiner antwortete. „Hä? Wer?" Malte war neugierig geworden. „Das war Will Chance, ein Arzt von der Gynäkologie", antwortete Kerstin redselig. „Ah, Doktor Will Chance, der Arzt, dem die Frauen vertrauen. Rechnet sich wohl Chancen aus." Malte lächelte süffisant und wechselte das für ihn uninteressante Thema. „Bei drei so schönen Damen vom Grill habe ich Appetit bekommen." Malte triefte wieder vor Zynismus. Ihn schien der Gartenzwerg gar nicht sonderlich zu interessieren. Offenbar nahm er ihn nicht als Konkurrenz wahr, denn er schmierte sich gutgelaunt noch ein Quarkbrot und schien gar nicht bemerkt zu haben, dass seine Frage immer noch im Raum hing.

„Was führt dich denn zu mir? War es nett mit Constanze in Braunschweig?", fragte ich beiläufig, innerlich von Eifersucht zerfressen, während ich mich neben ihn auf das Sofa fallen ließ. Unauffällig schaute ich ihn von der Seite an und bemerkte wieder, wie unglaublich gut er aussah. Wäre er doch bloß nicht so ein Ekel! Er schaffte es jedes Mal, dass ich mir in seiner Gegenwart hässlich und nichtig vorkam. „Erst einmal wollte ich dir nachträglich zum Geburtstag gratulieren und dir noch einmal persönlich ein schönes neues Jahr wünschen", sagte er, ohne auf meine Frage einzugehen. Dabei gab er mir einen nach Bierschinken, Rührei und Kräuterquark riechenden Schmatzer auf die Wange. „Da mir doch kein passendes Geschenk für dich zu Weihnachten eingefallen ist, wollte ich dich im Frühjahr zum American Bowl einladen. Es spielen die Miami Hurricans gegen die San Diego Dolphins." Er schaute mich selbstgefällig an und ich heuchelte Begeisterung. Typisch! Malte schenkte mir etwas zu Weihnachten, das IHM gefiel. Im Jahr zuvor hatte er mir eine Eintrittskarte zum Oktoberfest nach München geschenkt und ich verbrachte einen ganzen Tag zwischen grölend-schunkelnden, besoffen-pickeligen Jugendlichen, die aus allen Knopflöchern schwitzten. Ständig drückte mir einer von ihnen ein Küsschen auf die Wange, während mein Freund Malte in der Versenkung verschwunden war. „Und zu deinem Geburtstag dachte ich, dass du doch schon immer mal mit zu mir nach Braunschweig wolltest. Hast du am nächsten Wochenende schon was vor?" Auch wenn ich an diesem Wochenende bei der Queen oder Madonna höchstpersönlich verabredet gewesen wäre, hätte ich mir diese Einladung nicht entgehen lassen. Nein, ich konnte in diesem Augenblick der unbändigen Freude nicht anders, als ihm um den Hals zu fallen. Malte befreite sich aus meiner Umklammerung.

„Ich werde Freitag Früh mit dem neuen Auto meines Bruders losfahren und du kommst Samstagabend mit meinem Auto nach. Lars hat sich in Berlin ein neues Auto gekauft und ich soll es ihm nach Braunschweig fahren", erklärte Malte und knabberte dabei eine Karotte. „Wieso können wir denn nicht zusammen am Freitag fahren?", wollte ich erstaunt wissen. „Weil ich Freitag noch etwas in Braunschweig zu erledigen habe und du würdest dich nur langweilen." Schön, dass er so besorgt um meine Unterhaltung war. „Und warum kann ich nicht Samstag Früh losfahren, statt erst abends?" Irgendwie kam in mir der Verdacht auf, dass er mich nur als Fahrer benutzen wollte, um in seinem Auto wieder zurück nach Berlin fahren und sich das Bahnticket oder die Mitfahrgebühr sparen zu können. Aber ich verdrängte den Gedanken ganz schnell wieder. Nein, so viel Berechnung war ihm nicht zuzutrauen, und schließlich würde ich endlich Braunschweig, das Haus seiner Kindertage und seine lieben Eltern kennen lernen, die mich sicherlich schon mit offenen Armen empfingen! Endlich! Endlich, nach Jahren des Wartens war es so weit! Ich malte mir aus, wie Malte mich als seine Verlobte vorstellte und als zukünftige Schwiegertochter in die Bauer'sche Familienidylle einführen würde, die liebe Mama mir hocherfreut Haus und Garten zeigen und der Vater mir einen Platz an seiner Seite am Abendbrottisch freihalten würde. Wenn ich Glück hatte, war sogar die Omi dabei. Oh, war das toll! „So, nun will ich die drei Damen vom Grill nicht länger bei Inspektor Columbo stören. Ich habe noch zu arbeiten", sagte Malte und ich begleitete ihn zur Wohnungstür. Wir küssten uns ausgiebig, und dann rauschte Malte davon. Ich schloss die Tür und war einfach nur glücklich. Dann begann ich aufgeregt in meinem Kleiderschrank nach Klamotten zu wühlen, die ich fürs besagte Wochenende im Sinn hatte. Natürlich wollte ich bei Mama und Papa Bauer einen bleibenden und möglichst positiven Eindruck hinterlassen. Schnell schmiss ich alles in mein kleines, rotes Köfferchen, das ich bei einer Krankenhaus-Tombola gewonnen hatte.

„Sag mal, Carina, behandelt der dich immer so? Dass er dich nach zwei Jahren endlich mit nach Braunschweig nimmt, sollte eigentlich selbstverständlich sein und nicht dein Geburtstagsgeschenk", meinte Kerstin. „Malte ist doch ein geiziger Knochen. Wahrscheinlich lässt er dich noch seinen Wagen volltanken", mischte sich Allegra ins Gespräch, schaute aber nur kurz von der Mattscheibe auf, weil Columbo gerade eine Leiche entdeckt hatte. „Quatsch! Ihr habt natürlich Recht, aber ich bin so glücklich, dass ich jetzt nicht darüber nachdenken will. Gießt mir schon mal eine Tasse Tee ein, ich komme gleich." „Darüber solltest du aber nachdenken. So ein Geschenk hast du gar nicht nötig. Es sollte ihm eine Ehre sein, dich endlich mitnehmen und vorstellen zu dürfen. Was hat Malte dir eigentlich letztes Jahr zum Geburtstag geschenkt?", stocherte Kerstin weiter. „Einen Gutschein für Spitzenunterwäsche, den ich aber immer noch nicht eingelöst habe", antwortete ich. „Dass du mir den ja in Braunschweig einlöst! Und geh ins teuerste Wäschegeschäft der Stadt, hörst du!" Kerstin hatte ihre Stirn in Falten gelegt und schnaufte. Wie schön, dass sie in den Beziehungsangelegenheiten anderer die Dinge immer so klar sah. „Ach, übrigens ... Malte findet meinen Busen zu klein ... und meinen Bauch zu dick ... und meinen Hintern ...", ich drehte mich im Spiegel. „Ich allerdings finde mich extrem okay!" „Malte – wer ist eigentlich Malte?", fragte Kerstin. Dann lachten wir uns beide kaputt. „Pssst!", zischte Allegra. „Erinnert euch ein andermal an die Diätmargarine-Werbung. Ich will jetzt in Ruhe essen und Columbo schauen und nicht schon wieder Würgs Geiz und seine dämlichen Verhaltensmuster analysieren."

Mir kam in den Sinn, dass ich außer meinen drei glücklich verheirateten Freundinnen Yvonne, Nina und Modesta eigentlich nur Singles oder Geschiedene kannte. Allegra war zehn Jahre lang mit dem netten Elektroingenieur Ali aus dem antiken Konstantinopel liiert gewesen. Er hatte immer gesagt, dass er sie im Jahr 2000 ehelichen wollte. Als das Jahr vorüber war und er immer noch keine Anstalten machte, die Hochzeitsglocken läuten zu lassen, gab sie ihm den Laufpass. Bis zum Jahr 3000 wollte sie nicht warten. Kerstin, vier Jahre älter als ich, war immer für einige Monate oder Jahre in festen Händen, aber wenn das Thema Heirat angeschnitten wurde, waren die Herren, noch ehe Kerstin das Thema Zwerge ansprechen konnte, schnell über alle sieben Berge verschwunden. Angie war neun Jahre verheiratet gewesen, als ihr Mann Ralf, auch Krankenpfleger, sein Abitur nachmachen wollte und dabei kräftig mit einer anderen lernte – während Angie arbeiten ging. Dann trennte er sich von Angie und zog direkt zu seiner Studienkollegin, wahrscheinlich, um fleißig weiterzulernen. Angie, aus ihrem Dornröschenschlaf erwacht, litt erst eine Weile, holte dann ihre Sturm-und-Drang-Phase nach und fing ebenfalls ein neues Leben an. Kürzlich erzählte sie mir, sie hätte Tim in der Silvesternacht doch tatsächlich alleine sitzen gelassen und sei mit ihrem Schwarm, der dann doch noch aufgetaucht sei und von dem sie noch nicht einmal den Namen wüsste, weiter um die Häuser gezogen, bis sie schließlich irgendwo in Steglitz sturzbetrunken in seinem Bett gelandet seien. Meine Freundin Nicole, erfolgreiche Fotografin im Studio ihres Vaters am Ku'damm, hatte ihren untreuen Ehemann in flagranti mit ihrer besten Freundin erwischt. Jetzt lebte sie mit ihrem Sohn alleine. Meine Freundin Ela hatte bisher auch immer Pech mit den Männern und kostete gerade wieder die Freuden ihres Singlelebens aus. Dennis vergnügte sich immer nur für einige Stunden in der Sauna, ansonsten schien seine Umgebung ebenfalls beziehungsscheu zu sein. Offenbar hatte er aber mit Net, Wills Bruder, neue Erfahrungen zum Thema Beziehung gemacht. Seit kurzem war jeder zweite Satz: „Net ist ja sooo nett."

Ich setzte mich an den Abendbrottisch, schmierte mir ein Käsebrot, schlürfte Jasmintee und versuchte, mich auf den Krimi mit dem schusseligen Polizeiinspektor zu konzentrieren. Aber irgendwie gelang es mir nicht. Der Besuch der beiden Männer und Maltes zweifelhaftes Geburtstagsgeschenk hatten einen faden Nachgeschmack hinterlassen. Da half auch kein gut gesüßter Jasmintee.

7   Wie man sich Feinde schafft

Draußen war es noch dunkel und es regnete in Strömen. Diese feuchten, grauen Januarmorgen machten mich immer depressiv. Ich saß im Schwesternzimmer auf der Intensivstation und beobachtete, wie eine Taube aufs Fenstersims kackte. Schwester Sabine plapperte, seitdem sie den Raum betreten hatte, unaufhörlich über die Wichtigkeit, die Defibrillatoren auf die Minute genau zu prüfen, und ich wunderte mich, wie jemand zu so früher Morgenstunde schon so laut schnattern konnte. Ja, ich hasste Frühdienste! Maulfaul schlürfte ich meinen Kaffee und war nicht interessiert, auch nur einen Wortbeitrag von mir zu geben, obwohl Sabine wild gestikulierend versuchte, mich in ihren Wortschwall zu involvieren. Wenn sie mich besonders intensiv anschaute, nickte ich ab und zu verbindlich und ansonsten bevorzugte ich es, keinen Augenkontakt mit ihr aufzunehmen. Wenn ich schon vor Dienstbeginn im Schwesternzimmer eintraf, wollte ich wenigstens halbwegs in Ruhe meinen Kaffee trinken und ein wenig vor mich hin träumen. Ich träumte vom gestrigen Tag, den ich mit Malte verbracht hatte, und der einfach wunderschön gewesen war: Wir waren zusammen im Kino, sahen innig umarmt einen Film und fütterten uns gegenseitig mit Popcorn. Als der Film zu Ende war, gab es im Saal eine Schlägerei zwischen zwei Jugendlichen und niemand, wirklich niemand, griff ein. „So tu doch etwas!", befahl ich meinem muskelprotzenden Hünen, aber Malte trat nur von einem Bein auf das andere und murmelte, dass es doch nicht so schlimm sei. Erst als ich rief, dass die beiden mit dem Blödsinn aufhören sollten und Malte in ihre Richtung schubste, ging mein Held aller schlaflosen Nächte einen Schritt auf die Streithähne zu und sagte: „Hey, beruhigt euch wieder, okay?"

Ich war sehr stolz auf ihn! Auf dem Nachhauseweg – wir liefen zu Fuß durch Steglitz' kleine Straßen – fanden wir dann eine rotgetigerte Katze vor einer Haustür sitzen. Gerade, als ich klingeln wollte, sprang ein Mann aus einem Auto, schnappte die sich windende Katze und warf sie in sein Auto. „Ist das Ihre Katze?", fragte er uns noch. „Nein", antwortete Malte lahm, und ich rief außer mir, dass er sofort die Katze freilassen soll. Als der Mann behauptete, dass es seine Katze sei, merkte ich sofort, dass etwas nicht stimmte. Ich hechtete auf die Hintertür des Autos zu, riss sie auf und die Katze konnte entkommen. Der Mann schimpfte noch irgendetwas und brauste dann davon. Nachdem ich an der Haustür geklingelt hatte und die Katze miauend hineingeglitten war, nahm mich Malte in den Arm und sagte: „Meine kleine Heldin!" Dann küsste er mich, und eine wundervolle Liebesnacht folgte.

Am nächsten Morgen frühstückten wir in einträchtiger Harmonie. Dann hatte Malte den grandiosen Einfall, mit seinem Moped durch Berlin zu fahren und mir unsere Stadt vom Moped aus zu zeigen. Obwohl die Sonne schien, war es kalt, aber mir machte das überhaupt nichts aus. Mit Helm und Daunenjacke ausgestattet klammerte ich mich an seinem kuscheligen Bärenbauch fest. In einem Café wärmten wir uns auf und brunchten gemütlich. Es war früher Nachmittag, als wir wieder in der Wiesenstraße ankamen. Glücklich und in stiller Eintracht ging jeder seinen Dingen nach. Malte setzte sich an den Computer, um noch etwas zu arbeiten, und ich setzte mich auf sein kleines Klappsofa, machte den Fernseher ausnahmsweise nicht an und las „Die stumme Herzogin" von Dacia Maraini, einer sizilianischen Schriftstellerin. Gegen sechzehn Uhr schickte mich Malte zum Bäcker, um Kirsch-Streusel-Kuchen und Berliner Pfannkuchen zu kaufen, während er die Kaffeemaschine in Gang setzte. Es wurde ein gemütlicher Nachmittag, den wir im Bett ausklingen ließen. Ich war so glücklich wie schon lange nicht mehr und fühlte mich von meinem Traummann sogar geliebt.

Die Patientenklingel läutete. Wie immer schauten nun alle besonders intensiv in ihre Kaffeebecher oder beteiligten sich plötzlich an Sabines Monolog. Die Raucher zückten in Windeseile ihre Zigarettenschachteln und steckten sich ihre krebserregenden Glimmstängel in den Mund. Eifrig zogen sie an ihnen, inhalierten den bläulich schimmernden Rauch und stießen ihn, wie wildgewordene Stiere, durch die Nasenlöcher wieder aus. Ich versuchte es ebenfalls mit besonders intensivem Anstarren des Kaffeebechers, aber im Prinzip wusste ich bereits, dass es an mir sein würde, zum hilfebedürftigen Patienten zu eilen und, wie immer, die Übergabe zu verpassen, die vor und nach jedem Dienstwechsel stattfand. Die Schülerinnen waren auch nicht mehr das, was sie zu meiner Zeit einmal waren, wo jeder eifrig bemüht war, einen hilfsbereiten, arbeitswütigen Eindruck zu hinterlassen. Schwesternschülerin Daniela hätte sich am liebsten drei Zigaretten auf einmal angesteckt, eine für den Mund und zwei für die Nase, nur um nicht ihren Hintern lüften zu müssen. Nicht, dass ich der Meinung war, dass die Letzten in der Nahrungskette am meisten arbeiten sollten, aber die Vorletzten, also wir Springer, auch nicht. Wieder einmal tat mir der Patient leid. Also erhob ich mich schließlich und machte mich auf, um den Grund des Hilferufs zu erforschen. Als ich das Zimmer betrat, wo das Lämpchen aufleuchtete, blieb mir fast das Herz stehen. Die bettlägerige Frau Wimmer lag nicht, sondern stand wimmernd im Zimmer und verschmierte ihr Blut, wild um sich schlagend, an den Wänden, die ihr anscheinend nicht farbenfroh genug erschienen. Sie hatte sich in ihrer Orientierungslosigkeit alle venösen Zugänge gezogen und war in einem Anfall von Bewegungsdrang aus dem Bett gejapst. Schnell wie ein Pfeil schoss ich auf die Patientin zu und ließ die Klingel an, in der Hoffnung, dass jemand von den arbeitseifrigen Kollegen mir zu Hilfe eilen würde. Nachdem ich auf die verwirrte Dame behutsam und beruhigend eingeredet hatte, verfrachtete ich sie wieder ins Bett, zog die Einmalhandschuhe über und machte mich daran, das viele Blut wegzuwischen. Aber Frau Wimmer stand schon wieder wie eine Eins vor mir, wollte mir offensichtlich zur Hand gehen und zog sich schon ihr Nachthemd aus.

„Kann mir vielleicht endlich jemand helfen", grölte ich entnervt über den Flur. Nach endlosen Minuten stand Pfleger Matthias in der Türe. „Carina, nun komm doch endlich.

Wir machen Übergabe", murmelte er vorwurfsvoll. „Ach, wie schön für euch. Hilf mir lieber!", antwortete ich, während ich unterm Bett der Patientin umherrobbte und den Wischlappen schwang. Großzügig machte Matthias einen Schritt auf uns zu und hielt die nackte Patientin fest, während ich das gesamte Bett frisch bezog. „Das muss aber ein bisschen schneller gehen, Carina", wagte es der tatenlos zusehende Hilfspfleger, die Situation zu kommentieren. „Ja, allerdings! Wenn wir zu zweit wären, ginge es auch schneller", meckerte ich ihn an und dachte, wütend vor mich hin schnaufend, dass dieser spätpubertierende Knilch doch erst einmal trocken hinter den Ohren werden sollte, bevor es ihm erlaubt war, Kommentare loszulassen, die der Situation nicht angemessen waren und auf die ich keinen Wert legte.

Schweißgebadet, denn einerseits war es wie immer viel zu heiß im Raum und andererseits war ich unfreiwillige Leibesübungen zu so früher Morgenstunde nicht gewöhnt, machte ich mich nun daran, die Patientin abzuseifen. Pfleger Matthias stand weiterhin da wie bestellt und nicht abgeholt und ging schließlich mit den Worten aus der Tür, wenigstens noch ein bisschen von der Patientenübergabe mitbekommen zu wollen. Als ich Frau Wimmer wieder im Bett hatte, ging ich zurück ins Schwesternzimmer. Die Übergabe war, wie angenommen, bereits vorbei und es wurde soeben heiß diskutiert, wer die Osterdienste übernehmen sollte. Ich setzte mich schlaff und matt wieder an den Tisch und trank meinen kalt gewordenen Kaffee. ‚Alles kalter Kaffee', dachte ich und schaute wieder aus dem Fenster, wo es inzwischen hell geworden war und schon wieder eine Taube kackte. Eigentlich war es ja wie immer gelaufen. Auf den Stationen hing neben den Besuchszeiten ein Schild, auf dem die Übergabezeiten notiert waren mit der Bitte, dass während dieser Zeit nur in Notfällen geklingelt werden sollte. Besonders die mobilen Patienten hielten sich gerne für Notfälle und klingelten gerade zu den besagten Zeiten. War es nicht Frau Wimmer, dann war es bestimmt Frau Köttelfleck, die ihr Häufchen justament zur Übergabe machen musste. Plötzlich störte dann das offene Fenster, es wurde nach der Uhrzeit gefragt, das Bettjäckchen sollte aus dem Schrank geholt oder die Banane abgepellt werden. Das waren leider nicht die Momente, in denen ich mit stolzgeschwellter Brust sagen konnte: Es ist wundervoll, eine Krankenschwester zu sein und diesen wunderbaren Beruf auch bis zum Rest meiner Tage ausüben zu dürfen.

Nur auf Station 8, wo ich am Vortag eingesetzt gewesen war, war alles anders. Da machte das Arbeiten wirklich noch Spaß, denn Oberschwester Annette führte das chirurgische Regiment. Umso trauriger war ich, als ich hörte, dass demnächst die unqualifizierte, unauffällige Schwester Mandy, eigentlich eine Kinderkrankenschwester, Annettes Platz einnehmen sollte. Schwester Mandy, die weder von internistischen Tuten noch von chirurgischen Blasen Ahnung hatte, fragte doch tatsächlich einmal, ob man einen Schlaganfall, der sich ja bekanntlich im Gehirn abspielt, im EKG, das die Herztätigkeit aufzeichnet, sehen könne. Als Dennis und ich laut zu wiehern anfingen, waren wir bei ihr unten durch. Deshalb wunderte es uns auch nicht, als sie uns gestern ankündigte, dass wir nun in Zukunft verstärkt auf der Ersten Hilfe und Geriatrie eingesetzt werden würden, weil unsere Hilfe auf ihrer Station zukünftig nicht mehr vonnöten sei.

Das war uns nur recht. Auf der Ersten Hilfe schwang Schwester Nele aus Flensburg das Zepter, und die war, wie Annette, eine kompetente, nette und junge Zeitgenossin. Nele war heillos in einen Arzt der Inneren verliebt, der, wenn er Erste-Hilfe-Dienst hatte, ständig an ihrer Seite war, obwohl er sich in festen Händen befand. Neben Gipsverbänden anlegen, EKG schreiben und venösen Zugängen legen lernte ich bei Nele raffiniertes Flirten. Es war eine Freude, ihr dabei zuzusehen und zuzuhören. Manchmal wurde nicht nur ich rot im Gesicht, sondern sogar ihr auserwählter Internist. Das, was ich bei Malte in zwei Jahren nie geschafft hatte, schaffte Schwester Nele innerhalb von Sekunden: Die Männer lagen ihr zu Füßen! Dennis und ich waren deshalb immer gerne bereit, fachlich wie flirttechnisch auf den neuesten Stand gebracht zu werden, und freuten uns auf Schwester Nele.

Einen Haken hatte die ganze Sache jedoch: Nicht nur Dennis, sondern natürlich auch ich musste nun in den sauren Apfel beißen und am eigenen Leibe erfahren, wie es war, wenn sich Springer den Zorn der mickrigen Schwester Mandy zugezogen hatten. Neben der Ersten Hilfe, sozusagen als Strafe, musste ich, wie mir der Dienstplan des kommenden Monats verriet, ungewohnt häufig Dienste auf der internistischen Station 20 im Altbau machen.

Abgeschnitten von allen modernen Veränderungen und Neuerungen lebte dort der primitive Stamm der Urschwestern, angeführt von der äußerst korpulenten und behäbigen Schwester Elfi, die so gar nichts Elfenhaftes an sich hatte und lediglich ein blütenweißes Häubchen auf ihrer schlecht gelegten Dauerwelle spazieren trug. Ihre Lieblingsbeschäftigung war es, während ihres gesamten Dienstes hinter ihrem Schreibtisch zu thronen und imaginäre Dienstpläne zu schmieden. Schwester Elfis beleibte rechte Hand war Stationshilfe Belinda, die ihr üppiges hellgrünes Kittelchen bis auf den letzten Nanometer ausfüllte, und Schwester Elfis linke Hand war die großmäulige serbische Putzfrau Anica. Der stellvertretende Oberpfleger, Herr Ruttlitz – er ließ sich als Hahn im Korb siezen und mit dem Nachnamen ansprechen – beherrschte als Einziger das Einführen des Blasenkatheters, was ihn fürchterlich stolz machte und weswegen er von der gesamten Station vergöttert wurde. Die zweite Stellvertretung war Schwester Dorle, die sich, obwohl sie mit dem türkischen Staatsbürger Achmed seit zwanzig Jahren glücklich verheiratet war, einmal im Jahr heimlich mit ihrem Jugendfreund zum Kaffeetrinken am Tempelhofer Damm traf. Alle waren eingeweiht, nur ihr eifersüchtiger Ehemann tappte im Dunkeln. Ihre ganzen glücklichen Ehejahre wurden mir im Nachtdienst ausführlichst in allen Farben geschildert, dabei musste ich mir neben matschigem Döner Kebap und Börek noch die letzten und vorletzten Urlaubsfotos aus Izmir einverleiben, wo ihr 15-jähriges Söhnchen Öcec in allen Farbschattierungen zu sehen war. Als ich irgendwann vor unbändiger Spannung und ungeheurem Wissensdurst vornüber hart mit der Stirn auf dem Schreibtisch aufschlug, unterbrach Dorle ihren Redeschwall kurzfristig und fragte mich doch tatsächlich, ob sie mich mit ihren Familiengeschichten langweile.

Neulich hatte ich mir die Antipathie der üppig ausgestatteten Schwester Elfi eingehandelt. Offensichtlich war ihr Busen üppiger als ihr Sinn für Objektivität und Fachwissen. Erst in der Vorwoche hatte ich einen Zwischendienst gemacht, der um 11:30 Uhr anfing. Zu meiner Aufgabe gehörte es, um 12:00 Uhr die Medikamente aus dem Giftschrank zu verteilen. Das Morphium wurde aus dem Giftbuch ausgetragen, bei Bedarf nachbestellt und wieder eingetragen. Ich begann meinen Dienst also damit, die Mittagsmedikamente zusammenzustellen und die kleinen Morphiumtabletten auszuteilen, die ich dann ordnungsgemäß aus dem Giftbuch austrug. Dann kam der Essenswagen und ich fing an, mit der blonden, prallen Stationshilfe Belinda das Mittagessen zu servieren. Plötzlich stand Oberschwester Elfi mit bebendem Busen und geblähten Nasenflügeln in der Tür des Pausenraumes. In höchster Aufregung brüllte sie über den Flur: „SCHWESTER CARINA! Sie haben Frau Schmitt das Morphium doppelt gegeben! Wenn Sie die Gifte schon zu früh austeilen, sollten Sie sich vergewissern, ob die Patienten schon etwas erhalten haben. Schwester Melitta musste ihr schon vor einer Stunde etwas gegen die

Schmerzen geben." Ich zuckte zusammen. Einige Patienten schauten aus der Tür und sahen mich an, als würde ihnen gerade eine potenzielle Mörderin das Essen bringen. Passend zum Essenstablett lief ich feuerrot an und stürzte zum Giftbuch, um nachzusehen, ob ich tatsächlich übersehen hatte, dass Frau Schmitt ihre Morphiumration schon erhalten hatte. Aber dort war von Kollegin Melitta nichts ausgetragen worden, und auch in der Kurve war nichts vermerkt. Woher sollte ich also verdammt nochmal wissen, dass Frau Schmitt ihr Gift bereits erhalten hatte? Wutschnaubend stapfte ich zu Schwester Elfi, die sich wieder zwischen Eckbank und Frühstückstisch gezwängt hatte und sich dort ihr staubiges Knäckebrot mit Magerquark einverleibte. Melitta saß neben ihr und leistete ihr, Honig ums Maul schmierend, Gesellschaft.

„Schwester Elfi, dürfte ich Sie kurz bei Ihrem dritten Frühstück unterbrechen und Ihnen mal den Marsch ..., äh, meine Meinung sagen! Ich kann nicht wissen, dass die Filtertü.., äh, Melitta die Tablette bereits verabreicht hat, wenn diese von ihr nicht ordnungsgemäß ausgetragen wurde. Infolgedessen hat wohl Melitta falsch gehandelt, und nicht ich!" Ich schaute die rüstige Oberschwester, deren Oberlippenbart gefährlich zitterte, eindringlich an und meine Augen funkelten vor Empörung. Schwester Melitta hatte sich zu ihrer Freundin Elfi gedreht und beobachtete nun mit unsicherem Blick ihre Reaktion. Diese beendete eilig ihre Kautätigkeit, würgte ein bisschen und sagte dann mit schneidender Stimme: „Danke, Schwester Carina! Sie können jetzt weiter das Essen austeilen." „Das Essen kann Melitta austeilen, denn ich für meinen Teil gehe zur Abteilungsleiterin und beschwere mich über Sie beide", schnauzte ich und machte auf dem Absatz kehrt. Noch während ich die Station verließ, fiel mir ein, dass die Abteilungsschwester ebenfalls eine Freundin der nichtsnutzigen Oberschwester war. Außerdem würde sich die fette Elfe genau jetzt ans Telefon hängen, um der Busenfreundin ihre Version der Geschichte einzuimpfen. Zu dämlich, dass ich meine Beschwerde vorher angekündigt hatte!

Ich ging also wieder zurück und hörte gerade noch im Vorbeigehen, wie Elfi das Gespräch mit der Abteilungsschwester beendete. Melitta und eine Kollegin aus Treptow hockten immer noch bei ihr und lästerten, was das Zeug hielt. ‚Ich habe wohl doch mehr Feinde, als mir lieb ist', dachte ich seufzend und wunderte mich, dass manche Menschen immer und mit allen gut auskamen. Was machte ich anders? Als die beiden Läster-Schwestern endlich aus dem Pausenraum watschelten, hatten Belinda und ich die gesamte Station bereits mit Mittagessen versorgt.

„Na, ich dachte, Sie wollten die Abteilungsschwester informieren!", stutzte Elfi. „Das haben Sie ja bereits getan!", konterte ich spontan. „Ich bin nicht so unkollegial, Kolleginnen anzuschwärzen, nur weil sie einmal einen Fehler gemacht haben. Das überlasse ich lieber Ihnen." Die Oberschwester schluckte, sagte aber nichts mehr, obwohl ich Plappermaul gerade zugegeben hatte, sie belauscht zu haben. Nach meinen Diensten auf Station 20 war ich immer völlig fertig. Nicht etwa, weil dort so ungeheuer viel zu tun gewesen wäre, sondern weil ich mich jeden Tag aufs Neue wunderte, wie es diese Akkumulation von Nichtskönnern geschafft hatte, jahrzehntelang unbemerkt und ungestraft zu schalten und zu walten und fest im Sattel zu sitzen, ohne auch nur eine einzige Fortbildung gemacht zu haben. Hier gab es tatsächlich Pflegepersonal, das bereits seit 25 Jahren auf derselben Station dahinvegetierte und auch noch stolz darauf zu sein schien. Dementsprechend groß war die Toleranz neuen Mitarbeitern gegenüber.

Meine ausschweifenden Gedanken wurden jäh durch das penetrante Klingeln in der Zentrale der Intensivstation unterbrochen. Es war inzwischen Mittagszeit, und da ich zwei Beatmungspatienten zu betreuen hatte, die neben Infusionen über eine Magensonde ernährt wurden, hatte ich gerade nichts zu tun. Ich sprintete also ans Telefon, hob den Hörer ab und meldete mich: „Konservative Intensivstation, Schwester Carina!" „Ach, hallo!", stammelte jemand am anderen Ende der Leitung. „Hier ist Mandy von Station 8. Ihr druckt doch die Aufkleber für die Patientenakten, oder?" „Nein", sagte ich zu der leicht Irritierten am anderen Ende der Leitung. „Wieso! Die Intensivstation hat die doch am Wochenende immer gemacht", eiferte sich Mandy und ich konnte förmlich vor mir sehen, wie sie klein, giftig und uninformiert im Glaskasten vor dem Schwesternzimmer saß, den ganzen Stationsflur überblickte und sich daran erfreute, wie die anderen Schwestern zu den Klingeln rannten. „Jetzt druckt die Intensivstation die Etiketten aber nicht mehr", antwortete ich bockig. „Aber wieso, das habt ihr doch immer gemacht", versuchte sie es noch einmal eindringlich. „Und jetzt machen wir es nicht mehr", wiederholte ich noch einmal. „Gib mir eine kompetentere Schwester an den Apparat!", schnaubte Mandy. Was bildete sich die alte Ziege denn ein! Die einzig richtige Antwort wäre jetzt gewesen, dass sie anscheinend die Inkompetentere von uns beiden war, aber wie so oft im Leben war ich zu wohlerzogen, so dass ich nur antwortete: „Aber bitte doch!" Dann wandte ich mich an Maren, die gleich neben mir stand und Mandy die Leviten ließ.

Ich ging wieder vor die Tür des Beatmungszimmers und machte Mundpflege bei meinen beiden Herzinfarktpatienten, die im künstlichen Koma vor sich hin schlummerten. Noch eine Stunde, dann war mein Dienst beendet. Hoffentlich passierte nichts mehr. Aber der Wunsch wurde mir leider nicht erfüllt. Ein Anruf veränderte den ganzen Dienst. „REA auf der Acht!", schrie Sabine. „Carina, geh mit! Ich übernehme deine Patienten!"

Urplötzlich war auf der gesamten Station Bewegung. Ich rannte in hektischer Eile hinter dem diensthabenden Arzt Doktor Türkhan und Schwester Maren her. Wir schmissen uns in einen Fahrstuhl und fuhren in den zweiten Stock. In weniger als einer Minute waren wir auf der Station, wo eine Schülerin bereits im Flur stand und uns den Weg wies. Die Patientin lag im Bett, war blau im Gesicht und sah nicht mehr besonders ansprechbar aus. Schwester Mandy stand nicht nur neben ihr, sondern auch neben sich, denn es war noch nichts geschehen. „Räumen Sie das Zimmer!", schrie ich sie an. Jetzt halfen nur klare Anweisungen und konsequentes Siezen. Dann riss ich der Patientin das Nachthemd vom Leib. Der Arzt hatte bereits seinen Notfallkoffer geöffnet und fingerte nach seinem Stethoskop, dem Tubus und dem Beatmungsbeutel. Maren riss das eingegipste Bein von der Halterung und kurbelte das Bett runter, damit die Patientin flach lag. Eine Mitpatientin saß immer noch im Bett und telefonierte. Ich glaubte, meinen Augen nicht zu trauen. War diese Siebzigjährige eine getarnte Journalistin oder was sollte der Scherz? Mandy stand, immer noch neben sich stehend, mitten im Raum und beobachtete uns kalkweiß im Gesicht.

„Nimm die Patientin mit raus und mach die Tür von außen zu, Sie Kompetenzbestie!", schnauzte ich in ihre Richtung, während ich diverse Medikamente aufzog und Maren bereits den Ambubeutel an den Tubus setzte, den der Arzt gerade in der Luftröhre der Patientin platziert hatte. „Lungenembolie", sagten der Arzt und ich wie aus einem Munde und machten uns mittels Defibrillator weiter an die Arbeit.

Die Wiederbelebungsmaßnahmen hatten begonnen.

Die Fahrt nach Braunschweig war ein einziger Alptraum. Nicht nur, weil die Patientin, die wir auf Station 8 reanimiert hatten, noch am gleichen Tag verstorben war und mir das noch schwer im Magen lag, sondern auch, weil etwas in der frischen Abendluft lag, wovon ich noch nicht ahnen konnte, was es war. Um halb vier Uhr fuhr ich los. Draußen begann es bereits dunkel zu werden. Als ich den Parkplatz vor dem Schwesternwohnheim verließ und in die kleine, kopfsteingepflasterte Straße bog, hatte ich ein mulmiges Gefühl im Magen. In diesem Moment klingelte mein Handy. Es war Malte.

„Ja", brüllte ich und fuhr rechts ran. Fing ja gut an. „Wo bist du denn gerade?", fragte der Wundervolle. „Ich stehe bereits vor deiner Haustür", raunte ich. „Ja?" „Nein! Ich habe gerade unseren Parkplatz vor dem Schwesternwohnheim verlassen." „Wieso denn jetzt schon?" „Weil es bereits dunkel wird und ich nicht mitten in der Nacht ankommen will." „Dann bis später. Wenn etwas ist, ruf an, okay?" „Ja, ist gut! Ciao."

Malte hatte wohl Angst um sein Auto. Wider Erwarten einfühlsam fragte er noch: „Ist irgendwas?" „Musste gerade an eine verstorbene Patientin denken." „Ja, ja, mir ist auch schon einmal ein Kunde verstorben", hörte ich Malte abwesend sagen und merkte, dass ihn meine Gefühle keine Bohne interessierten. Wütend beendete ich das Gespräch. Ich fuhr weiter und manövrierte mich auf die Stadtautobahn. Bei Magdeburg machte ich das Radio an und hörte die Schreckensnachricht. Malte würde jetzt in Tränen ausbrechen. „BOB UND BABS LASSEN SICH SCHEIDEN!" Wenn die Ehe von Maltes großem Idol nicht gehalten hatte, bedeutete das, dass Malte ebenfalls den Glauben an diese Institution verlieren würde. Wie konnte Babs mir das antun! Ich hatte so gehofft, dass Malte sich an Bobbele ein Beispiel nehmen und nach dem schönen, gemeinsam verbrachten Tag auf dem Moped ebenfalls irgendwann den Mut aufbringen würde, eine dunkelhaarige Schönheit aus dem verarmten Volk – nämlich mich – zu ehelichen. Entgegen den spießigen Vorstellungen der privilegierten Society und seiner Eltern. Nachdem ich nun diese Nachricht gehört hatte, sah ich jedoch alle meine Wolfspelze und Schafsfelle davonschwimmen.

Im Laufe der Fahrt steigerte ich mich immer mehr in diese schier ausweglose Situation hinein und kramte meinen schwarzen Wollschal aus dem Köfferchen hervor, um meine Trauer optisch zu unterstreichen. Eine halbe Stunde später schmiss ich den Schal wieder zurück und solidarisierte mich mit Barbara, als die Nachrichtensprecherin verkündete, dass Frau Backer die außerehelichen Vergnügungen ihres Mannes nicht mehr weiter tolerieren wollte. Von einer außerehelichen Schwangerschaft in London war die Rede. Für den Rest der Fahrt über die immer schwärzer werdende Autobahn hörte ich die supergeile Stimme des italienischen Sängers Al Bagno, der ja ebenfalls nicht mehr mit seiner wundervollen Frau Romana Flower zusammen war. Damals war das ein Schock für mich gewesen, doch Malte hatte kein Verständnis für mich gezeigt. Bei „Nessun dorma" kamen mir die Tränen. So fuhr ich schniefend in dunkler Nacht nach Braunschweig – und wieder einmal hatte ich kein Taschentuch griffbereit.

Die Eheprobleme der Backers hatte ich bald vergessen, und als ich tatsächlich heil und unversehrt zweieinhalb Stunden später vor dem Holzzaun der mir genannten Adresse in Braunschweigs gutsituiertem Bezirk stand, fröstelte ich. Meine Güte, war ich nervös. Gleich würde mir Maltes Mutti die aristokratischen Hände reichen und mir der stattliche Vater, hocherfreut, mich endlich kennen zu lernen, aus meinem grauen Wintermantel helfen. Malte würde selig lächelnd danebenstehen und mich in den Arm nehmen, um mir zuzuflüstern: „Auch wenn Barbara sich von Bumm-Bumm-Bob getrennt hat, ICH glaube an die Ehe! Willst du mich heiraten, meine geliebte Carina?" Und falls er das nicht vorhatte zu tun, sollte vielleicht ICH dann einfach so emanzipiert sein und bei Mama Bauer um die Pranke ihres Sohnes anhalten? Ich drückte auf Familie Bauers Klingelknopf. Durch das gardinenlose, etwas überdimensionierte Terrassenfenster sah ich, wie sich drinnen jemand erhob. Es wurde auf den Türöffner gedrückt und Maltes Gestalt zeichnete sich gegen den beleuchteten Flur ab.

„Hallo", ächzte er, und als ich eintrat, konnte ich sehen, dass er geweint hatte. „Hi! Was ist denn los?" Ich befürchtete das Schlimmste. Vielleicht lag seine Oma im Krankenhaus oder sein Vater hatte ihm eine Szene gemacht, weil er die asoziale, nach Kuhmist riechende Hirtentochter aus den sizilianischen Bergen nicht in seinem Hause unterkommen lassen wollte. „Na, hast du denn die Nachrichten nicht gehört?", seufzte Malte theatralisch. „Doch! Ach du meinst, die Überschwemmungskatastrophe in Norddeutschland, wo zwei Menschen ums Leben gekommen sind! Kanntest du einen von denen?" „Quatsch!" Malte zog mich in den Flur und schloss die Tür. „Bob lässt sich scheiden!" Das war nun wieder typisch für Malte! So hatte ich mir das gedacht. Eine Nachricht wie diese trieb ihm die Tränen in die Augen, obwohl er die Leute gar nicht persönlich kannte. Und die Tatsache, dass Babs diejenige war, die sich trennte, weil sie des Ehemannes Sprünge durch fremde Betten und Wäschekammern satt hatte, drehte er so, als würde sich Bob von Barbara trennen und nicht umgekehrt. Als hätte eine Frau NICHT das Recht dazu. Ich schwieg betroffen, weil ich mich nun erst einmal umschauen wollte. Suchend irrten meine Augen im bieder eingerichteten Flur mit Nussbaumgarderobe umher.

„Wo sind denn deine Eltern?" „Mein Vater musste unverhofft geschäftlich weg und meine Mutter ist unvorhergesehenerweise mit ihren Tennisfreundinnen nach Sylt gefahren." Malte half mir aus dem Mantel. So viel Unverhofftes und Unvorhergesehenes war mir zu geplant und ich mutmaßte, leicht angesäuert: „Ach ja, oder wusstest du das vorher?" „Quatsch!" Ich schaute dem plötzlich peinlich berührten Malte in die blauen Augen. „Natürlich wusstest du das! Deshalb sollte ich wohl auch erst heute Abend kommen, was?", ereiferte ich mich. Ich war echt stinkig! Dieser dämliche Malte wagte es, mir hier die Ohren wegen der bevorstehenden Eheauflösung eines Promipaares voll zu heulen und wollte, dass ich ihm die Tränen trocknete und den Rotz von der Backe wischte, obwohl er mich ganz übel reingelegt hatte. Mal sehen, was ihm mehr Tränen in die Augen trieb. Unsere Trennung oder die Scheidung von Bobbele und Babs. „Nun reg dich doch nicht auf, Carina! Meine Eltern lernst du eben ein anderes Mal kennen. Verdirb jetzt nicht die Stimmung und komm erst einmal ins Wohnzimmer." Das war ja auch wieder typisch. Jetzt war ich es, die hier die Stimmung verdarb.

Malte ging vor und machte eine Hälfte der großen Glasschiebetür auf. Ein riesiges Wohnzimmer lag vor mir mit besagtem Terrassenfenster und gab den Blick in den dunklen Vorgarten und auf die Straße frei. Der Raum wirkte deshalb noch größer. Beinahe wäre ich die zwei Stufen, die nach unten gingen, hinuntergefallen. Die Einrichtung war schlichtes, einfallsloses Biedermanndesign: alles echt Nussbaum! Nussbaumschrankwand mit beleuchteter Vitrine, die das elterliche Hochzeitsgeschirr mit röhrendem Hirsch beleuchtete. In den Regalen waren ein paar Bücher, Zinnfiguren, Zinnteller und Zinnbecher. Zinnteller hingen auch an den Wänden neben einem alten Ölschinken, der die Lüneburger Heide mit blühender Erika zeigte. An der anderen Wand hingen alte Siebdrucke und Porträtfotografien der gesamten Familie Bauer. Mama Bauer war eine blonde, kräftige Riesin, Marke Bauersfrau, mit sympathischem, ungeschminktem Gesicht, und Papa Bauer ein unsympathischer Riese mit stark ausgeprägten Geheimratsecken. Daneben hingen Lars und Malte mit circa zwei, fünf, zehn und vierzehn Jahren. Das letzte schien ein Konfirmandenfoto zu sein, auf dem Malte echt dämlich aussah. Das nahm ich ihm aber nicht übel, weil ich auf meinem Konfirmationsfoto ebenfalls mitleidserregend dreinblickte. Dann hingen rechts und links noch die Großelternpaare und der ehemalige Familienhund Tascha, von dem mir Malte schon so viel erzählt hatte. In der anderen Ecke stand der riesige, klobige Schreibtisch des pensionierten Herrn Personalchef Bauer. Eine dunkelgrüne Ledercouch befand sich in der Mitte des Zimmers mit Blick zum Terrassenfenster und eine große Stehlampe gab dem Raum eine gewisse Gemütlichkeit. Nur der hässliche Couchtisch aus Chrom und Glas passte nicht zum Nussbaumstil.

Malte und ich setzten uns auf die Couch und ich beobachtete durch das Terrassenfenster die Scheinwerfer eines vorbeifahrenden Autos. „Fühlt ihr euch nicht sehr beobachtet?", fragte ich, weil ich dem Ehepaar Bauer nicht so viel Exhibitionismus zugetraut hätte. „Keine Ahnung! Meine Mutter hat irgendwann die Gardinen abgemacht und fand es schöner so. Wollen wir etwas essen gehen oder willst du hier essen?" „Ich würde gerne etwas trinken und dann können wir gerne essen gehen", antwortete ich. Malte gab mir einen Kuss und sagte: „Ich freu mich, dass du hier bist." Dann verließ er den Thronsaal. Ich lächelte frierend. War mir nur so kalt oder war hier tatsächlich nicht geheizt? Ich hatte eiskalte Hände und eine eiskalte Kleopatranase. Malte kam mit einem Selterwasser wieder. „Sag mal Malte, ist hier nicht geheizt?", schnatterte ich, während ich an dem kalten Selters nippte. „Meine Eltern haben die Heizung ausgestellt, weil sie nicht da sind. Und da es ewig dauert, bis das ganze Haus durchgeheizt ist, habe ich sie aus gelassen." Aha! Ich verstand die Logik zwar nicht, aber entweder wollte er keine verräterische Heizungswärme hinterlassen, wenn seine Eltern zurückkamen oder ihm machte die sibirische Kälte nichts aus. „Komm, wir gehen los. Im Restaurant ist es warm. Wollen wir italienisch essen gehen? Hier gibt es ein tolles Ristorante, das ‚La Pasta' in der Innenstadt. Ich kann dich ja einladen." Dankbar erhob ich meine eingefrorenen Glieder und brachte die Gläser wieder in die Küche. Ein geräumiger Alptraum in Nussbaumholz mit grün-braunen Fliesen empfing mich.

„Ich zeig dir noch schnell das Haus", bot Malte freundlich an, nahm mich bei der Hand und führte mich die Treppe hoch. Selig galoppierte ich hinter ihm her und beschloss, alles toll zu finden, um schnellstmöglich aus dieser Eiseskälte herauszukommen. „Das hier ist mein Zimmer", sagte er stolz und machte die Tür auf. Es war ein kleines Zimmer mit vielen Postern an den Wänden und einer Kiefernholzeinrichtung. Das Zimmer des zwei Jahre älteren Bruders sah ähnlich aus. Dann kam das elterliche Schlafzimmer, wo es mir die Sprache verschlug. Vergilbte Häkelgardinen, rote, schwere Samtvorhänge mit verstaubten Troddeln, ein dazu passendes, samtbezogenes Bett und rot gemusterte Tapeten erinnerten mich an die Freudenhäuser in alten Western. Alles sah total schmuddelig aus. Die weiß verschnörkelten Stilmöbel rundeten den Alptraum auf uninteressante Weise ab. „Hübsch habt ihr's hier", würgte ich heraus und bekam eine Gänsehaut, wobei ich mir nicht sicher war, ob die Polarkälte im Haus oder die geschmacklose Einrichtung der Grund dafür war. „Wo wollen wir denn heute Nacht schlafen?", fragte Malte freundlich. „Draußen", antwortete ich, denn das Jungenzimmer war zu klein, das Elternschlafzimmer zu hässlich und bei den Innentemperaturen machte es nun wirklich keinen großen Unterschied, ob wir drinnen oder draußen im

Vorgarten unter freiem Sternenhimmel übernachteten. Malte lachte und führte mich zum Badezimmer. Endlich ein erfreulicher Anblick. Es war größer als beide Jungenzimmer zusammen und offensichtlich neu gemacht. Ein Traum in Weiß mit dezentem Muster. Eine riesige, runde Badewanne stand in der Mitte des Raumes, außerdem gab es zwei Waschbecken mit großen Spiegeln, eine Toilette und sogar ein Bidet. Der Anblick versöhnte meine geschundene Seele und ich beschloss, gleich nachher ein wohltuendes, heißes Bad in Eselsmilch zu nehmen.

Dann gingen wir wieder ins Erdgeschoss. Malte zeigte mir noch die Abstellkammer – sehr interessant –, das Büro und das WC. Im Untergeschoss befand sich ein Musikzimmer mit Klavier und ein Partykeller mit Holzbar, Discostrahlern und Fischernetzen an der Decke. Wir machten uns fertig, um das italienische Restaurant der gehobenen Mittelklasse im Zentrum Braunschweigs aufzusuchen. Als wir in Maltes grauem Golf saßen, beobachtete ich meinen Angebeteten unauffällig von der Seite. Ob ich es wagen sollte, ihn zu fragen, ob wir den Spitzenunterwäschegutschein einlösen könnten? Malte-Schatz schien gutgelaunt und so packte ich den Stier bei den Hörnern. „Ach Malte", trällerte ich liebreizend, „gibt es in der Nähe vielleicht ein Unterwäschegeschäft? Ich habe meine zu Hause vergessen." Haha, war das witzig! Als wenn je eine Frau, die normalerweise Unterwäsche trug, sie ausgerechnet bei minus neun Grad auf einen Wochenendtrip nach Braunschweig vergessen würde. „Aber Mauseschwanz. Du hast deine Unterwäsche vergessen? Wie aufregend." Malte grinste breit und sah total niedlich aus. „Wie wäre es, wenn wir den Gutschein für Spitzenunterwäsche, den du mir letztes Jahr geschenkt hast, zusammen einlösen würden?" Ach, ich liebte ihn so! Ich liebte ihn so sehr, obwohl er mir seine Eltern vorenthielt und mich wieder nicht vorgestellt hatte. Mir tat es im Herzen weh, wenn ich daran dachte, dass wir irgendwann einmal nicht mehr zusammen sein könnten.

In einer großen Einkaufszeile in der Altstadt parkten wir das Auto und bummelten durch die kleinen Straßen. Vor einem edel aussehenden Wäscheladen, dem „La vie en rose", blieb ich extra lange stehen und winkte mit dem Zaunpfahl: „Wie gefällt dir denn der schwarze BH?", fragte ich anzüglich und zeigte auf die sündhaft teuren Ausstellungsstücke. „Hm, du brauchst doch gar keinen!" Was sollte denn der Machospruch? Mir erst einen Gutschein für Spitzenunterwäsche schenken und sich dann drücken wollen. „Guck mal, der Laden da ist doch viel besser!", rief Malte begeistert, als er M & H gegenüber erblickte. Er wollte mich noch vom Schaufenster des teuren Wäschegeschäftes wegziehen, doch ich machte die Ladentür bereits willensstark auf. Ein Glöckchen bimmelte und ich stand vor einer aufgedonnerten Verkäuferin. Malte trabte missmutig hinterher und schloss glöckchenbimmelnd die Tür hinter sich. „Guten Abend, was kann ich denn für die Herrschaften tun?", fragte die Einparfümierte spitz. „Für die HERRschaften nichts, aber für mich, bitte, wenn's nicht zu viele Umstände macht." Ich konnte mich wieder nicht zurückhalten. Schließlich bin ich eine Dame und kein Herr, und von einem solchen Geschäft hatte ich erwartet, dass das Personal wusste, wie die Kundschaft anzureden war. Malte verdrehte die Augen. Der Rosenladen machte seinem Namen alle Ehre: Die Wände waren in kräftigem Rosa gestrichen und die Stuckdecke in Rot. Ein Strauß roter Christrosen auf der gläsernen Theke wies noch einmal auf den Namen des Nobel-Wäschegeschäftes hin und gab dem Raum ein Flair von Exklusivität. Die rothaarige Salesmanagerin, die wahrscheinlich nach ihrer Haarfarbe eingestellt worden war, lächelte säuerlich.

„Haben Sie schon etwas in der Vitrine gesehen, was Ihnen gefallen könnte? Welche Farbe bevorzugen Sie denn?" „Rot", antwortete ich, wie aus der Pistole geschossen. „Schwarz, weil's schlank macht", antwortete Malte, ebenfalls blitzschnell. „Verstehe. Dann zeige ich Ihnen am besten etwas in rot-schwarz", säuselte die Aufgedonnerte und trippelte durch den Raum. „Ich will nichts Halbes und nichts Ganzes. Ich will Eindeutigkeit", raunte ich Malte zu, der sich etwas verloren vorkam, da Spitzenromantik nicht sein Ding war. „Lass uns in den Laden gegenüber gehen", nörgelte der schlecht gelaunte Malte in kindlichem Tonfall. „Ja, ja, ich weiß schon, da ist es billiger", zischte ich zurück. „Gar nicht. Doch nicht deshalb." Malte mimte den Entrüsteten.

Die Verkäuferin kam mit ein paar verführerischen Teilen der feinsten Dessousfirmen zurück. „Das ist doch hübsch", rief ich begeistert und riss ihr einen dunkelroten Spitzen-BH aus der Hand. Malte schaute, schaute noch einmal, diesmal auf den Preis und sagte: „Gefällt mir nicht. Die Farbe macht dich blass." „Ach ja? Seit wann interessiert es dich, was mich blass macht?" Ich wurde langsam, aber sicher richtig sauer. „Seit ich denken kann, interessiert's mich. Du hast es nur noch nie gemerkt", meckerte Malte weiter und zog mich am Arm grob aus der Tür. „Warte, ich habe noch den blass machenden BH in der Hand", rief ich gereizt. Malte kümmerte sich auch darum, nahm kurzerhand die edle Kreation in dunkelroter Spitze und schmiss sie quer durch den Laden auf die hellroten Christrosen zu, die um ein Haar umgekippt wären. „Auf Wiedersehen", rief ich noch, und schon schubste mich Malte aus dem edlen Wäschefachgeschäft hinein in die profane Wühltischatmosphäre des Ladens gegenüber. Grelles Neonlicht strahlte auf mich herab und verdarb mir die Stimmung auf ein sündiges Spitzenensemble.

„Ich habe genug Billigunterwäsche", schnaubte ich auf 180 gebracht und tötete Malte-Würg mit einem Meuchelmörderblick. „Hier sind die Sachen genauso schön", entschied Malte und vergrub sich in der Kiste mit den weißen Baumwollslips. „Aber du kaufst dir doch auch Markensweatshirts für hundertfünfzig Euro. Bin ich dir denn gar nichts wert?", bäumte ich mich auf. „Du bist mir sehr viel wert, aber nicht so viel, dass ich den ganzen Laden mitkaufen wollte." Da kam wieder sein geiziges Wesen zum Vorschein. Niedergeschlagen lief ich durch die Reihen und suchte mir den teuersten BH und Slip im ganzen Geschäft aus. Für zusammen sechsundzwanzig Euro und siebenundneunzig Cent. In rot. Für sechsundzwanzig Euro und siebenundneunzig Cent war ich nämlich nicht bereit, irgendwelche schlank machenden Kompromisse einzugehen.

9   Rache ist süß

Zwei Tage später krampfte sich mein Herz noch viel mehr zusammen, als ich auf dem Sachsendamm, morgens, neun Uhr in Deutschland, im Stau stand und über das Wochenende mit Malte in Braunschweig nachdachte. Der Matsch auf den Straßen war so grau wie mein angeschlagenes Gemüt und ich konnte es immer noch nicht fassen, was vor zwei Tagen alles geschehen war. Nachdem wir im Schickimicki-Restaurant „La Pasta" leckere Gnocchi in Gorgonzolasauce, einen großen, gemischten Salat und Tiramisu verspeist hatten und mich Malte, wie jedes Mal, wegen meiner Ellenbogen, die ich entspannt auf der Tischkante abgelegt hatte, rügte, waren wir gerade beim Espresso angelangt, als der Kellner die Rechnung brachte. Malte wollte mit seiner Kreditkarte bezahlen, die dann zufälligerweise nicht funktionierte, woraufhin ich zur Kasse gebeten wurde. Ich rückte, peinlich berührt, das Geld heraus und wir verließen das Nobelrestaurant. Die Heimfahrt über war Malte auffällig gut gelaunt und redete ohne Unterlass. Ich hingegen hatte wieder einmal das Gefühl, reingelegt worden zu sein und sagte keinen Ton. Kurz vor dem elterlichen Braunschweiger Häusle war der Tank leer und wieder musste ich hilfreich einspringen. Auch diese Tatsache schien Malte gar nicht negativ auf das Gemüt zu schlagen. Im Gegenteil, frohgelaunt bereitete er, zuhause angekommen, das elterliche Schlafzimmer zum Übernachten vor. Meine schlechte Laune erreichte den Tiefpunkt. Mir war so elend kalt, dass ich voll angezogen ins Bett stieg und vor mich hin schmollte. Ich fand das alles so absolut schrecklich hier und wollte auf der Stelle nach Hause in mein kuscheliges, sauberes Daunenreich. Dieses dunkelrote Troddelschlafzimmer war einfach nur widerlich. „Warte, ich hole dir meine Decke aus dem Zimmer", bot Malte netterweise an, als er merkte, wie ich an der muffeligen Bettwäsche schnüffelte. Dankbar nickte ich. Jede weitere Annäherung seinerseits wurde im Keim erstickt. Das passierte sonst ja höchst selten, eigentlich nie, denn normalerweise war es ja immer Malte, der sich zierte.

Als ich am nächsten Morgen die Augen aufmachte, waren meine Eisfüße zwar warm, meine Nase jedoch blau gefroren. Malte wachte bald darauf ebenfalls auf und startete einen weiteren Annäherungsversuch, den ich wieder abblockte, indem ich ihm meine halb gefrorene Nase ins Ohr bohrte. Auf dem Zenit meiner miserablen Laune wankte ich ins Badezimmer und putzte meine Zähne. Malte ließ inzwischen kleinlaut das Badewasser ein, und schließlich fanden wir uns gemeinsam in der runden Badewanne wieder, was mich jedoch immer noch nicht animierte, mich ihm in irgendeiner Weise zu nähern. Malte schien mit seinem Einmaleins am Ende zu sein und war total frustriert. Seine Stimmung verschlechterte sich nun von Minute zu Minute. Diesmal würde ER das Nachsehen haben, schwor ich mir und ließ mich nicht aus dem Konzept bringen. Etwas später, als wir gerade dabei waren, das heimatliche Haus mit unserem Gepäck zu verlassen, fuhr die Nachbarin mit ihrem herzallerliebsten Töchterchen vorbei und begrüßte den verlorenen Nachbarssohn überschwänglich. Mich konnten sie nicht sehen, weil Maltes breites Kreuz die Sicht auf mich versperrte. Geduldig wartete ich, bis Malte einen Schritt zur Seite gehen würde, um mich vorzustellen, aber nichts tat sich. Er schien es nicht schade zu finden, dass die ehrenwerten Nachbarn mich nicht begrüßen konnten, und blieb wie eine deutsche Eiche genau vor meiner Nase stehen. Die Nachbarin, Frau Hornbichler, und Tochter Heike, in die Malte einmal verliebt gewesen war und die er von seinem Fenster aus immer beim Klavierspiel beobachtet hatte, wie er mir einmal anvertraut hatte, wollten sich gerade verabschieden, da entglitt mir ein lautes Niesen. „HAA-HAA-HAATTSCHIIIEE", röhrte ich lauter, als mir lieb war, und putzte scheu meine Nase. Die Nachbarn schauten dumm, als sie mich klein, dunkel und blass hinter dem stattlichen Nachbarssohn wahrnahmen. Dem armen Malte war die Situation sichtlich peinlich. Schließlich ließ er sich sogar dazu hinreißen, mich beim Namen zu nennen, sonst hätten die Hornbichlers noch gedacht, dass Malte seine ägyptische Sklavin zum Kofferschleppen mitgebracht hatte. Wir lächelten uns eisig an und die Hornbichlers zogen irritiert von dannen.

„Sag mal, Malte. Kam mir das gerade nur so vor oder wolltest du mich nicht vorstellen?" Das wollte ich nun doch noch geklärt haben, bevor ich mich ins Auto setzte, um die Heimreise anzutreten. „Was? Quatsch! Wie kommst du denn darauf?", heuchelte Malte und verstaute unsere Taschen im Kofferraum. Ich sagte nichts mehr und stieg ein. Schweigend verließen wir das neblige, kalte Braunschweig und ich machte innerlich drei Kreuze. Nach einer Stunde penetranten Schweigens – jeder hing seinen Gedanken nach – fragte mich Malte unvermittelt, ob wir nicht etwas spielen wollten, um die Fahrzeit zu verkürzen. Prima Idee! Ich nickte einlenkend. Heute weiß ich, dass das ein großer Fehler war, denn der überschlaue Malte fing mit Hauptstädteraten an. „Wie heißt die Hauptstadt der Vereinigten Staaten?" Was sollte diese Frage? Wollte er mir damit zeigen, dass er meinen Wissensstand eher niedrig einstufte? Aber den Gefallen tat ich ihm nicht, wie eine Anfängerin mit New York herauszuplatzen. „Washington D.C.", antwortete ich sofort. Dann war ich dran. Ich suchte mir für das Superhirn etwas Schwieriges aus. „Wie heißt die Hauptstadt von Madagaskar?", feixte ich. „Antananarivo", antwortete Malte, ohne eine Sekunde zu zögern und schmunzelte in Siegerstimmung. „Wie heißt die Hauptstadt von Japan?" Maltes Grinsen wurde immer breiter. So ging es eine ganze Weile hin und her, bis ich gehässig fragte, wie die größte Mittelmeerinsel hieß. Über diese einfache Frage war schon so manch einer gestolpert.

„Äh, das müsste Korsika oder Sardinien sein", überlegte die Intelligenzbestie. ‚Haha, reingefallen', jubelte ich schon innerlich. „Sizilien", sagte Malte und schaute mich spöttisch von der Seite an. „Du hast doch wohl nicht ernsthaft geglaubt, dass ICH, Malte Bauer, diese Dritte-Klasse-Grundschulfrage nicht weiß?" ‚Nein, du Klugscheißer, wie könnte ich so etwas nur annehmen! Wäre ja absolut einfältig von mir!' „So, jetzt habe ich dich!", lachte Malte. „Wie heißt die Hauptstadt von Papua-Neuguinea?" SHIT! Keine Ahnung! Nie gehört! Ich stierte aus dem Fenster und grübelte intensiv, aber mir fiel nichts Passendes zu diesem Land ein. Prinzipiell hatte ich keinerlei Probleme damit, Unwissenheit zuzugeben, aber bei dem Selbstherrlichsten aller Selbstherrlichen ärgerte ich mich grün und blau. Erst hatte er mir seine Eltern unterschlagen, dann hatte ich mich von diesem Geizhals zum Kauf von Billigunterwäsche überreden lassen, durfte danach Essen und Benzin bezahlen, nächtigte auf dem speckigen Kopfkissen seiner Mutter in einem ungeheizten Haus und hätte, von all dem stimuliert, auch noch sexuell erregt sein sollen. Dann die miese Aktion mit Frau Hornbichler und deren Tochter und nun auch noch diese Niederlage! Ich schmollte.

„Na, gib es zu, du weißt es nicht", grölte Malte und schlug sich während er fuhr vor Freude auf die Schenkel. „Ich habe gewonnen!", jubelte er wie ein Kind. „Und jetzt machen wir Kopfrechnen." Malte war nun so richtig in Fahrt gekommen. Ich war schon immer die absolute Niete in Mathe und dachte blitzschnell nach, ob ich es zugeben, abblocken oder einfach mein Bestes geben sollte. Mir brach der glatte Angstschweiß aus, wie früher, wenn mein Mathelehrer, Herr Trenker, die Klasse aufgefordert hatte, zum Kopfrechnen aufzustehen. Wer die Antwort wusste, durfte sich setzen. Es erübrigt sich wohl zu erwähnen, wer immer bis zum Schluss stehen bleiben musste. Wenn Herr Trenker dann seine unmenschliche, pädagogisch fragwürdige Lehrmethode beenden wollte, stellte er seinem dümmlichen „Carinchen", wie er mich immer nannte, die Aufgabe: „Was ist ein mal eins?" Die ganze Klasse begann zu kichern und ich sagte, unter Schock stehend, in einem Totalblackout: „Zwei!", worauf die ganze Klasse zu schreien begann. So hatte es der Lehrer geschafft, mir meine natürliche Neugier an Zahlen zu nehmen. Ja, ich kann sogar behaupten, dass er in mir eine Zahlenphobie ausgelöst hatte. Ich habe einmal gehört, dass es keine schlechten Schüler, sondern nur schlechte Lehrer gibt. Das habe ich mir zu Herzen genommen, und seitdem kann ich selbst die längsten Telefonnummern auswendig, auch wenn ich sie nur einmal gesehen habe. Meinen Mathematikkomplex habe ich aber nie ganz verloren. In die damalige Situation zurückversetzt, begann sich alles in meinem Kopf zu drehen und tausend Zahlen und Zeichen schwirrten wirr in meinem Kopf herum.

„Los, komm, Carina! Sei keine Spielverderberin", sprach mir Malte aufmunternd zu. Nein, eine Spielverderberin wollte ich wirklich nicht sein. „$a^2+b^2=c^2$ ...", sagte ich plötzlich. „Na, den Satz des Pythagoras kannst du ja wenigstens." Wir grinsten uns an und mussten plötzlich beide lachen. Herr Bauer junior hatte so eine einfühlsame Art, mit den Schwächen anderer umzugehen! Dennoch stieg meine Laune etwas, und Maltes Stimmung strebte dem Höhepunkt zu. Ich wagte jetzt sogar, vor Malte zuzugeben: „Ich habe eine Mathephobie." „Ich war auch immer schlecht in Mathe, bis ich Mathe als Leistungsfach gewählt habe!", meinte er. „Wieso hast du denn das gemacht?", fragte ich verwundert. „Weil ich mich auf das konzentrieren wollte, was ich noch nicht konnte, um es zu lernen", lächelte Malte und schaute mich kurz an. Das war wieder typisch. Wäre mir nie im Traum eingefallen. Ich hatte Mathe so schnell wie möglich abgewählt, um mich auf das zu konzentrieren, was ich gut konnte: nämlich Kunst und kunstvoll Pause machen.

Zwei Stunden später setzte mich Malte vor meinem geliebten Schwesternwohnheim ab. „Ach, Mausezahn! Heute Abend feiert Sven aus dem Tennisverein eine Pool-Faschingsparty. Kommst du mit? Wir könnten dann zusammen bei mir übernachten." Wahrscheinlich hatte Malte mein abweisendes Liebesverhalten in Braunschweig so irritiert, dass er es jetzt wissen wollte. Eigentlich freute ich mich schon auf mein Bett, aber ich konnte einfach nicht widerstehen! Sollte sich das Blatt doch noch zum Guten wenden? Am Abend wusste ich, dass das der größte Fehler meines Lebens war. Man sollte eben doch immer auf seine innere Stimme hören. Nicht nur, dass ich gar kein Kostüm hatte, sondern mir kam zusätzlich der quälende Gedanke, dass Malte mich wohl ursprünglich gar nicht mit auf die Poolparty nehmen wollte, sonst hätte er mir früher etwas davon erzählt und mich eingeladen. Ich war verzweifelt! Malte holte mich mit einstündiger Verspätung von zu Hause ab. Ich stand wie auf Kohlen in meinem Miniflur, hatte mich in eine grüne OP-Kluft geworfen, die ich zum Bügeln für schlechte Zeiten mit nach Hause genommen hatte. Ein apartes OP-Häubchen aus nicht atmungsaktiver Vlieseline zierte meine Haarpracht und ein Mundschutz verhüllte mein vorsichtshalber gut geschminktes Antlitz. Ein Stethoskop baumelte wichtigtuerisch um meinen Hals und mein Übernachtungsrucksack war ebenfalls gepackt. Malte war als Zorro verkleidet, sah mir amüsiert entgegen und sagte: „Carina, das sieht ja richtig echt aus! Spitze! Du bist hübscher, als ich dich in Erinnerung hatte."

Während wir nach Zehlendorf in die Einfamilienhausgegend mit Garten fuhren, grübelte ich über seinen letzten Satz nach. Sollte das jetzt eine Beleidigung oder ein Kompliment sein? Als Kompliment war es so zu interpretieren, dass ich noch schöner war, als es seine kühnsten Träume zuließen. Wenn er es als Beleidigung gemeint hatte, dann wurde mir jetzt klar, dass ich in seinem Unterbewusstsein rein äußerlich keinen nennenswerten Eindruck hinterlassen hatte. Wenn Liebe blind machte und selbst die hässlichsten Frösche und Enten zu Prinzen und Prinzessinnen wurden, dann hatte Malte wohl noch nicht gemerkt, dass er eine Prinzessin vor sich hatte, weil er mich immer noch als Ente sah! Oder als Frosch? Als ich ihn gerade auf meine Wassertiertheorie ansprechen wollte, waren wir bereits bei Sven und seiner Tennis-Protz-Party angelangt. Ich beruhigte mich, weil es mir weit weniger genehm gewesen wäre, hätte Malte gesagt: „Carina, du siehst ja in natura doch nicht so gut aus, wie ich dich in Erinnerung hatte." Das Einfamilienhaus war klein, die Stimmung mittelmäßig, das Essen fad und die Leute ließen zu wünschen übrig. Das einzig Nette war der kleine Swimmingpool im Wintergarten, wo sich Maltes magerer Freund Sascha und ein paar andere Hungerharken tummelten. Als wir eintraten, rief uns jemand zur Begrüßung zu: „Hey, da kommt der Rächer der Enterbten und neben ihm steht die Erbin der Verwesten." Ein Blick in die Runde sagte mir, dass die meisten Frauen sehr weiblich angezogen waren. Eine war als Katze verkleidet, eine als Maus, außerdem gab es eine Prinzessin, zwei Balletttänzerinnen, einen Schwan, ein Cowgirl, eine Meerjungfrau und diverse andere Sexbomben. Die Nixe war keine andere als Constanze, die mit ihrem glitzergrünen Fischschwanz, dem knappen, dazu passenden Bikinioberteil und der hellblonden, von Silberfäden durchzogenen Langhaar-Perücke wirklich was hergab. Malte starrte sie bewundernd an, und sie klimperte mit ihren langen, künstlichen Wimpern.

Ich fühlte mich plötzlich ganz unwohl in meiner Haut, die hinter der OP-Maske aus Vlieseline zu schwitzen begann. Malte vertiefte sich irgendwann gegen 22:00 Uhr in ein tiefschürfendes Gespräch mit dem Tennisvorstand und brachte mit seinen sinnigen Bemerkungen die umsitzenden Leute dazu, interessiert mit dem Kopf zu nicken und angeregt zuzuhören. Angeödet stand ich mit Susanne, der Katze und Freundin des Gastgebers, in einer Ecke, wo wir uns gegenseitig unser Leid mit unseren Freunden klagten.

„Und nun, Leute: Die ultimative Karaoke-Show!", brüllte einer ins Mikro. Ein anderer hatte die Musikanlage aufgebaut und schraubte wichtig und hochkonzentriert an verschiedenen Knöpfen herum. „Wer möchte zuerst singen? Die Lieder werden per Zufallsgenerator ausgesucht!" Keiner traute sich und dem Zufallsgenerator. „Constanze, du wunderschöne Nixe. Verzaubere uns mit einem Lied", schrie jemand. Constanze klimperte mit den falschen Wimpern und spitzte geschmeichelt ihr Mündchen. „Na gut", sagte sie gönnerhaft und lächelte affig. Po-wackelnd bestieg sie ein Podest, das am Pool aufgebaut war, und schleifte ihren Fischschwanz wie eine Schleppe hinter sich her. „Hihi", quiekte sie ins Mikro und bekam auch noch stürmischen Applaus dafür. Meine Begeisterung war nur mäßig, und dass Malte am lautesten klatschte, passte mir gar nicht.

Flotte Musik erklang und ich erkannte „Fastlove". Auf einem kleinen Monitor tauchte der Musiktext auf und Constanze legte los: „Looking for some inspiration, made my way into the night, all that bullshit conversation, well baby can't you read the signs?" Malte schien die Zeichen genau richtig gedeutet zu haben, denn er zwinkerte dem blonden Wischmopp aufmunternd zu. Daraufhin verhaspelte sich das giftgrüne Nixlein im Text und ließ einfach eine Strophe aus. Dass sie dabei rot wurde, gönnte ich ihr von Herzen. „But if you're looking for fastlove, if that's love in your eyes, it's more than enough, had some bad luck, so fastlove is all that I've got on my mind! What's there to think about baby?", schnulzte Constanze vom Podest direkt in Maltes Gehörgänge und schaute ihm dabei besonders tief in die Augen. ‚So eine Schlampe', entrüstete ich mich innerlich. ‚Gut, dass sie nur von der schnellen Liebe singt und nicht von der fürs Leben'. Zum Schluss warf sie noch Kussflossen ins Publikum und die Constanze-Fans klatschten sich die Hände wund.

„Albernes Gehabe", meckerte mir Susanne zu. „Die macht sich ja ganz schön an deinen Malte ran." Plötzlich war ich stinkwütend und wollte den Raum nur noch verlassen. Ich zwängte mich am Podest vorbei und hatte die Toilette im Visier. „Ah, die hübsche OP-Schwester möchte sich gesanglich mit unsere Nixe messen", freute sich der Karaoke-Häuptling und zog mich schnurstracks aufs Podest. „Nein!", rief ich erschrocken. Mit Constanze konnte ich es heute, in der unvorteilhaften OP-Kluft, nicht aufnehmen, das war klar. Doch schon drückte mir der Häuptling das Mikro in die Hand und es erklang die nächste flotte Melodie. „Diamonds are the girls' best friends", sah ich auf dem Monitor. Das war ein Uraltschlager von Marilyn Monroe aus dem Film „Blondinen bevorzugt". Gütiger Himmel, wie sollte ich bei so einem peinlichen Machwerk gegen Constanze standhalten, zumal es kein Geheimnis war, dass zumindest heute die Blondinen wirklich bevorzugt wurden. Zum Teufel mit dem Zufallsgenerator! Jetzt hieß es nur noch: Ohren zu und durch. Vielleicht sollte ich mich einfach dabei ausziehen? Ein Striptease hat noch keiner geschadet. Nein, lieber doch nicht! Das könnte halbseiden wirken...

Noch bevor ich meine keusche Entscheidung umsetzen konnte, knotete ich auch schon meinen OP-Kittel auf und schmiss ihn in die Menge. Die Männer in der ersten Reihe jubelten, der Vorstandsvorsitzende johlte am lautesten, und Malte gingen die Augen über. Bald stand ich nur noch im T-Shirt vor der staunenden Menge, denn in der Strophe davor hatte ich bereits langsam meine OP-Hosen von den Hüften gleiten lassen. Brust rein, Bauch raus, ach nein, umgekehrt. Popo wackeln nicht vergessen. Und als ich das T-Shirt auszog, wippte ich aufreizend meinen Busen, der mit dem Push-up sogar ganz manierlich aussah. Kein Vergleich zu Constanzes Silikoneuter, aber durchaus genug, um Blicke auf mich zu lenken. Ich hatte das rote Billigensemble aus Braunschweig an, aber, ich gebe es ja zu, es stand mir ausgesprochen gut, obwohl es keine Brüsseler Spitze war, sondern 100 Prozent Polyamid made in China. Als ich nur noch mit BH und Slip bekleidet war, beschloss ich, meine OP-Handschuhe dem Vorstandsvorsitzenden und die OP-Haube, die ich mir für den Schluss aufgespart hatte, auf Maltes Deckhaar zu werfen. Genau im letzten Takt schüttelte ich mein welliges Haar, welches mir nun lang und weich über die Schultern floss, und hauchte der Menge ebenfalls eine sexy Kusshand zu. Was das katzenäugige Fischweib konnte, konnte ich schon lange!

Die Begeisterung im Wintergarten nahm groteske Züge an. Noch nie hatte ich einen Haufen tennisabhängiger Neureicher so laut johlen gehört. Alle hatten sich zum Podest begeben, um meinen eingezogenen Oberbauch und die frisch enthaarten Unterschenkel zu bewundern. Nur Malte stierte schlechtgelaunt vor sich hin. Gefiel ihm vielleicht sein Unterwäschegeschenk nicht? Ich schnappte mir lächelnd meine OP-Klamotten und zog nur den Kittel über. Ganz zufrieden mit meiner Darbietung ging ich auf Malte zu und setzte mich, weil keine Stühle mehr frei waren, auf seinen Schoß. „Malte, deine Freundin ist einsame Spitze", schrie der ältliche Vorstandsvorsitzende schwitzend und Stephan, über den ich Malte damals kennen gelernt hatte, rief: „Sexy, Carina! Nun weiß ich, was ich verpasst habe." „Na, Schatz! Wie war ich?", fragte ich Malte, geschmeichelt von so viel positivem Feedback. „Echt peinlich", knurrte Malte. Meine Vertrautheit war ihm offensichtlich unangenehm, denn er rückte leicht angewidert von mir ab. Und als hätte seine humorlose Reaktion nicht gereicht, gab der klapprige Stuhl, auf dem wir beide saßen, auch noch nach, denn er schien unseren gemeinsamen 158 Kilogramm nicht standhalten zu wollen. Malte und ich klammerten uns hilfesuchend am Tisch fest und gaben ein Bild der Tragik ab. Zu allem Übel schüttete ich ihm dabei auch noch meinen Sekt auf die Hose, so dass Malte nun aussah, als habe er ein Inkontinenzproblem.

Mir war zum Lachen zu Mute, aber das verging mir, als ich Maltes bitterbösen Gesichtsausdruck bemerkte. Der strahlende Alleinunterhalter wurde von einer Sekunde zur anderen ausgesprochen bockig und sagte nur noch: „Komm, ich fahr dich nach Hause." Unendliche Enttäuschung und Verletzung machten sich in meinem Inneren breit. „Ich dachte, ich soll bei dir schlafen?", entglitt es mir zu allem Übel, und das brachte mir auch noch mitleidige Blicke der Umhersitzenden ein. Constanze, Maltes einmaliger Fehltritt, grinste mich fies an, kicherte und wackelte provozierend mit dem üppigen Inhalt ihres glitzernden Bikinioberteils. „Nein", zischte Malte wütend und zog mich davon. Ich hörte Stephan, der mich den ganzen Abend mit bewundernden Blicken überhäuft hatte, noch rufen: „Carina, du kannst gerne auf meinem Schoß sitzen! Und mein Bett mache ich für dich auch frei!"

Ja, es gab sie tatsächlich. Männer, die mich nicht von ihrer Bettkante stoßen würden. Der göttliche Malte aber hätte mich im Moment nicht einmal auf seinem Bettvorleger sitzen gelassen. „Was soll denn das, Malte! Erst lädst du mich ein... und jetzt wieder aus. Was habe ich denn falsch gemacht?", jammerte ich und mir war zum Heulen zu Mute. „Ich habe es mir einfach anders überlegt. Du passt hier nicht her", grunzte Malte-Würg, und in diesem Augenblick hätte ich ihn innerlich erwürgen können. „Ich habe mich noch nicht einmal vom Gastgeber verabschiedet", stammelte ich matt und stand bereits mit dem Mantel, den mir Malte hektisch über die Schultern geworfen hatte, vor der Haustür. Was hieß eigentlich, dass ich nicht hierher passen würde? Schließlich war ich seine Freundin. Eindringlich schob mich Malte aus der Tür und sein Gesichtsausdruck war so hasserfüllt, dass ich die Welt nicht mehr verstand „Hier, die Autoschlüssel. Fahr alleine nach Hause!" „Rums", machte es, und die Tür fiel ins Schloss. Heulend, in gebückter Verliererhaltung, schleppte ich mich zu Maltes Golf und ließ den Motor an. Vor lauter Tränen sah ich die Straße nicht und außerdem fiel mir ein, dass ich den Weg zur Hauptstraße gar nicht kannte. Also irrte ich eine Weile auf den kleinen Straßen umher, heulte Rotz und Wasser und stand schließlich wieder dort, wo ich losgefahren war. Wo waren denn nur wieder diese Taschentücher?

„Wie kann dieser Arsch es wagen, mich so zu behandeln. Ich bin doch nicht sein Mülleimer, den man vor die Haustür stellt", schluchzte ich ins Lenkrad und konnte mich gar nicht wieder einkriegen. „Ich bin doch kein ausgeleierter Tennisball, den man wegwerfen kann, wenn man ihn nicht mehr braucht. Ich bin schließlich eine Gelernte, mit Lizenz zum Bettenmachen, Spritzen-Diplom und Push-up-BH."

Irgendwann, nach endlosen Minuten, bewegte sich etwas an der Autotür. Malte? „Carina, komm bitte wieder rein." Es war Stephan, der nun behutsam die Tür aufmachte und mich liebevoll aus dem Auto hob. „Da kann ich doch nicht wieder hineingehen", jammerte ich. „Doch, das kannst du. Mit mir." Stephan zückte ein Taschentuch und wischte mir die Tränen von den geröteten Wangen. Dankbar nahm ich es an mich und schnaubte kräftig hinein. „Komm bitte, Carina! Du kannst nicht die ganze Nacht in dieser Kälte stehen. Komm wieder rein", bettelte Stephan und zog mich am Ellenbogen die Stufen hoch, in den Flur hinein. „Ich fand dich klasse!"

Als ich die Riesenschüssel mit der Roten Grütze und die Kanne mit der Vanillesauce auf dem Buffet sah, wusste ich plötzlich, was zu tun war. Zielstrebig ging ich zum Bufettisch, nahm die Schüssel mit der roten Grütze in die rechte, die Kanne mit der gelben Vanillesauce in die linke Hand und schritt auf den Tisch im Wintergarten zu, wo sich Malte, mit einem Bockwürstchen im Mund, gerade vor Lachen auf die Schenkel schlug. „... diese Schnarchnase ... Hahahahaha!" Seinen schwarzen Zorrohut hatte er inzwischen abgenommen und ihn sich lässig über den Rücken gehängt. ‚Na warte, du affektierter Affe', dachte ich, ‚mit mir nicht!' Genüsslich goss ich ihm erst die rote Grütze übers blonde Haupt und dann die appetitliche Vanillesauce in seinen Hut, den ich ihm anschließend wieder aufsetzte. „Hier, du Arsch! Und damit du's weißt, Malte Bauer: Braunschweig war einfach schrecklich und du bist es ebenfalls!" Die roten Fruchtstückchen der Grütze machten sich ausgesprochen gut auf dem blonden Scheitel, und als sich diese mit der hellen Vanillesauce in seinem verdutzten Gesicht vermengten, war ich ausgesprochen zufrieden mit meiner Dessertkreation. „Adieu, du Torfkopf, du trübe Tasse, du erotisch unterbelichtete Niete!" In einer plötzlichen Eingebung gab ich dem windschiefen Klappstuhl, auf dem Malte lümmelte, einen Kick und Malte flog mitsamt seinem Würstchen im Mund laut platschend ins Wasser des kleinen Swimmingpools. „Ich glaube, du brauchst ein Bad. Du hast rote Grütze im Gesicht", bemerke ich trocken. Constanze, mit ihrem fremdkörpergefüllten glitzernden Paillettenoberteil, hatte die Szene mit einem Gesichtsausdruck blanken Entsetzens beobachtet. Wie ein Fisch auf dem Trockenen, den üppig geschminkten Mund auf und zu klappend, stieß sie nun laute, spitze Schreie aus. Ich gab ihr beim Hinausgehen auch gleich noch eine Breitseite mit meiner ausladenden Hüfte, so dass sie den Halt verlor und ebenfalls ins Wasser plumpste. Irgendwo hinter mir hörte ich den Tennisvorstand wiehern. „Das Element der Meerjungfrauen ist eindeutig das Wasser", murmelte ich und verließ hoheitsvoll das kleine, spießige Zehlendorfer Einfamilienreihenhaus. Mensch, fühlte ich mich gut!

Seit diesem denkwürdigen Sonntagabend hatte ich nichts mehr von Malte gehört, und das war jetzt über eine Woche her. Missmutig stand ich im Stau am Sachsendamm. Ich bereute nicht eine Sekunde meine Freveltat, denn Malte hatte die Rote-Grütze-Dusche und den Stoß ins kühle Nass mehr als verdient. Er hatte sich einfach zu viel geleistet, und wenn dies das Ende bedeuten sollte, dann war ich dazu bereit.

Morgen war eigentlich unser Kinotag und aus unerfindlichen Gründen hoffte ich insgeheim trotz allem auf seinen Anruf. Innerlich wusste ich zwar, dass ich mir etwas vormachte, denn nach dieser Aktion war sicherlich nicht zu erwarten, dass Malte sich überhaupt noch einmal melden würde, aber irgendwie kribbelte es in meinem Bauch. War ich vielleicht doch so naiv, wie Dennis manchmal sagte? Ich starrte auf mein Handy, griff es und wählte mit zitternden Fingern Maltes Nummer. Mist! Besetzt! Mit wem telefonierte er denn zu dieser frühen Morgenstunde? Mir war plötzlich irgendwie schlecht. Aber vielleicht sprach ihm auch gerade jemand aufs Band und er hatte die Nacht gar nicht zu Hause verbracht? Eine halbe Stunde später lenkte ich mein Gefährt auf den Uniparkplatz. Letzte Nacht hatte ich geträumt, ich sei in einem Hörsaal und studierte Medizin. Für meinen heutigen freien Tag hatte ich mir vorgenommen, mir die Freie Universität von innen anzusehen und mir spaßeshalber die Immatrikulationsunterlagen zu besorgen. Danach wollte ich mich mit Maria zum Schwimmen treffen. Die so genannte „Rostlaube" glänzte in der winterlichen Vormittagssonne. Aber kaum hatte ich das Gebäude betreten, sagte mir meine innere Stimme, dass ich sofort in die Wiesenstraße fahren sollte. Ich rannte also zurück zum Auto. Mich total in die Situation hineinsteigernd, ignorierte ich eine zweite Stimme, die mich eindringlich davor warnte, das zu tun, was ich tun wollte. Aber egal – ich musste Malte sehen. Jetzt! Was interessierten mich noch meine Pläne für den heutigen Tag.

Endlich in der Wiesenstraße angekommen, wählte ich hastig abermals Maltes Telefonnummer. Diesmal ertönte das Freizeichen und jemand nahm den Hörer ab. Noch bevor dieser Jemand sich melden konnte, legte ich auf. Er war also da. Ich hielt in der Einfahrt neben Maltes Haus und registrierte, dass bei Malte die Jalousien unten waren. Unsicher stieg ich aus dem Auto und blieb im Hauseingang vor den Klingelknöpfen stehen. Und wenn der Jemand am Telefon nun gar nicht Malte gewesen war, sondern womöglich ein Weib, womöglich Constanze? Mir wurde schon wieder übel. Was sollte ich sagen, wenn mir Constanze im Bademantel die Tür öffnete? Vielleicht: „Entschuldige bitte, aber in der rechten Bademanteltasche ist noch ein roter Slip von mir."

Gerade als ich meine rechte Hand heben wollte, um bei „Bauer" zu klingeln, bildete ich mir ein, dass mich der sonst so vertraute, geliebte Knopf feindselig anstarrte. So, als hätte ich bei ihm nichts mehr zu suchen und als gäbe es nichts mehr zu klingeln. Ich starrte die Klingelleiste eine Weile nachdenklich an und läutete Sturm, meine zweite innere Stimme der Vernunft schon wieder ignorierend. Im Inneren des Wohnhauses tat sich jedoch nichts und niemand machte die Tür auf. Innerlich aufatmend ging ich zu meinem Wagen zurück. In diesem Moment rief eine Stimme: „Ach bitte, bei wem haben Sie denn gerade geklingelt?" Ich schreckte hoch und schaute mich um. In einem dunklen Sportflitzer, der direkt vor dem Haus geparkt war, saß eine junge Frau und erinnerte jeden daran, dass es doch wieder an der Zeit sei, zum Friseur und zur Kosmetikerin zu gehen. War frau dann schon einmal unterwegs, könnte sie auch gleich noch einen Termin beim Schönheitschirurgen machen, einmal saugen, heben, straffen, schneiden und aufspritzen bitte, eine Farbberatung täte danach auch ganz gut und der Zahnarzt würde sich ebenso freuen, wenn endlich die längst fällige Zahnspange angepasst werden könnte.

Gegen diese Venus kam ich mir vor wie Aschenputtels Klobürste. Die nordische Schönheit fixierte mich, lächelte aber freundlich, so dass sie mir ihr strahlend weißes Gebiss aufzwang. Da mein Gesichtsausdruck wohl verschlossen blieb und keine Silbe aus mir heraus zu bringen war, rief sie noch einmal, diesmal etwas eindringlicher: „Hallo! Hallo, Sie!" ‚Mann, ist die aufdringlich', dachte ich und hastete weiter zu meinem Auto. Jetzt nur nicht ausfragen lassen. „Bei wem haben Sie denn geklingelt?" „Bei meiner Oma", grunzte ich und schwang mich, endlich an meinem Auto stehend, auf den Fahrersitz. Im Rückspiegel sah ich noch, wie bei Malte die Jalousien hochgingen. Ob mir Schwedenblond auch stand?

10   Die Kino-Show

Vor dem Zoopalastkino am Kurfürstendamm standen ein paar Leute herum und froren. Es war lausig kalt und ich hakte mich etwas fester bei Angie ein, um meine zitternden Glieder unter Kontrolle zu bekommen. Meine beste Freundin roch wieder so nett nach ihrem Edelparfüm und wie immer hatte sie ihre Lippen dick mit farblosem Lipgloss bedeckt. Nur die Augen schminkte Angie immer etwas stärker. Heute hatte sie ihre blonde, dauergewellte Mähne zu einem Pferdeschwanz zusammengebunden und ein Stirnband aus grauer Wolle um, das gut zu ihrem grauen Mantel passte. Kritisch beäugte Angie meine weiße Daunenjacke, in der ich aussah wie die Leib gewordene Schneekönigin.

„Blizzard?", fragte sie wohlwollend. „So ähnlich", antwortete ich ausweichend, nicht ohne eine Spur von Besitzerstolz. Ich musste ihr ja nicht auf die Nase binden, dass es beim Diskonter wegen dieser Jacke fast zu einer Schlägerei gekommen war, weil ich mich gegen drei andere Schnäppchenjägerinnen am Wühltisch durchsetzen musste. Die paar Beulen, die ich davon getragen hatte, verdrängte ich, weil mir die Jacke ausgesprochen gut stand und sie nur 'n Appel und 'n Ei gekostet hatte. Die Schaukästen vor dem Kino waren hell erleuchtet und die Friedrich-Wilhelm-Gedächtniskirche strahlte in kräftigem Royalblau auf uns herab.

„Was macht eigentlich Würg?", fragte Angie unvermittelt und schaute sich dabei suchend nach Dennis um, der uns ebenfalls ins Kino begleiten wollte. „Keine Ahnung! Wir sind gerade auf Distanz", antwortete ich einsilbig, denn ich hatte meiner besten Freundin noch nichts von dem verhängnisvollen Abend erzählt. Irgendwie hatte es noch keine Gelegenheit dazu gegeben. „Was macht denn dein Schwarm aller schlaflosen Nächte? Und was macht Tim?", lenkte ich auf ein anderes Thema um. „Mit meinem Schwarm geht's voran! Er heißt übrigens Markus, soweit ich das richtig verstanden habe. Wir haben uns gestern telefonisch verabredet. Mit Tim treffe ich mich ohnehin nur ein Mal in der Woche und das war gestern, also habe ich wieder bis nächste Woche Ruhe. Das ist mir eigentlich auch ganz lieb, aber das Paradoxe daran ist, dass Tim wahnsinnig eifersüchtig ist. Jedes Mal, wenn wir telefonieren, muss ich mir die absurdesten Dinge anhören." Angie lächelte säuerlich.

Ich ging lieber nicht weiter darauf ein, weil ich wusste, dass Angie keine Klette war. Nach ihrem Gesichtsausdruck zu urteilen war sie aber gerade auch nicht besonders zufrieden mit ihrem und Tims Liebesleben – und eigentlich fand ich Tims Eifersucht gar nicht so paradox. „Wie war denn deine Silvesternacht?" „Markus kam irgendwann in den Morgenstunden doch noch", sagte Angie ganz cool. „Und dann?" „Kann mich leider nicht mehr daran erinnern, denn ich war ziemlich zu, aber wenn der Sex so war, wie Markus aussieht, dann habe ich echt was versäumt." „Komm, lass uns in die Bar dort gehen. Ich habe eiskalte Füße und Schüttelfrost", sagte ich und musste zugeben, dass ich ein bisschen neidisch auf ihr aufregendes Liebesleben beziehungsweise reges Sexualleben war. ‚Ein One-Night-Stand könnte mir auch nicht schaden, zumal ich noch nie einen erlebt habe', dachte ich sehnsüchtig und zog Angie Richtung Eingang, wo uns gedämpfte Musik warm umhüllte. „Au ja, ich habe noch Lust auf einen heißen Glühwein mit Schuss. Dennis wird uns doch hoffentlich finden." „Klar, der ist doch nicht blöd", antwortete ich und entledigte mich meines dicken, roten Wollschals. Selbstgestrickt, im Perlmuster: eins rechts, eins links, versetzt.

Die Bar war schummrig, modern eingerichtet und kuschelig. Wenige Gäste, wenig Zigarettenrauch, gute Musik. Neugierig schaute ich mich um, bevor wir uns an einem Tisch nahe des Einganges niederließen. Ganz hinten in der Ecke saß ein Blondschopf, dessen Hinterkopf mir irgendwie bekannt vorkam. Er stützte seinen Kopf mit der Hand ab und begab sich offensichtlich in den Redeschwall jener jungen Frau, die wild gestikulierend vor ihm saß und ihre blonde Mähne schüttelte. Als der Kellner kam, um unsere Bestellung aufzunehmen, hatte ich die beiden am anderen Ende des Raumes schon wieder vergessen. Dann ging die Tür auf und eine vermummte Gestalt kam herein. Wir erkannten Dennis an seiner beschlagenen Nickelbrille, noch bevor er den Mund aufmachte.

„Hallo, ihr beiden Süßen", flötete er gutgelaunt. „Ich wusste doch, dass ich euch Schnapsdrosseln hier treffen würde." Ein eiskalter Windzug begleitete Dennis, der sich auf den freien Stuhl an unserem Tisch fallen ließ. Dann nahm er seine blaue Pudelmütze ab, die ich ihm letzte Weihnachten gestrickt hatte, und putzte seine Brille. Dennis' Nase war rot und seine kurzgeschorenen Haare sahen aus, als wäre er soeben beim Friseur gewesen. „Dennis, warst du beim Friseur?", fragte Angie entsetzt. „Wie kannst du dir bei dieser Kälte die Haare so kurz scheren lassen?" „Na, man muss doch immer gepflegt aussehen", antwortete Dennis lieblich und hauchte die Brillengläser an, um sie besser polieren zu können. Angie und ich grinsten und riefen nach dem Kellner, damit auch Dennis seine Bestellung aufgeben konnte. Gutgelaunt schlürften wir unseren Glühwein und hörten uns amüsiert Dennis' alte Eroberungsgeschichten in der Sauna an. „Aber nun bin ich ja bei Net in festen Händen", grinste Dennis glücklich und ich musste lächeln. Bei so viel Liebe und Zärtlichkeit ging mir das Herz über. Ich freute mich ehrlich für ihn. Er hatte es verdient.

Als sich die beiden Personen am anderen Ende des Raumes erhoben, sah ich kurz auf und ich verschluckte mich fast an meinem Glühwein. Schnell stupste ich Angie an. „Ich sehe was, was du nicht siehst", krächzte ich entsetzt. Der blonde, junge 190-cm-Mann half dem hübschen Goldköpfchen neben sich gerade in das neckische Jäckelchen, und als er selbst seinen Mantel von der Garderobe holte, waren alle Zweifel beseitigt. Nicht nur den blonden Hünen kannte ich, sondern auch den grauen Wollmantel und den bunten Wollschal. Den hatte ich nämlich selbst vorletzte Weihnachten gestrickt. Für Malte.

„Welche Laus ist dir denn über die Leber gelaufen?", fragte Dennis, als er mein geschocktes Antlitz wahrnahm. „Dort drüben steht Malte mit einem Weib", zischte ich, und vermutlich hatten alle gehört, wie mir bei diesen Worten das Herz in die Hose gerutscht war. „Carina, du bist ja weiß wie die Wand. Nun beruhige dich doch. Vielleicht ist das ja nur eine Arbeitskollegin", versuchte mich Angie zu beruhigen. Exakt in diesem Moment gab das liebliche Dornröschen meinem Prinzen einen Kuss auf die Wange. In meiner Speiseröhre machte sich ein unauffälliger Brechreiz breit. „Das Schwein", flüsterte Dennis. „Aber vielleicht ist es ganz harmlos, sonst hätte sie ihn doch nicht auf die Wange geküsst", versuchte Angie noch einmal die für mich eindeutige Situation abzuschwächen. „Natürlich, das ist seine Cousine aus dem fernen Australien, die auf einem Känguru hierher gehüpft ist, sich nur kurz Berlin anschaut und bei der Gelegenheit auch gleich noch testen möchte, wie es sich auf der Federkernmatratze meines Freundes hüpfen lässt", raunte ich und verdrehte die Augen. Als sich die junge Frau umdrehte, war es dann endgültig um meine Fassung geschehen. Smörrebröd! Die Schwedenblonde! Der Yvonne-Catteracker-Verschnitt! Das Weib war auch heute bildschön und dabei gänzlich ungeschminkt. Ich konnte es Malte nicht einmal verübeln.

Arm in Arm gingen Malte und der Schwanenhals zur Glastür und lachten dabei herzallerliebst. ‚Na, wenigstens ist es nicht Nixe Constanze vom Tennisverein', dachte ich so bei mir, bevor mir die Tränen kamen und ich schwer schlucken musste. „Carina, nun nimm es doch nicht so schwer! Malte ist doch sowieso ein Arsch", sagte Dennis und drückte mich an sich. Ich heulte ein bisschen, und dann stürzte es aus mir heraus: die Ereignisse in Braunschweig, die Party am Abend samt Striptease. Als ich bei der roten Grütze und der Vanillesauce angekommen war, fingen Angie und Dennis laut an zu lachen, und als ich berichtete, dass Malte und eine Meerjungfrau namens Constanze auch noch unfreiwillig im Pool gelandet waren, prusteten sie so heftig, dass sich die Leute nach uns umdrehten. „Das war das Beste, was du jemals in deinem Leben gemacht hast, Carina", jubelte Dennis. „Vielleicht ist ihm diese Constanze ja zu Hilfe getaucht und hat ihm einen Rettungsring zugeworfen, obwohl der bei Malte ja angewachsen ist", witzelte Dennis. „Lass den Nichtsnutz laufen! Komm, wir gehen ins Kino!"

Wir erhoben uns, zahlten, zogen unsere Jacken und Mäntel wieder über und schlenderten in Richtung Kino. Eigentlich war mir nicht mehr nach Kino zumute. Ich sehnte mich nach meinem Zuhause und wäre am liebsten unter die Bettdecke gekrochen, um mich selbst zu bemitleiden. Spielverderberin wollte ich aber auch keine sein und uns allen wegen Würg-Malte den Abend verderben. Kino 1 war ein riesiger Saal. Da Kinotag war, gab es freie Platzauswahl und wir setzten uns in die Mitte. Dennis holte seine Megatüte Popcorn heraus, der Saal verdunkelte sich und die Werbung begann. Drei Reihen vor uns kam ein Pärchen zu spät und ließ die gesamte Reihe aufstehen, um die zwei Plätze nebeneinander zu ergattern, die zufälligerweise in der Mitte noch frei waren. Ich blinzelte und fixierte die beiden. Da! Der besagte Schal, der, den ich gestrickt hatte, stach mir wieder ins Auge und mir wurde augenblicklich flau im Magen. „Oh, nein, bitte nicht", stöhnte ich und sank tiefer in meinen Klappsitz. ‚Lass es bitte, bitte nicht wahr sein.' Dieser dreiste Typ ging doch tatsächlich an unserem Kinotag mit einer anderen ins Kino. Mir war hundeelend und wieder machte sich der besagte Brechreiz in meinem Kehlkopf breit. Für ihn war ich bereits matschiger Schnee von gestern. So viel war ich ihm also wert gewesen. Ich schniefte in mein Taschentuch und stieß Angie rechts und Dennis links an.

„Na, so schlimm ist die Werbung nun auch nicht", sagte Dennis. Er schmatzte genüsslich und hielt mir seine Tüte Popcorn hin. ‚Was soll's', dachte ich, und um zu vergessen, griff ich hinein. Das erinnerte mich an ein Musikvideo von Mariah Care: Als diese ihren untreuen Freund wild flirtend mit einer rassigen Brünetten im Kino sieht, bewirft sie das Pärchen zuerst mit Popcorn, liefert sich dann mit der Konkurrentin einen heißen Kampf auf der Toilette, setzt sich anschließend neben ihren untreuen Freund und gießt finalmente ein Getränk über seine Hose. Schließlich steht sie auf und geht einem neuen Leben ohne diesen Mistkerl entgegen. Vielleicht sollte ich das ganz genauso handhaben?

„Drei Reihen vor uns sitzt Würg mit seinem Dornröschen", zischte ich aufgebracht, und Angie und Dennis begannen sofort, auffällig die Köpfe zu heben und die Reihen abzusuchen. Der Film begann. „Wenn sie sich küssen, werfe ich mich schreiend dazwischen", zischte ich leise. Da! Malte legte seinen Arm um ihre Schultern! Wütend nahm ich ein paar klebrige Stücke Popcorn und zielte auf die Liebenden. ‚Das Schwein', schrie alles in mir. ‚Ich bring sie um! Ich werde sie im Popcornregen ersticken lassen!' Angie kicherte, als einige Popcorns in der edlen Haarpracht der Schwedenschönheit landeten und daran hafteten. „Was machst du denn?", kicherte Dennis und nahm ebenfalls eine Hand voll Popcorn. Malte zuckte mit dem Kopf und fasste sich ans Ohr. Ich musste grinsen. Dennis' nächste Popcornladung landete auf Maltes Fönfrisur. Verwundert und genervt drehte sich Malte um. Blitzschnell griff ich nach Dennis' blauer Pudelmütze und stülpte sie mir über mein Haupt, was bei Angie einen heftigen Lachanfall auslöste. Ich stupste sie panisch an und flüsterte unter dem dunklen Kaffeewärmer: „Nun reiß dich zusammen! Du verrätst uns noch mit deinem Gegacker." Dennis gluckste nun auch und berichtete stolz, dass ein weiteres Popcorn in ihrem Nacken gelandet war, was bewirkte, dass Malte nun seine Flossen von ihrem Hals nahm.

Wir beruhigten uns wieder. Vorsichtig zog ich die dicke Wollmütze vom Kopf und betete, dass Malte uns nicht erkannt hatte. Dann wurde es wieder hell im Raum, denn der erste Teil des Films war vorbei und die Pause begann. Ich muss zugeben, dass ich nicht allzu viel von der Handlung des Films mitbekommen hatte, denn meine Gedanken und Blicke kreisten um die beiden Feinde, die drei Reihen vor uns saßen. Goldmarie ließ sich von Malte das Popcorn aus dem Haar fischen, und bei dieser Gelegenheit kraulte er gleich ihren Schwanenhals. Jetzt stand der Sonnengott auf und wedelte mit den Armen, um eine Erfrischung zu ergattern. Der Eisjunge reichte ihm eine Coladose mit zwei Strohhalmen und kassierte sein Geld. In diesem Augenblick schaute Malte nach hinten. Ich quiekte panisch und landete augenblicklich im Souterrain des Sitzes. Angie und Dennis steckten geistesgegenwärtig ihre Köpfe zusammen und tuschelten, so dass Malte ihre Gesichter nicht richtig erkennen konnte. Der Saal verdunkelte sich wieder und ich atmete auf. In diesem Augenblick sagte Dennis mit lauter Stimme, so dass es unsere nähere Umgebung deutlich vernehmen konnte: „Ach, Angie, wusstest du eigentlich, dass Carina schwer erkrankt ist? Die Krankheit nennt sich ‚gelosia totale' und ist kaum heilbar." Die alten Römer auf den Stühlen in der Umgebung schauten sich grinsend zu uns um, die Germanen hingegen verstanden kein Wort und ließen sich nicht davon abhalten, den Faden des Films wieder aufzunehmen. Ich hatte es mir inzwischen hinter dem Sitz meines Vordermannes bequem gemacht und lag bäuchlings auf dem Boden. So hatte ich die Möglichkeit, allerlei Füße zu beobachten und kam mir dabei reichlich dämlich vor. Malte mit seinem großen Latinum drehte seinen Kopf ebenfalls zu uns um und schien die „totale Eifersucht" sofort begriffen zu haben, wie mir Angie später berichtete. Dennis winkte ihm fröhlich dreist zu. „Du solltest mal deine Freundin anrufen", trötete Dennis ungeniert in den Saal hinein und rupfte seine Pudelmütze von meinem Kopf, was ihm einen Faustschlag auf seine Großzehe einbrachte. Malte stand unvermittelt auf, zog das blonde Unschuldslamm mit sich und verließ ziemlich eilig den Saal. Angie zischte mir zu: „Kannst wieder aus deinem Versteck kommen, er ist weg!"

Ich rappelte mich total wütend und mit hochrotem Kopf auf meinen Sitz hoch und schnauzte Dennis an. Was fiel ihm ein, mich so zu blamieren! Dennis grinste nur und sagte, dass die Situation einer interessanten Wendung bedurft hätte. Mir war nicht mehr nach Kino. Ich sammelte meine sieben Sachen zusammen, ließ die halbe Reihe Spalier stehen, um mich vorbeizulassen, und sah zu, dass ich aus dem Kino kam. Wutschnaubend hetzte ich zum Auto und fuhr den Kurfürstendamm hinunter. Wenn ich mir jemals in meinem Leben so richtig elend, miserabel, unattraktiv und betrogen vorgekommen bin, dann war das sicherlich in diesem Augenblick. Nicht einmal Tränen hatte ich übrig, denn die waren bei meiner Wutschnauberei verdampft. Alten Gewohnheiten folgend fuhr ich instinktiv die Autobahnausfahrt Steglitz ab und stand nun in der Wiesenstraße 9 vor Maltes Haus. Ich wusste eigentlich nicht so recht, was ich hier wollte, aber da ich nun schon einmal da war, konnte ich diesem Widerling doch gleich den Marsch blasen und dann auf Nimmerwiedersehen verschwinden. Vor Anspannung völlig außer Atem hielt ich in zweiter Spur. Im Erdgeschoss waren die Jalousien nur halb herunter gelassen und alles war dunkel. Ich würde einfach hier vor der Tür auf Würg warten. Denn nach zwei gemeinsamen Jahren hatte ich das Recht, zu wissen, woran ich war und was hier gespielt wurde.

Zehn Minuten später bog Maltes Golf in die Einfahrt des Parkplatzes im Hof. Auf dem Nebensitz saß das stachelige Röschen höchstpersönlich und schüttelte ihr güldenes Haar. Mir wurde flau im Magen. Vielleicht war es doch keine so gute Idee, den beiden zu begegnen? Wie angewachsen klebte ich auf meinem Sitz und schaute gebannt aus dem Fenster. Würg und Rose kamen Arm in Arm um die Ecke, machten jedoch einen etwas bedrückten Eindruck. Meine Kehle war wie zugeschnürt. Ich wollte aus dem Auto springen, auf die beiden zueilen, Malte eine schallende Ohrfeige verpassen und mit französischem Akzent theatralisch rufen: „Du Schüft! Es ist aus!!!" Noch während ich mir die Szene in den strahlendsten Farben ausmalte, kramte der Schüft in seiner Manteltasche nach dem Hausschlüssel und die beiden verschwanden im Hausflur. Die Tür fiel ins Schloss und ich saß, immer noch zur Salzsäule erstarrt, in meinem kalten Auto. Fieberhaft überlegte ich, was nun zu tun sei. Ein bisschen Stolz sollte ich mir selbst doch noch beweisen. Aber da hatte ich die Autotür auch schon geöffnet und schlich mich wie eine Diebin durch den kleinen Vorgarten über die Rasenfläche zum Balkon im Erdgeschoss. Stolz gab es an der Abendkasse.

Im Wohnzimmer ging gerade das Licht an. Ich duckte mich, aber als ich meinen Kopf wieder hob, musste ich enttäuscht feststellen, dass ich gar nichts erspähen konnte. Also hopste ich ein bisschen, hüpfte höher und höher und schließlich gelang es mir, mich am Balkongeländer fest zu krallen und einen Klimmzug zu versuchen, um Einblick in das Bauer'sche Wohn-Schlafzimmer zu erhaschen. Wenn mich jetzt jemand beobachtete, würde er denken, da übt eine Tussi für die Freeclimbing-Meisterschaften bei Nacht. Ich kam mir spätestens in diesem Augenblick nicht mehr wie eine neunundzwanzigjährige Erwachsene vor, sondern wie ein pubertierender Teenager, der seiner ersten Jugendliebe auf allen Vieren hinterherkriecht und keine Mühen und Anstrengungen scheut, sich mit jugendlicher Leidenschaft zum Affen zu machen.

Kombinierte Wohn-Schlafzimmer sind immer gefährlich. Das Bett steht mitten im Zimmer, und wenn sich zwei Verliebte, die noch nichts miteinander hatten – davon ging ich naiverweise aus – dort aufhalten, erst etwas trinken, dann ein unschuldiges Gesellschaftsspiel spielen und sich dann auf die Couch setzen, Musik hören und anfangen, über Intimitäten zu plaudern, dann ist es sehr wahrscheinlich, dass frau irgendwann im Bett landet. Das musste ich verhindern. Wenigstens das! Schließlich war es bei mir genau SO gelaufen! Malte zündete gerade eine Kerze an, als Goldmarie ans Fenster kam, um die Jalousien zu schließen, die vorher immer ICH geschlossen hatte. Ich duckte mich etwas, schnaufte und fühlte mich wie die leibhaftige Pechmarie. Meine steifgefrorenen Finger verloren unaufhaltbar den Halt am kalten Metallgeländer und mit einem zentnerschweren Plumps fand ich mich mit dem Hintern auf dem feuchten Rasen wieder. Ade, du schöne, weiße Daunenjacke! ‚Prima, Carina, ich denke, jetzt hast du genug gesehen und kannst nach Hause fahren, anstatt an diesem Balkongeländer mehr und mehr deine Würde und Selbstachtung zu verlieren!‘ In manchen Situationen war die sonst so bedächtige, artige Carina aber höchst uneinsichtig, und anstatt spätestens nach dieser ersten Niederlage brav zum Auto zu gehen und Malte Bauer einen guten Mann sein zu lassen, rappelte ich mich auf und japste abermals an Maltes Balkon hoch.

In diesem Augenblick ging weiter oben ein Fenster auf und eine wütende Altweiberstimme rief: „Ich beobachte Sie jetzt schon eine ganze Weile. Verschwinden Sie, sonst rufe ich die Polizei!“ Na bravo, auch das noch! Ausgerechnet die Neumann aus dem zweiten Stock, die mit dem grauen Star, hatte mich erspäht. „Miez, miez!“, rief ich geistesgegenwärtig. „Ich suche nur meine entlaufene Katze.“ „Carina? Sind Sie das?“, rief Frau Neumann. „Ja, Frau Neumann, ich bin es.“ „Ach, entschuldigen Sie, ich habe Sie für einen Einbrecher gehalten. Ich wusste gar nicht, dass Sie eine Katze haben“, plapperte die neugierige Nachbarin weiter. In diesem Augenblick hielt ein Polizeiauto vor der Tür. Scheiße! Mein Auto stand immer noch in zweiter Spur und ich wusste nicht, was ich nun machen sollte. Ein Beamter stieg aus dem Auto und kam auf mich zu.

„Guten Abend, Herr Wachtmeister“, packte ich den Stier bei den Hörnern und fühlte mich, als sei ich soeben vom Regen in die Traufe oder vom Schneesturm in die Eiszeit gekommen. „Güten Äbend“, sächselte der Wachtmeister knurrend, der ein Bruder von Doktor Lorenz hätte sein können. Wahrscheinlich waren wir uns deshalb gleich auf Anhieb unsympathisch. „Darf ich fragen, was Sie hier machen?“ „Wieso, gibt es ein Problem?“, beantwortete ich die Frage mit einer Gegenfrage. „Ist das Ihr Auto dort, das in zweiter Spur geparkt ist?“, bellte der Cop. „Ja“, antwortete ich lahm. Am liebsten hätte ich jetzt, wie der Italiener in der Cappuccinowerbung, gesagt: „Isch abe gar kein Auto ...!“, aber so viel Mut konnte ich dann doch nicht aufbringen. „Ausweis und Führerschein!“, befahl der Diensteifrige. Das war ja wieder typisch. Wenn frau sie braucht, sind sie nicht da, wenn frau sie überhaupt nicht gebrauchen kann, sind sie zur Stelle und werden auch noch frech. Ich kramte nach meinen Papieren. „Sie wohnen ja ganz woanders!“, entdeckte der schlaue Beamte. „Ja, und?“, entgegnete ich. „Ist das verboten?“

„Nein! Dürfte ich Sie also fragen, was Sie hier machen?" „Herr Wachtmeister, das ist nur die Carina, die Verlobte von Herrn Bauer, der im Erdgeschoss wohnt. Fräulein Carina sucht ihre Katze", mischte sich die rüstige, hellwache Seniorin aus dem zweiten Stock jetzt ein und ich verdrehte die Augen. „Ach, so ist das! Ja, warum haben Sie das denn nicht gleich gesagt, Frau ... Frau La Palma." Der Poli starrte auf meinen Personalausweis und händigte ihn mir wieder aus. „Auch noch 'ne Ausländerin", hörte ich ihn murmeln. Ich blinzelte auf das Namensschild des Beamten. Walter Flasche stand darauf. ‚Passt ja zu ihm', dachte ich mir und musste trotz der prekären Situation grinsen.

„Was gibt's da zu grinsen?", fragte Wachtmeister Flasche schlecht gelaunt. „Ich wusste nicht, dass es verboten ist, im Vorgarten eine Katze zu suchen", bockte ich. „Klingeln Sie mal besser rasch bei Ihrem Verlobten, sonst erkälten Sie sich noch", sagte der Bulle mit geradezu fürsorglichem Ton und starrte auf die Klingelknöpfe. „Wo darf ich denn für Sie drücken, Frau Palme?" „Mein Freund schläft schon!", konterte ich und stellte mich hektisch vor die Klingelknöpfe. „Aber hier ist doch noch Licht", entgegnete das helle Köpfchen. „Mein Freund schläft immer mit Licht", antwortete ich blitzschnell und mir wurde bewusst, wie unglaubwürdig das klang.

Herr Flasche schaute mich misstrauisch an und sagte dann langsam und wohl bedacht: „Hier ist doch etwas faul." ‚Halt Du doch Dein Maul', reimte ich, innerlich wütend. „Wieso?" Ich setzte meinen unschuldigsten aller Blicke auf. Der penetrante Ordnungshüter fing an, mir gewaltig auf den Keks zu gehen. Ich drehte mich um und klingelte. Aber nicht bei ‚Malte Bauer', sondern bei Maltes Nachbarn, den ich gar nicht kannte und noch nie zuvor gesehen hatte, da er nie zu Hause war. Irgendein Arzt, der noch eine Villa im Grunewald hatte, und über den Malte immer lästerte.

Der Türsummer war zu vernehmen und ich drückte meinen Rücken gegen die schwere Holztür, die sofort aufsprang. „Na, dann also, nichts für ungut, Herr Oberwachtmeister", sagte ich freundlich, winkte ihm noch einmal zu und wollte die Tür ins Schloss fallen lassen. Der störrische Polizist ließ jedoch noch immer nicht locker und stemmte sich gegen die Haustür. Im Hausflur stand ein Mann im Gegenlicht und schaute uns entgegen. „Kennen Sie diese Frau?", fragte der investigative Beamte den unschuldigen Wohnungsnachbarn von Malte. Ein verschlafener, hochgewachsener Mensch mit hellblonden Haaren blinzelte uns entgegen. Ein Gesicht, das mir nicht unbekannt war: Magnus von Bissmark! Der nette Bruder meiner Kreißsaalpatientin in der Silvesternacht. War das wirklich schon sechs Wochen her? Ich hatte ihn gar nicht mehr angerufen, obwohl ich oft an ihn gedacht hatte.

„Hallo, Magnus", säuselte ich und hatte Mühe, meine Überraschung nicht zu zeigen. „Hä?", grunzte der verschlafene Magnus und kratzte sich am Kopf. „Kennen Sie diese Frau? Ist sie Ihre Verlobte?", bohrte die Flasche weiter. „Ja, also...", blinzelte der hübsche Magnus wenig geistesgegenwärtig. „Na sehen Sie, und Sie haben ihn geweckt, Herr Flasche!", brachte ich die Situation in trockene Tücher und drängte den impertinenten Polypen nach draußen.

11   One-Night-Frösche küssen besser

„Carina! Was machst du denn hier?", schniefte der magnetische Allgemeinmediziner, freute sich jedoch, mich zu sehen und zog mich rucki zucki in seine Wohnung. „Ach, mir war langweilig und da fand ich deine Visitenkarte, die du mir damals gegeben hattest", log ich. „Da ich gerade in der Nähe war, dachte ich, ich springe mal auf eine Schau vorbei ... quatsch, ich schaue mal auf einen Sprung vorbei." Mensch, Carina! Blödes Gequassel, und noch dazu wenig überzeugend.

Magnus schien das gar nicht aufzufallen. Er grinste mich hinreißend an. Hatte ich schon erwähnt, wie gut er aussah? Besonders jetzt, in seinem grauen Quelle-Frottee-bademantel, der einen aufregenden Einblick auf seine durchtrainierte, absolut unbehaarte Männerbrust freigab. Pawlowscher Speichelfluss. Mir wurde plötzlich ganz heiß. „Carina, deine Wangen glühen ja! Leg doch bitte ab", half mir Magnus schneller als unbedingt nötig aus dem Mantel. „Mein Auto steht noch in der zweiten Reihe", gab ich zu bedenken, während ich mich ganz unfreiwillig wieder auf den braunen, sportlichen Oberkörper vor mir konzentrierte. Ich zwang mich, kurz in das nette Gesicht von Magnus zu schauen, als er anbot, schnell meinen Wagen auf seinen Parkplatz hinter das Haus zu fahren, was ich ausgesprochen niedlich fand. Entzückt hielt ich ihm meine Autoschlüssel unter die Nase. Kurz darauf kam Magnus mit rot gefrorenen Ohren zurück. Na, wenn sonst nichts rot gefroren war ... „Entschuldige bitte, liebe Carina, auf unverhofften Besuch war ich nicht eingestellt! Wobei ich die Idee klasse finde. Ich mag spontane Aktionen!", grinste Magnus und schaute intensiv lächelnd, mit leicht gierigem Blick auf die Zone zwischen meinem Hals und meinem Bauchnabel.

Magnus' Wohnung war größer als die von Malte und hatte ein Zimmer mehr. Ein riesiges Doppelbett stand in der Mitte des Wohnzimmers und beobachtete mich neugierig. Das zweite Zimmer hatte Magnus zu seinem Arbeitszimmer gemacht. „Wohnst du schon lange hier?", fragte ich Magnus, der mir gerade ein Selters brachte. „Ja, mir gehört das Haus", antwortete Magnus keine Spur angeberisch und lächelte mich gewinnend an. „Wenn du irgendwann einmal eine Wohnung brauchst, sag mir Bescheid! Ich werde sehen, was ich tun kann." „Bist du auch der Hauswart?", grinste ich und schielte ungewollt auf sein einladendes Bett. „Nein, das ist der Holzkopf von nebenan. Er putzt aber nur höchst selten den Hausflur. Es ist wohl an der Zeit, diesem Malte Bauer zu kündigen."

Sowas! Das hatte mir Malte nie erzählt, dass er hier der Hauswart war. Vermutlich brauchte er dafür weniger Miete zu zahlen. Das sah diesem Geizhals ähnlich. Ich ließ mir nichts anmerken und nippte an meinem Selters mit Zitronenscheibe.

„Carina, es ist wirklich schön, nein, wunderschön, dich so unverhofft wiederzusehen!" Und dann beugte sich der tollste aller Männer zu mir hin und hauchte mir einen vielversprechenden Kuss auf meine kalten Wasserlippen. Ich fragte, ob ich schnell das Bad aufsuchen dürfe, was Magnus mit einem smarten Lächeln bejahte. Oh ja, ich war zu allem bereit! Als ich den Raum verließ, spürte ich förmlich, wie mir Magnus mit seinen Blicken den Reißverschluss im Nacken öffnete. MEIN ERSTER ONE-NIGHT-STAND! So schnell und unvorbereitet konnte es kommen. Kinder, war das aufregend! Dass mir das mit meinen neunundzwanzig Jahren noch widerfahren würde, hatte ich schon nicht mehr zu hoffen gewagt. Eigentlich war ich nicht der Typ dafür, aber wenn die anderen schwärmten, schimpften und darüber fluchten, dann stand ich immer daneben und wusste nicht, wovon sie sprachen. Nun war endlich der Augenblick der Wahrheit gekommen und ich wusste, es würde aufregend werden!

12 Der Morgen danach

Es war noch besser gewesen, als ich jemals zu hoffen gewagt hatte. Besonders, weil ich Malte mit diesem Weib nebenan wusste und die beiden sicherlich ebenfalls nicht nur Schäfchen zählten. Ich stand im Bad vor dem Bissmark'schen Spiegel, bürstete mein

Rapunzelhaar und versuchte, den farblosen Lippgloss und das mir bestens bekannte Edelparfum zu ignorieren, welche eindeutig die Spiegelablage verunzierten. Versonnen lächelte ich vor mich hin und ließ die vergangene Nacht Revue passieren.

„Guten Morgen, meine Hübsche." Magnus betrat gähnend das Bad und umfasste von hinten meine Taille. Sein Blick wanderte zum Spiegel und er wurde augenblicklich etwas blass. „Carina, ich wollte dir noch sagen, dass diese Kosmetikartikel einen völlig unschuldigen Hintergrund haben." Ich grinste breit. ‚Wie kann ein Mann mit zerzausten Haaren und ungewaschenem Gesicht immer noch so verdammt gut aussehen', fragte ich mich und erinnerte mich an Malte, der morgens kurz vor dem Aufstehen immer aussah wie ein gerupftes Huhn und erst im Laufe des Tages eine ansehnliche Gestalt annahm. „Klar, gehören deiner lieben Frau Mutter." Es war ein schönes Gefühl, keine Eifersucht zu spüren und trotzdem froh und glücklich nach dieser wunderbaren Nacht zu sein. Ich hatte bereits geduscht, war angezogen und gerade dabei, mich zu schminken. „Ich bin in einer halben Stunde mit einer Freundin zum Frühstück verabredet", versuchte ich, die Situation zu entschärfen. „Ach! Und ich dachte, du würdest mir vielleicht die Ehre erweisen", antwortete der schöne Magnus etwas enttäuscht. „Danke, Magnus, aber ich habe es meiner Freundin versprochen." ‚Wie nett', dachte ich. ‚Endlich mal einer, der mich nicht gleich wieder loswerden will.' Und schon wieder musste ich an Malte denken. Nach einer gemeinsam verbrachten Nacht war er immer tunlichst darum bemüht, so schnell wie möglich wieder alleine zu sein. „Ein anderes Mal gerne, Maggi-Schatz." Ich schüttelte mich bei dieser phantasievollen Kosenamensgebung ausgiebig vor Lachen. Magnus beobachtete das amüsiert, nahm mich plötzlich in die Arme und küsste mich aufregend. Aus dem Kuss wurde eine leidenschaftliche Umarmung, der ich leider nicht widerstehen konnte, so dass ich abermals in Magnus' großem Bett landete.

Ich wäre ja gerne noch geblieben, aber mit einem Blick auf die Uhr zwang ich mich schließlich, aufzustehen und mich endgültig von diesem Traummann zu lösen. „Carina, du bist wundervoll! Weißt du das?", seufzte Magnus, der mir versonnen meine Schulter küsste. Ich lächelte süßlich und schmolz dahin. Die letzten zehn Stunden waren Balsam für mein Selbstbewusstsein gewesen und ich schwebte auf Wolke sieben. Gutgelaunt hoppelte ich ins Wohnzimmer und kramte meine sieben Sachen zusammen. An der Wohnungstür sagte ich ganz weltfraulich: „Es war nett mit dir, Magnus. Ich rufe dich an!" Ich lächelte noch einmal verführerisch und öffnete die Tür, bevor ich beschwingt in den Hausflur trat. Dort wäre ich beinahe mit einer Blonden zusammengestoßen, die mit dem Rücken zu mir stand und wohl gerade dabei war, sich den Mantel zuzuknöpfen. „Huch! Verzeihung", flötete ich und wollte mich gerade an ihr vorbeizwängen, als sich die junge Frau umdrehte und mir erschrocken entgegenblickte. Auch Malte, der in Boxershorts in seiner Wohnungstür gegenüberstand, blieb der Mund offen stehen. Zerzaust und dickbäuchig gab er ein Bild des Jammers ab. „Schönen guten Morgen", sagte ich freundlich distanziert, als wären mir die beiden Herrschaften völlig fremd. Als mich die zwei Lichtgestalten lange genug angestarrt hatten, musste ich laut losprusten. Magnus, der mir noch hinterher winken wollte und ebenfalls in seiner Wohnungstür stand, hatte die Szene beobachtet und schaute, leicht aus dem Konzept gebracht, von einem zum anderen.

„CARINA! Was, um Himmels Willen machst DU denn hier?" Maltes Stimme überschlug sich und hallte durch den kalten Treppenaufgang. „Das Gleiche könnte ich SIE fragen", und zeigte dabei auf Goldköpfchen. Ich gab mir Mühe, meine Stimme ebenso dramatisch erscheinen zu lassen, aber sie triefte nur so vor Ironie. Es war ja auch zu absurd. Der Film wurde immer schlechter und ich konnte nicht einmal abschalten. Und das alles am frühen Morgen, auf nüchternen Magen. „Carina, was hast du bei meinem Nachbarn gemacht?", schoss Malte feindselig und blitzte Magnus an, der seinen stink-faulen Hauswart wohl noch nie so eifrig erlebt hatte. „Du meinst wohl, was ich MIT deinem Nachbarn gemacht habe? Ich glaube, den fremden Mann müsstest du eigentlich kennen, wo er doch einer deiner Arbeitgeber ist. Aber ich kenne diese Dame hier noch nicht, vielleicht stellst du sie mir vor?", forderte ich ihn gönnerhaft auf.

Maltes Gesichtsfarbe hatte ein interessantes Zinnoberrot angenommen, im Trick-film würden jetzt Rauchwolken aus seinen Ohren kommen. „Carina, was meinst du mit dem Arbeitgeber?", mischte sich jetzt Magnus ins Gespräch, um die ganze Szene noch verworrener zu machen, als sie ohnehin schon war. Anstatt zu antworten, ignorierte Malte seinen unmittelbaren Wohnungsnachbarn: „Das ist eine Arbeitskollegin von mir, Frau Cordelia Meyer. Und es ist nicht das, was du denkst. Wir haben nämlich hart ge-arbeitet." „Bei mir ist es aber das, was du denkst und wir haben auch hart gearbeitet. Und zwar die ganze Nacht. Was mich betrifft, Malte Bauer, so hast du unsere Beziehung vergeigt. Du bist ein elender, geiziger Angeber und wenn du so weitermachst, wirst du bald als Obdachloser enden!"

In diesem Augenblick zogen imaginäre Bilder an meinem geistigen Auge vorüber: Malte saß völlig frustriert in seinem verschwitzten und zerlöcherten Chiemseesweater auf seiner Golfschlägertasche am Straßenrand, umgeben von seinem Marken-Tennis-schläger, seinem pinkfarbenen Super-Surfbrett, den Skiern, dem Fußball, dem Basketball und den Tennis- und Golfbällen, die ungeliebt auf dem Bürgersteig umherkullerten. Nur Würgs Clubmitgliedkarten und das alberne Cindy-Poster waren noch wahre Freunde, die zu ihm standen. „Ich hoffe, wir sehen uns nicht mehr wieder, du Niete! Ich wünsche dir und deinem Schwanenhals noch ein schönes Leben – aber in Zukunft ohne mich!"

Mit diesen harten Worten stolzierte ich hoch erhobenen Hauptes an der holden, güldenen Cordelia vorbei, die sich seit unserem Zusammenstoß nicht einen Zentimeter von der Stelle bewegt hatte. Erschöpft, aber glücklich sank ich in den Sitz meines Autos. Mein Gott, was für ein Leben! Und das alles auf nüchternen Magen.

13 Eine Chance für die Liebe

Zwanzig Minuten später hielt ich vor der berühmten Britzer Mühle und freute mich auf kulinarische Genüsse. Links in der Ecke saß bereits Jessica und winkte mir entgegen. „Guten Morgen!", trällerte ich froh. „Guten Morgen, Carina. Da bist du ja endlich!", freute sich Jessica. Sie musterte mich ein paar Sekunden lang und rief dann plötzlich aufgeregt: „Carina la Palma – du siehst aus, als wäre dir gerade etwas ganz Außerge-wöhnliches widerfahren. Heraus mit der Sprache, und lass nichts dabei aus!" „Ich? Mir? Wie kommst du denn darauf?", grinste ich breit und pellte mich aus meinem Mantel. „Ich kenne dich inzwischen lange und gut genug. Mir kannst du nichts vormachen", schnaufte Jessi amüsiert und rief nach dem Kellner. „Lass uns aber erst einmal bestellen, ich habe einen Mordshunger." Die nächsten sieben Minuten studierten wir eingehend die Speisekarte und als wir unsere Bestellung aufgegeben hatten, schaute mir Jessi erwar-tungsvoll in die Pupille: „Schieß los, Carina! Ich platze gleich vor Neugier."

Gelassen nippte ich an meinem großen Milchkaffee, den die Bedienung soeben ge-bracht hatte, und schmunzelte vor mich hin. Ich war mir nicht sicher, ob ich ausgerech-net Jessi vom ersten One-Night-Stand meines Lebens berichten sollte, wo sie doch so hohe moralische Ansprüche hatte und, soweit ich wusste, selbst noch nie in dieser Lage gewesen war. Der Kellner kam bereits mit unserem bestellten Käsefrühstück und breitete alles vor uns aus. Ich wartete, bis er gegangen war und konnte dann nicht länger an mich halten. „Ich hatte heute Nacht meinen ersten One-Night-Stand", brach es aus mir heraus. Geheimniskrämerei war noch nie meine Stärke gewesen. Jessica, die gerade von ihrem Käsebrötchen abbeißen wollte, blieb der Mund offen stehen. „Nein!" „Doch!", antwortete ich und begann gelassen, mir etwas Butter auf das Croissant zu streichen. „Warum?" „Warum nicht?", schmatzte ich kauend. „Weil du doch gar nicht der Typ dafür bist", wunderte sich Jessica und hatte immer noch nicht von ihrem Brötchen abgebissen. „Na und? Für jeden kommt irgendwann das erste Mal. Nur, weil es dir noch nie passiert ist und du nichts davon hältst, heißt das doch nicht, dass es verkehrt ist." Ich fühlte mich bemüßigt, mich zu verteidigen. „Wer sagt dir denn, dass es mir noch nie passiert ist?" „Hä?" Diesmal blieb mir der Mund offen stehen. „Du erinnerst dich doch an den oberaffengeilen Oberarzt der Orthopädie, bei dem wir das Staatsexamen gemacht haben?" Und diesmal war es Jessica, die breit grinste. „Ja, der war doch so hinter dir her. Ich erinnere mich", sagte ich und griff nach meinem Milchkaffee, ohne meine Freundin aus den Augen zu lassen. Jessica van Maasdam war Holländerin, lebte aber mit ihrer Mutter schon seit zwanzig Jahren in Berlin. „Nun, eines Abends, Doktor Röhder, also Helmut, er hatte mich zu einem romantischen Candle-Light-Dinner in einem Nobelrestaurant eingeladen, fuhren wir noch zu ihm nach Hause. Und da passierte es dann!"

Jessi schaute mich etwas unangenehm berührt an und drehte an einer ihrer schönen, dunkelblonden, dicken Haarsträhnen. „Aber Jessi, du tust ja gerade so, als bereust du es. War es denn so schlimm?" „Nein, es war eigentlich ganz nett", antwortete Jessi erleichtert. „Verurteilst du mich deshalb nicht?" „Wieso das denn? Ich habe es doch gestern Nacht selber gemacht: Bestimmte Erfahrungen zu sammeln, gehört doch zum Leben. Solange frau jung ist und die Aussicht hat, dass es ein nettes Abenteuer werden wird, die beiden keinem anderen dabei schaden und verhüten, ist doch alles in bester Ordnung. Ich finde daran gar nichts Verurteilenswertes. Wenn einer der Meinung ist, dass es für ihn selbst niemals in Frage käme, der braucht ‚es' doch auch nicht zu machen." „Sicher, du hast Recht." Wir lächelten versonnen vor uns hin und hingen, jede für sich, ein bisschen unseren Erinnerungen nach.

„Erzähl mal, wie er so ist", wollte Jessi irgendwann wissen und ich begann also von Magnus von Bissmark zu schwärmen. Erzählte ihr, wie wir uns im Kreißsaal kennen gelernt hatten und ließ auch die groteske Situation heute Morgen im Treppenhaus nicht aus, wo ich die unfreiwillige Bekanntschaft mit meiner Widersacherin, der elfenhaften Cordelia Meyer, gemacht hatte. „Das scheint doch gar nicht bei einem One-Night-Stand zu bleiben. Heißt also, du bist nicht mehr mit Malte zusammen?", schlussfolgerte Jessi. „So kannst du es wohl sehen. Und mir geht es supergut dabei, das ist das Komische." „Nun, es ist wohl auch normal, wenn du nach zwei Jahren Beziehung in den nächsten Tagen oder Wochen in ein Loch fallen wirst, aber im Großen und Ganzen: Sei froh, dass du ihn los bist! Ich weiß ja, wie verschossen du in ihn warst, aber bestimmte Männer taugen eben nicht für eine Beziehung, weil sie noch viel zu unreif und egoistisch sind. Lieber ein Ende mit Schrecken als ein Schrecken ohne Ende." „Weise Worte, liebe Jessi! Lass uns darauf anstoßen", sagte ich und hob meine Milchkaffeetasse. „Was macht eigentlich dein netter Verehrer Doc Chance?", wollte Jessi unvermittelt wissen. „Wer? Ach der! Nichts, was soll der schon machen?", antwortete ich leichtfertig und beschwingt. „Der wartet verzweifelt auf einen Anruf von dir und hiermit möchte ich ebenfalls auf diese eindeutigen Erkenntnisse und netten Erlebnisse mit euch anstoßen. Lieber ein Ende mit Schrecken als ein Schrecken ohne Ende", sagte eine Stimme aus dem Hintergrund.

Verwundert schauten wir uns um. Als ich sah, wer sich da so herzlich gratulierend in unser Gespräch unter Frauen gemischt hatte, wurde mir ganz übel und ich wollte mich vor Peinlichkeit unter dem Tisch verkriechen. Im Verkriechen war ich ja inzwischen ein echter Profi. Doc Chance, mein heißer Verehrer, der, hinter einer Palme sitzend, ebenfalls gefrühstückt und die ganze Konversation mit angehört hatte, schaute mich aus großen, enttäuschten Augen an und was ich darin las, sprach ganze Enzyklopädien.

14   Guten Morgen, Donnerwetter!

Als ich die Autotür hinter mir zuwarf, fing es gerade wieder zu nieseln an. Vor mir lag ein elend grauer März-Frühdienst. Ich hasste diese jahreszeitlosen Berliner Überbrückungsmonate. Es war nicht mehr Winter, aber auch noch nicht Frühling. Mein Immunsystem spielte dann immer völlig verrückt. Rund um dieses vermaledeite Krankenhaus herrschte, wie immer bei Schichtwechsel, akuter Parkplatznotstand. Ohne lange zu fackeln quetschte ich mich keck zwischen den silbernen Merzer vom Oberarzt der Chirurgie und den schwarzen Bayern des Chefs der Röntgenabteilung.

Seit dieser peinlichen Begebenheit in der Britzer Mühle vor zwei Wochen war ich gar nicht mehr so positiv berauscht von meinem neuen Leben als Single. Ich hatte an nur einem Tag meine gesellschaftliche Stellung als Freundin in einer zweijährigen Beziehung und meine Position als eine von ihrem Verehrer umworbene Frau verloren und saß nun, alleine und verlassen, ohne männlichen Rückhalt und Beischla... will sagen, Beistand, da. Von Magnus hatte ich auch nichts mehr gehört. Das war ja auch nicht verwunderlich nach diesem Auftritt im Treppenhaus. Andererseits war es mir auch zu peinlich, mich bei ihm zu melden. Ich schwelgte auch noch zu sehr in Selbstmitleid, als dass ich jetzt an Bettgeschichten hätte denken wollen. Und genau das sollte Magnus auch bleiben, denn nichts lag mir ferner, als mich an den nächsten männlichen Strohhalm zu klammern, um mich moralisch wieder aufzurichten. Mein Gott, war das Leben kompliziert!

Wie so oft in den letzten zwei Wochen verdammte ich meine Redseligkeit, mit der ich meinen ersten und einzigen Verehrer, Will Chance, in die Flucht geschlagen hatte. Denn eigentlich war es äußerst nett gewesen, sich so begehrt zu wissen, wo mir doch dieses Gefühl bei Malte all die Jahre so gefehlt hatte. Das einzig Aufbauende in den letzten Wochen war ein Anruf meiner Freundin Elena aus Sizilien gewesen, die mich zu ihrer Hochzeit Ende April eingeladen hatte. Sofort tauchte vor meinem geistigen Auge Panuzzo Celentano auf, der kleine Heimatort meines Vaters, eingebettet in eine grüne, hügelige Landschaft, wo die Welt noch in bester Ordnung war und sich Fuchs und Hase Gute Nacht sagten. Und wo ich von den meisten meiner Verwandten Maria gerufen wurde.

Mit hängenden Schultern und gesenktem Blick stiefelte ich über die Straße in Richtung Krankenhaushaupteingang und nahm die Schritte hinter mir erst gar nicht richtig wahr. Ein etwa fünfzigjähriger Mann mit Bürstenschnitt und Stiernacken überholte mich unvermittelt und ein Pochen in der Carotis signalisierte mir etwas Unangenehmes. Irgendwie gefiel mir der Mensch mit seinem hektischen Augenflattern überhaupt nicht und da kam auch schon der erwartete Spruch mit aggressivem Unterton: „Meinen Sie, dass da noch jemand aus der Parklücke rauskommt?" Er stiefelte im Stechschritt an mir vorbei.

Völlig entnervt fixierte ich ihn stumm. Als guterzogene Dame bemühte ich mich jedoch um Contenance, schluckte den Keifton hinunter, verschleierte meinen Mörderblick und antwortete mehr oder weniger lieblich: „Schön, dass Sie sich um die Angelegenheiten anderer kümmern! So viel Zeit hätte ich auch gerne!" Jetzt, mit Prachtausblick auf sein exakt gebügeltes, dunkelgrünes Spießer-Wetterjäckchen mit Bügelfalte am Arm und den weißen, stoppligen Hinterkopf, überfiel mich ein Schweißausbruch. Ohnmächtige Wut schnürte mir die Kehle zu. Der verhinderte Soldat marschierte diszipliniert vor mir her und hielt es anscheinend nicht für nötig, mir bei seiner Moralpredigt in die Augen zu schauen. Stattdessen meckerte er weiter in seine akkurat gestutzte Rotzbremse hinein: „Da hinten sind so viele Parkplätze frei! Von mir hätten Sie gleich eine Anzeige bekommen." Aha, daher wehte das Lüftchen also. Der Grund seines Ärgers war der pure Neid, weil er keinen so guten Parkplatz in der Nähe gefunden hatte. Gut, dass es in meiner Natur lag, mich stets um Sachlichkeit und Freundlichkeit zu bemühen. Deshalb rief ich zuckersüß hinter ihm her: „Es freut mich außerordentlich, dass Sie so einen bewundernswerten Charakter haben. Aber Sie brauchen sich nicht anderer Leute Köpfe zu zerbrechen. Das Auto links gehört meinem Mann und das rechts meinem Liebhaber. Mein Parkplatz ist also in gewisser Hinsicht symbolisch zu verstehen."

Der alte Sack brabbelte irgendetwas in seinen Bart, schien das alles gar nicht komisch zu finden und entfernte sich im Stechschritt. Ich machte, dass ich zur Eingangstür des Krankenhauses kam und lehnte mich völlig aufgelöst gegen die noch nicht besetzte Pförtnerloge. Diesem humorlosen Prachtexemplar eines deutschen, gesetz- und ordnungsliebenden Superbürgers mochte ich nicht noch einmal im Dunkeln begegnen. Ich hätte den Ärger dieses Charakterschweins ja noch irgendwie nachempfinden können, wenn es sich bei einem dieser Autos um seines gehandelt hätte. Manche Menschen waren wirklich voll daneben. Ich atmete noch einmal tief durch und durchquerte die dunkle Haupthalle. Irgendwie war meine schlechte Laune in Pessimismus umgeschlagen und muffelig schloss ich die Tür des kleinen Umkleideraumes auf. Ich erinnerte mich, dass Schwester Hedda-Marie mich heute auf der Gyn eingesetzt hatte, weil keine ausgebildete Krankenschwester zur Verfügung gestanden war. Ich half ja gerne, aber nach dem penetranten Billigparfumgeruch, der in der Umkleide sein Unwesen trieb, waren die beiden linken Bazillen Lilian und Barbara vor kurzem hier gewesen und da wäre ich doch besser zuhause geblieben. Wenn ich jetzt noch das unglaubliche Pech hatte, mit den beiden Antischönheitsköniginnen im Frühdienst zu sein, war der Tag vollends gelaufen.

Als ich die gynäkologische Station 2 betrat, hörte ich die beiden Hexen schon von weitem über den Stationsflur plärren: „Aber wenn sie kommt, dann tun wir so, als wäre sie Luft!" Wen wollten die beiden denn mit ihrer kindischen Nichtbeachtung beglücken, wunderte ich mich und sollte sofort um einiges schlauer sein, denn als ich das Schwesternzimmer betrat, stockte den beiden Weibsbildern sichtlich der Atem und sie zogen nervös an ihren Zigarettenstummeln. Übertrieben höflich posaunte ich ein „Guten Morgen" in den Raum, aber sie schauten nur stumm aus dem Fenster und ignorierten mich. Affektiert wackelte ich zur Kaffeemaschine, um mir einen Morgenkaffee einzugießen. Der Frühdienst begann mit der Patientenübergabe und Lilian und Barbara setzten ihre hochkonzentrierten Mienen auf. Ich tat mindestens genauso wichtig, denn ich notierte geschäftig mit, um nicht gänzlich auf die Patientenmappen angewiesen zu sein. Die Station war mir ja völlig neu. Tief im Inneren, ich gebe es ja zu, war ich ziemlich betrübt.

Ich kam mir wieder einmal völlig ungeliebt, unbeliebt und unwichtig vor. Nicht, dass es mir wichtig gewesen wäre, ausgerechnet vom Linken-Bazillen-Gespann gemocht zu werden, aber so von ihnen übergangen zu werden, war auch keine wahre Freude. Sofort nach der Übergabe stürzten die beiden Schnepfen übereifrig los, was sonst gar nicht ihre Art war, und begannen mit der Frühdienstarbeit, ohne mich in der Arbeitsaufteilung zu berücksichtigen. Da sie zu zweit gingen, blieb mir nichts anderes übrig, als alleine die Betten zu machen. Ich tat, als sei alles in bester Ordnung, denn ich spürte, dass die beiden Schwesternhelferinnen nur darauf warteten, dass ich mich über ihr schlechtes Benehmen aufrege würde. Ich konnte auch bestens alleine und ohne menschliche Ansprache arbeiten und so murkste ich bis zum Austeilen des Frühstücks so vor mich hin.

Lilian und Barbara waren im Schwesternzimmer schwer mit den Patientenmappen beschäftigt und würdigten mich weiterhin keines Blickes. Gegen neun Uhr begab ich mich ins Schwesternzimmer, wo sich die Ärzte zum Frühstücken breitgemacht hatten. Sie hatten natürlich nur für sich den Tisch gedeckt, die vier Gedecke für die Schwestern und die Küchenfrau fehlten. Doktor Vogelstetter begrüßte mich zwar höflich, aber meine Laune sank weiter unter den Nullpunkt. Der Tisch nicht richtig gedeckt, der Raum verqualmt und die beiden Elefantenkühe im Vorzimmer. Ich kochte vor Wut!

In mir begann ein heißer Kampf mit der zentralen Frage: Sollte ich jetzt etwas sagen oder lieber doch nicht? Das einzige Mal, wo ich es hinbekommen hatte, den Mund gegenüber einem Chefarzt aufzumachen, war in meiner Ausbildungszeit gewesen, weil ich nicht wusste, dass es sich um selbigen handelte. Ein mir unbekannter Mann wollte ohne Schutzkittel die Intensivstation betreten. Das konnte ich auf keinen Fall zulassen! Schließlich waren Sporen, Viren, Bakterien und Milben nicht weniger ungefährlich, nur weil sie vielleicht am Kaiser von China oder – wie sich in diesem Fall später herausstellte – am Chefarzt klebten. Der Chefarzt war zwar sichtlich geschockt, fand meine Reaktion aber eigentlich gut, auch wenn er es zuerst nicht so zeigen konnte. Lahm ging ich zur Kaffeemaschine und setzte frisches Kaffeewasser auf, um Zeit zu gewinnen. In mir begann es vor Aufregung zu kribbeln. „Wer ist heute eigentlich die verantwortliche Schwester?", fragte einer der Ärzte unvermittelt und schaute sich erwartungsvoll im Raum um. Ich fühlte förmlich, wie mein Rücken mit Dolchblicken vom Schwesternvorzimmer aus malträtiert wurde. Wie konnte sich der Springer erdreisten, sich hier als Oberschwester aufzuspielen? „Ich", antwortete ich knapp. Ja, richtig! ICH war hier die verantwortliche Schwester. Wieso ließ ich mich eigentlich wie eine Aushilfe behandeln, die man glatt übersehen konnte? „Lilian und Barbara, ihr kommt jetzt bitte erst einmal frühstücken!", hörte ich mich in einem Ton sagen, der keine Widerworte zuließ. Entsetzt schauten die beiden Elefantenkühe von ihrem hektischen Treiben auf und guckten mich bitterböse an. „Abmarsch!", lächelte ich lieblich, und tatsächlich begannen sich Lilian und Barbara in Richtung Schwesternzimmer zu bewegen. Dort war es unterdessen schwierig geworden, vor lauter Rauch die eigene Hand vor Augen zu sehen. Ich stürzte zum Fenster und machte es sperrangelweit auf. „Es wäre sehr freundlich, wenn wenigstens die Ärzte auf die Nichtraucher Rücksicht nehmen würden, besonders wenn wir alle gleich gemeinsam frühstücken wollen. Und außerdem wäre es nett, wenn Sie den Tisch für alle decken könnten, so wie wir es ja auch für Sie tun." Angetrieben von so viel unbändigem Mut, forderte ich Lilian auf, den Tisch fertig zu bereiten, und übersah, mit einem freundlich-verbindlichen Lächeln auf den Lippen, sämtliche Giftblicke meiner unmittelbaren Umgebung.

Das Ärzterudel blickte kurz vom Brötchen auf und murmelte eine Entschuldigung. Lilian und Barbara ließen sich nicht von ihrem Sauertopfgesicht abbringen, aber wenigstens hatte ich das gesagt, was gesagt werden musste, und der Frühdienst ging so schnell vorüber wie noch nie. Kurz vor Dienstschluss machte Lilian mit den Spätdienstschwestern die Übergabe. Ich saß ihr gelangweilt gegenüber und hatte endlich einmal die Gelegenheit, sie von oben bis unten analysieren zu können. Was war dieses Weib eingebildet! Gekünstelt hielt sie eine der Patientenmappen hoch, die anderen hatte sie vor sich auf dem Tisch gestapelt und blätterte darin, als wenn sie uns einen kurzen, aber wichtigen Part aus ihrer Doktorarbeit über Kernphysik vorlesen wollte. Barbara saß mit ihrem strohblonden Dutt und dem fettigen Pony daneben und maniküre mit ihren mit Goldringen versehenen Wurstfingern selbstgefällig ihre pinkfarbenen Fingernägel. Ich schlürfte angewidert mein Mineralwasser und beobachtete aus den Augenwinkeln, wie sich die Glastür des Schwesternzimmers öffnete und Will Chance den Raum betrat. ‚Oh mein Gott! Musste mich das Schicksal heute wirklich so hart treffen?‘ Vor Schreck verschluckte ich mich. Lilian grinste gehässig und Barbaras Blick bekam etwas Sensationslüsternes. Als Will in der Tür stand und distanziert, was sonst gar nicht seine Art war, die Gruppe von Schwestern im Zimmer begrüßte, schnellten alle Blicke noch in der gleichen Sekunde zu mir, um auch ja meinen Blick zu erhaschen. Ich lächelte steif vor mich hin und tat, als wäre nichts gewesen.

„Carina, kann ich Sie bitte kurz sprechen?", fragte Will sehr distanziert. Als ich mich gerade erheben wollte, schnatterte Lilian wichtigtuerisch: „Könnt ihr eure Privatgespräche nicht zuhause führen?" Mir brach der Schweiß aus. Meine Güte, war das alles peinlich. „Das ist ein dienstliches Gespräch!", wetterte Will, wie ich ihn noch nie hatte wettern hören. „Und außerdem geht Sie das einen feuchten Kehricht an, Schwester Lilian!" Gemeinsam machte ich mit Will ein paar Schritte zur Glaskanzel, wo wir vor den neugierigen Blicken der anderen geschützt waren. Abrupt blieb er stehen und drehte sich zu mir um. „Carina", stammelte er. „Mir ging es in den vergangenen Wochen sehr schlecht und ich hoffe, du kannst mir meinen peinlichen Auftritt in der Britzer Mühle verzeihen. Ich war plötzlich eifersüchtig und vergaß dabei völlig, dass es mir gar nicht zusteht, denn schließlich sind wir ja gar nicht zusammen..." Ich hatte nicht einmal Zeit, dem armen, gebeutelten Will etwas zu entgegnen, da kamen ungewöhnlicherweise der Yeti Gabi vom Kreißsaal, Schwester Hedda-Marie und der im weißen Kittel steckende Stiernacken mit Bürstenschnitt um die Ecke geschossen. Sie gingen vorbei, ohne uns zu bemerken. Welch ein Glück, denn Will hielt immer noch erwartungsvoll meine Hand. Wie von der Tarantel gestochen zuckte ich zurück und hatte plötzlich ein ganz komisches Gefühl in der Magengegend. Der Pulk hatte bereits die Glastür des Schwesternzimmers geöffnet, da erkundigte sich die stellvertretende Pflegedienstleitung auch schon nach mir. Ich zwängte mich grüßend vorbei und setzte mein freundlichstes Lächeln auf, was mir jedoch nicht so recht gelingen wollte.

Jetzt würde ein großes Donnerwetter über mich hereinbrechen, das wusste ich genau, nur den Grund dafür, den konnte ich mir beim besten Willen nicht zusammenreimen. Aber darüber brauchte ich mir keine größeren Gedanken zu machen, denn schließlich war ja Gabi, eine meiner Erzfeindinnen, mit von der Partie, um mich aufzuklären.

„Nichts für ungut, Leute, aber was zu viel ist, ist auch der sonst so netten, zurückhaltenden Carina zu viel." Ich schlürfte an meinem Pfefferminztee mit Honig und machte es mir vor dem Sofa in Angies Altbauwohnung gerade etwas bequem, um Dennis und Angie meinen katastrophalen Frühdienst bis ins kleinste Detail zu schildern. Angie hatte mich am Nachmittag angerufen, ob ich nicht vorbeikommen könnte. Da es mein letzter Arbeitstag vor einer Urlaubswoche war, ich noch nichts vorhatte und Angie mein Stationserlebnis vom Vortag sowieso brühwarm erzählen wollte, fuhr ich sofort zu ihr hin. Nun saß ich im Schneidersitz auf dem Fußboden vor dem schwarzen Sofa und hatte vor Aufregung ganz rote Wangen. Die Begebenheit mit dem bürstengeschnittenen Stiernacken auf dem Parkplatz hatte ich bereits erzählt und auch mein alles andere als harmonisches Arbeiten mit den beiden polyblöd-wasserstoffblonden linken Bazillen erwähnt, als ich nun bei Will, der gerade Anstalten machte, meine Hand zu nehmen, angelangt war. Um die Situation in der Glaskanzel zu demonstrieren, nahm ich Dennis' Hand und versuchte, den treudoofen Blick von Will zu imitieren. Dennis grinste.

„Ich wollte gerade irgendetwas antworten, da kamen doch tatsächlich, na, wer, ratet mal?" Dennis und Angie schauten mich gespannt an und hingen an meinen Lippen. „Magnus von Bissmark?", schlussfolgerte Dennis mit hochroten Ohren. „Falsch! Aber nicht schlecht geraten", antwortete ich und schaute nun Angie erwartungsvoll an, um auch sie aufzufordern, einen Tipp abzugeben. „Äh, äh ....", stammelte Angie. „Falsch", sagte ich und erlöste die beiden vom heiteren Ratespiel: „Gorillababy Gabi, Frau Klimperwimper höchstpersönlich und der neue Abteilungspfleger – und das ist kein anderer als der miesepetrige Stiernacken, Herr Rüdiger Runkel, welcher ab jetzt unser unmittelbarer Vorgesetzter ist!", schrie ich angewidert. Nun war es heraus und Angie und Dennis konnten wieder tief durchatmen. „NEIN!", schrie Dennis theatralisch. „NEE!", rief auch Angie aufgebracht. „DOCH!", kreischte ich lauthals. „Es ging darum, mich vor versammelter Mannschaft zur Schnecke zu machen, und zwar wegen der Silvesternacht, wo ich doch kurz den Kreißsaal verlassen hatte, um Waltraud auf Station 16 im Altbau zu besuchen." „Aber du hattest doch Gabi Bescheid gesagt, oder?", fragte Angie verwundert. „Ja, natürlich", sagte ich. „Ich fürchte, darum ging es auch gar nicht wirklich, stimmt's, Carina? Ich habe so das Gefühl, dass Gabi dich einfach reinreiten wollte und da kam ihr die Situation von damals sehr gelegen." Dennis hatte die Sachlage und mein Gefühl mit einem Satz auf den Punkt gebracht. „Genau das denke ich auch. Stellt euch vor, damit drei Monate später anzukommen und extra auf die Gyn zu traben, um mich niederzumachen, statt mich diskret ins Büro zu rufen, um alles zu klären!" „Irgendwie kommt mir Hedda-Marie von Mal zu Mal unprofessioneller vor", bemerkte Angie und legte eine CD von Kylie in den CD-Player. „Aber die absolute Härte kommt noch! Hedda-Maries erster Satz war nicht: ‚Carina, nun erzählen Sie doch von der Silvesternacht', sondern: ‚Schwester Carina, das gibt eine Abmahnung!' Und das, ohne vorher meine Version gehört zu haben! Wie findet ihr das?", rief ich entrüstet. „Die spinnt doch, die Alte! Weiß Schwester Epifania von der ganzen Sache?", fragte Angie. „Ich denke nicht, denn im Moment ist sie wieder in ihrem Kloster im Allgäu, wo sie nur wegen wirklich wichtiger Dinge angerufen werden will", schlussfolgerte ich und nahm mir in meinem Frust den zweiten Schokoriegel.

„Weißt du, wann sie wiederkommt?", fragte mich Dennis und witterte eine Chance, der unangenehmen Situation doch noch eine positive Wendung zu geben. „Ich glaube,

Anfang nächster Woche", murmelte ich zwischen zwei Bissen und streckte zur Entspannung meine Füße aus, was mich gleich wieder dazu brachte, von dem Erlebnis mit Doktor Vogelstetter und Jessica am Silvesterabend zu berichten. Wie Jessi da angebrüllt worden war, weil sie ihre Füße auf den Schreibtisch gelegt hatte, und der Oberarzt bei Gabi, die im Kreißsaal das Gleiche getan hatte, nichts sagte. Darüber war ich, ehrlich gesagt, bis heute noch nicht hinweggekommen.

Meine beiden Zuhörer lauschten mit entsetzten Gesichtern und schüttelten immer wieder verständnislos den Kopf. „Und wie hat der neue Abteilungsleiter reagiert, nachdem du ihm ja schon vorher unangenehm aufgefallen warst?", fragte Dennis neugierig. „Der schaute mich nur mit mürrischem Gesichtsausdruck an", seufzte ich. „Na, mit dem werde ich mich lieber gut stellen", grinste Dennis. Angie, die schon seit einiger Zeit etwas abwesend schien, fragte plötzlich wie aus heiterem Himmel: „Woher kennt ihr eigentlich den Namen meines Schwarms?" „Wen meinst du denn?", fragte Dennis. „Na, Magnus von Bissmark!" „Wieso, ich dachte, dein Schwarm heißt Markus?", sagte ich. „Ja, ich dachte, es am Telefon so verstanden zu haben, aber bei unserem Treffen, nachdem wir uns nach der Silvesternacht verabredet hatten, kam dann heraus, dass er Magnus heißt, ist das nicht witzig? Und das Beste ist, dass der Name gut zu ihm passt. In jeder Hinsicht." Angie kicherte und lächelte dann versonnen vor sich hin.

Ja, mit der Größe von Magnus' kleinem Magnus hatte ich ja auch schon Bekanntschaft gemacht und hätte nun prima mitreden können, aber irgendwie saß mir der Schock zu stark in den Gliedern und wer weiß, wie Angie diese Nachricht aufgenommen hätte. Angie schien vor lauter Verliebtheit ihre eigentliche Frage vergessen zu haben und dass wir sie noch gar nicht beantwortet hatten. Dennis hatte ich bereits in mein One-Night-Stand-Erlebnis eingeweiht, aber Angie noch nicht und das war wohl anscheinend auch gut so. Angie berichtete nun ohne Punkt und Komma von ihrem Magnus, der eigentlich mein Schwarm hätte sein müssen. Nun gingen mir auch so einige Lichter auf. In der Silvesternacht war Magnus damals erst so spät in der Milchbar erschienen, weil er ja bei mir im Kreißsaal war. Er fand mich doch offensichtlich so nett und trotzdem war er in dieser Nacht mit meiner besten Freundin ins Bett gehüpft. Und deshalb standen auf seiner Spiegelablage im Bad auch das mir wohl vertraute Parfum und der farblose Lippgloss. Das Zeug hatte Angie gehört. Er hatte also schon etwas Ernsteres mit ihr und trotzdem war er mit mir in die Kiste gestiegen. Männer sind doch wirklich Schweine!!!

Dennis und ich schauten uns vielsagend an und schwiegen. Plötzlich holte Angie eine Flasche Sekt und gab mit einem zweideutigen Lächeln bekannt, dass sie uns etwas Wichtiges mitzuteilen hätte. „Ich dachte, ICH hätte hier etwas Wichtiges zu erzählen und dabei hast du mich kommen lassen, weil DU etwas anzukündigen hast?" Ich schämte mich, weil ich wieder nur an mich und meine Probleme gedacht hatte. „Ja, auch ich habe euch etwas Weltbewegendes mitzuteilen, aber deine Berichte waren sehr interessant, mach dir keine Gedanken ..." Angie machte es spannend und schenkte uns den Sekt ein. Dennis nahm sein Glas und sagte: „Hau's raus und spann uns nicht länger auf die Folter, Angie, sonst platze ich noch. So viele Ratespiele bekommen mir nicht." „Ich bin schwanger", grinste Angie und schaute uns unumwunden in die Augen. Der Satz hing wie ein Donnerschlag im Raum, bis ich mich schließlich als Erste fasste und Angie umarmte. „Herzlichen Glückwunsch!" „Danke, Carina!" „Na, darauf können wir wirklich anstoßen", murmelte Dennis und machte einen tiefen Schluck aus seinem Sektglas.

„Ich dachte, WIR beide wollten eine Familie gründen?", fragte er etwas beleidigt. Ich musste grinsen. Dennis und Familie! Wo er bei dem kleinsten Quaken eines Kleinkindes schon schreiend davonlief. „Schließlich gibt es doch die künstliche Befruchtung", verteidigte er sich, als er mein irritiertes Gesicht sah. „Nun bist du zu spät. Tim war schneller", antwortete Angie. Ich verschluckte mich und Dennis begann zu kichern. „Kann denn nicht auch Magnus der Vater sein?", fragte ich leise. „Ausgeschlossen!", sagte Angie. „Wir haben verhütet. Tim freut sich und will jetzt hier einziehen", antwortete Angie und nippte an ihrem Sekt.

„Also, tut mir leid, Angie, aber ich finde das sehr naiv von dir! Meinst du wirklich, dass das gut geht? Was sagen denn deine Mitbewohner dazu?" Angie wohnte mit Michael und Babette in dieser großen Dachgeschosswohnung und zeitweise war das Verhältnis untereinander etwas angespannt. „Wenn wir es nicht versuchen, werden wir es nicht herausfinden und Michael und Babette freuen sich sehr und halten zu mir", antwortete Angie etwas pikiert.

Als das Telefon klingelte, hechtete Angie an den Apparat und meldete sich: „Hallo? Ach, Tim, du bist es. ... Hm! ... Du hörst Männerstimmen? Na, Dennis und Carina sind hier. ... Wieso? Klar bin ich mir sicher", Angie rollte genervt mit den Augen. „Fängst du schon wieder damit an! ... Nein!!! Na, wenn du meinst! ... Ja, du hast Recht! Bei mir tanzen zwei nackte Callboys auf dem Tisch und stöhnen laut um die Wette, während sie mich mit Sahne einsprühen! Bist du nun zufrieden? ... Nein, nein, du nervst mich nur mit deinen blöden Eifersuchtsanfällen! ... Ja, gut! Ciao!" Angie legte den Hörer auf und ging wütend aus dem Zimmer. Dennis und ich schauten uns bedrückt an und verabschiedeten uns bald darauf. Schweigend stiefelten wir die fünf Treppen hinunter. Unten angekommen, stampfte Dennis sichtlich verstört Richtung U-Bahn-Station, ohne noch einmal auf die große Neuigkeit einzugehen und ich hatte sogar vergessen zu fragen, ob ich ihn ein Stück in meinem Auto mitnehmen sollte, so sehr hingen wir unseren Gedanken nach.

Zuhause angekommen, war eine Nachricht von Will auf meinem Anrufbeantworter. Will fragte, ob ich nicht Lust hätte, mit ihm essen zu gehen. Ich überlegte, ob ich Lust hatte und rief ihn schließlich zurück, um ihm zuzusagen. Eine kleine Abwechslung nach Angies Überraschung und meinen unerfreulichen Krankenhauserlebnissen würde mir gut tun. Außerdem hatte mein Urlaub gerade begonnen und mit einem Restaurantbesuch konnte er nicht besser eingeläutet werden. Will freute sich wie ein Schneekönig. Das konnte ich sogar durch das Telefon merken und so zog ich mich in Windeseile um, schminkte mich etwas und traf Will eine halbe Stunde später vor dem „Pomodoro" gleich um die Ecke.

„Schön, dass du gekommen bist, Carina. Ich habe, ehrlich gesagt, gar nicht damit gerechnet", sagte Will und rückte mir den Stuhl zurecht. Wieso hatte er nicht damit gerechnet? Diese blöde Unterstellung nervte mich schon wieder etwas, also antwortete ich erst einmal lieber nicht und setzte mich an den Tisch. „Ich dachte, du wärst böse auf mich", beantwortete Will meine nicht gestellte Frage und fixierte mich schon wieder mit einem seiner Intensivblicke. Um nicht nervös zu werden, nahm ich die Speisekarte, fing an, sie eingehend zu studieren und ignorierte Wills nerviges Gelaber. Merkte der denn nicht, dass mir nur an einer Freundschaft etwas lag? Wie deutlich sollte ich denn noch werden? „Du bist mir wirklich sehr wichtig und es ging mir wirklich sehr schlecht nach der Britzer Mühle und ..." „Weißt du was, Will, eigentlich habe ich gar keinen Hunger, lass uns nur etwas trinken", unterbrach ich ihn schroff und bestellte mir ein Mineralwasser. Noch bevor Will seinen roten Gesprächsfaden wieder aufnehmen konnte, stand ich auf und entschuldigte mich mit den Worten, mal das stille Örtchen aufsuchen zu müssen. Will nervte mich! Ich hatte genug an meinen diversen Problemchen zu knabbern und den Kopf mit Liebes- und Krankenhausgeschichten voll und er hatte nichts anderes zu tun, als über sein angeknackstes Ego zu faseln und über eine Beziehung, die keine war.

Nach zehnminütigem Klobesuch hatte ich mich wieder so weit unter Kontrolle, dass mir Will schon wieder fast leid tat und ich ein freundliches Gesicht aufsetzen konnte. Wir sprachen dann noch eingehend über die Aussprache im Schwesternzimmer und weshalb ich nicht Medizin studiert hatte.

„Ich glaube, du würdest eine hervorragende Ärztin abgeben, Carina", sagte Will inbrünstig. „Weshalb fängst du denn nicht zu studieren an?"

„Bist du verrückt? Mit fast dreißig Jahren noch mal lernen und auf die Uni gehen?", zweifelte ich an meinen Fähigkeiten. „Ich will endlich eine Familie und Kinder. Und wie alt bin ich, wenn ich fertig bin?"

„Genauso alt, wie du wärst, wenn du nicht studieren würdest. Und außerdem schließt ein Studium eine Familie und Kinder nicht unbedingt aus! Wenn du mit dem Studium fertig bist, hast du immer noch über fünfundzwanzig Berufsjahre vor dir."

„Hm, ich weiß nicht so recht, Will. Ich gebe zu, dass ich neulich davon geträumt habe", antwortete ich zögernd, aber insgeheim hatte er meinen wunden Punkt und den Nagel auf den Kopf getroffen. Deshalb war ich vor kurzem ja auch zur Uni gefahren. Warum nicht Medizin studieren? Das, was Malte mir im Grunde immer vorgeworfen hatte, nur dass Will es nicht aus Prestigegründen vorschlug, sondern weil er wirklich dachte, dass ich es schaffen und eine gute Ärztin werden würde.

Nach rund einer Stunde bezahlte Will unsere Getränke und wir trabten in vertrauter Eintracht die kleine Straße Richtung Schwesternwohnheim entlang.

„Will, es tut mir leid, dass ich dich nicht noch heraufbitte, aber mir geht es nicht so gut und ich will mich hinlegen", entschuldigte ich mich wenig überzeugend. Aber der gute Will sagte nur: „Ist schon okay! Carina, ich wollte dich noch fragen, ob du am Sonntag zu mir zum Essen kommst. Italienisch."

Ich überlegte. Ja, eigentlich hatte ich noch nichts vor. Warum eigentlich nicht? Und so sagte ich zu und auf Wills rundem Gesicht machte sich wie so oft ein gewaltiges Strahlen breit, so dass ich ihm gar nicht mehr böse sein konnte.

16   Sehnsucht nach Bella Italia

„Und auf und ab und rechts und links", brüllte die sportliche Aerobiclehrerin durch den großen Spiegelsaal des Fitnessstudios in Kreuzberg und sah dabei weder gestresst noch abgehetzt aus. Zwanzig Leute, darunter Maria und ich, malträtierten schweißtriefend den Stepper und sprangen und hopsten, was die Cellulite hergab.

„Wollen wir danach noch essen gehen?", fragte mich Maria, völlig aus der Puste und mit hochrotem Gesicht, als die Quälerei vorbei war. „Dass du jetzt ans Essen denken kannst! Nee, geht leider nicht, ich muss danach sofort zu meinem Italienischkurs."

Maria hatte vor, sich in Zukunft sportlich zu betätigen und wollte sich mit dieser Probestunde auf ihr Vorhaben einstimmen. „Und wie findest du den Kurs?", fragte sie mich, als wir in der Umkleidekabine standen, nachdem wir uns den Schweiß vom Körper geduscht hatten. „Super, obwohl ich Bewegung und Schwitzen hasse. Aber ich fühle mich toll", sagte ich und zog mir Slip und BH an.

„Hast du also auch Lust mitzumachen?", fragte Maria mich hoffnungsvoll.

„Maria, an sich gerne, aber ich denke, ich habe zu wenig Zeit dafür. Meinen Italienischkurs kann ich durch den Schichtdienst schon nicht regelmäßig besuchen und meistens bin ich nach dem Dienst einfach nur zu müde und ausgepowert, um mich noch ins Fitnessstudio zu schleppen. Ich weiß, dass ich es bei allen guten Vorsätzen nicht machen werde und das Geld wäre zum Fenster hinausgeworfen. Was ist, willst du nicht mit zum Abendkurs an der Volkshochschule kommen? Er findet im Gymnasium gleich gegenüber dem Schwesternwohnheim statt. Dir würde eine Italienischstunde auch nicht schaden." „Nein, Carina. Ich geh jetzt nach Hause, muss noch lernen."

Inzwischen hatten wir uns angezogen und die Haare geföhnt. Nun standen wir vor unseren Autos und verabschiedeten uns. Es begann schon wieder zu nieseln und der Abend legte sich über die Stadt, obwohl es erst 17:00 Uhr war. Genervt machte ich die Scheibenwischer an, bald darauf musste ich auch die Scheinwerfer einschalten, denn innerhalb von zehn Minuten war es stockfinster geworden. ‚Kreuzberger Nächte sind lang, Märzabende ebenfalls', dachte ich depressiv und hatte überhaupt keine Lust mehr, noch zum Sprachkurs zu gehen. Ich parkte vor dem Schwesternwohnheim und da der Weg nur kurz war, überwand ich meine innere Schweinehündin und ging schnell durch den Nieselregen auf die andere Straßenseite.

Im Raum 5 fand der Konversationskurs statt und die meisten Leute waren schon da. Ich war mit Maike, einer Musiklehrerin, die Jüngste. Alle anderen waren eingefleischte Italienfans, die schon seit zwanzig Jahren ihren Sommerurlaub in Riccione, Taormina, Caorle oder Rimini verbrachten und sich nun endlich aufgerafft hatten, auch die Landessprache zu erlernen. Die Aussprache der meisten war so kläglich, dass ich mich unter den deutschen wissbegierigen Hausmuttis und Kranfahrern im Vorrentenalter als waschechte Italienerin fühlte, frei nach dem Motto: Findest du dich dick, dann stell dich neben einen Elefanten.

Nach wenigen Minuten kam auch schon die Lehrerin. Eine nette, flotte und junge Italienerin aus Rom, die mit einem Deutschen verheiratet war und gerade ihr erstes Kind unter ihrem Herzen trug. Ich seufzte. Ich beneidete sie nicht nur um ihre Italienischkenntnisse, sondern auch wegen ihres Bauches, den sie wie immer stolz präsentierte, als sie uns freundlich begrüßte.

„Buona sera, amici! Come và?" Signora La Pini schaute uns erwartungsvoll an. Ein paar Kursbesucher murmelten ebenfalls eine Begrüßung und Maike und ich schlossen uns an. Wenn ich erst einmal hier war, machte mir der Kurs großen Spaß: endlich richtiges Italienisch hören und in sich aufsaugen! Mit Maike verstand ich mich auch gut. Hier bekam ich immer wieder große Sehnsucht nach meiner zweiten Heimat und nach jedem Kurs rief ich meinen Vater an und fragte ihn, wie er es hier, im kalten, vernieselten Deutschland, aushalten konnte. „Bevor ich anfange, möchte ich euch zwei Freikarten für die Italienische Nacht im Internationalen Kongresszentrum anbieten. Der Termin ist schon morgen, um 18:00 Uhr. Ich habe die Karten gewonnen, kann aber leider nicht hingehen. Wer will sie haben?" Es meldeten sich alle und so fand eine Verlosung statt. Wer den Papierschnipsel mit dem roten Punkt zog, bekam die Karten. Ich war die Letzte in der Reihe und da ich momentan Pech in der Liebe hatte, hatte ich Glück im Spiel. Ich freute mich über die Karten und überlegte gerade, ob ich morgen zur Trabrennbahn Mariendorf fahren sollte, um auf Pferde zu setzen und meine Glückssträhne auszukosten, als Signora La Pini den Unterricht anfing.

„Hey, super, Carina. Glückwunsch", grinste Maike und auch Horst, der Kranfahrer, hob seinen Daumen in die Höhe. Signora La Pini verteilte Blätter mit einem Musiktext von Adriano Celentano und bald darauf erfüllten wundervolle Klänge das karge Klassenzimmer. Celentanos raue, sonore Stimme verzauberte mich und ließ mich direkt ans Mittelmeer schweben. Gedankenschwer lehnte ich mich in meinen Holzstuhl zurück und vergaß augenblicklich den Nieselregen, Malte, Gabi, die Pflegedienstleitung und allerlei andere unschöne Dinge. Ich war mit meinem Herzen und meiner Seele im warmen Italien, wo der Himmel stets blau war und die Menschen im Sonnenschein lachten...

Ich weiß nicht mehr, wie ich nach Hause gekommen bin, nur noch, dass ich durch den strömenden Regen tanzte, aus vollem Halse das Celentano-Lied sang und Maike mir hinterher rief: „CARINA! Du verrücktes Huhn! Es regnet! Komm unter meinen Schirm!" Übermütig hüpfte ich durch die Pfützen und fasste einen Entschluss: Nächste Woche würde ich mir ein Ticket nach Palermo zu Elenas Hochzeit kaufen und nichts und niemand würde mich davon abhalten können, meiner Sehnsucht im Herzen nachzugeben!

Das Internationale Kongresszentrum, ICC genannt, lag wundervoll erleuchtet zwischen der Neuen Kantstraße und dem Messedamm im Bezirk Charlottenburg und sah einem silbernen Raumschiff ähnlich. Ich hatte Allegra im Schlepptau, und gemeinsam fuhren wir mit der U-Bahn, da in der Umgebung sowieso keine Parkplätze zu finden waren. Am U-Bahnhof Kaiserdamm stiegen wir aus und gingen das restliche Stück zu Fuß, vorbei am romantisch erleuchteten Funkturm und dem Messegelände. Wie erwartet nieselte es wieder und so eilten wir unter dem Regenschirm zum hell erleuchteten Raumschiff, wo sich bereits Scharen von Menschen versammelt hatten, um eingelassen zu werden. Im Inneren mussten wir diverse Rolltreppen benutzen. An jeder Ecke stand ein Prospektverkäufer und hielt uns das Programm der Italienischen Nacht unter die Nase. Allegra zückte ihre Geldbörse und kaufte eines. „Damit wir auch informiert sind", grinste sie und wedelte sich damit Luft zu. Wir suchten unsere Plätze und beobachteten die vielen Menschen, die hereinströmten. Wenig später verdunkelte sich der riesige Saal und die Bühnenbeleuchtung ging an. Aufgeregt blätterte Allegra im Programm und ich äugte gespannt durch das Opernglas unserer Mutter.

„Der erste Sänger ist Pupo, dann kommen Ricchi e Poveri, danach Toto Cutugno und zum Schluss Al Bagno", informierte mich Allegra begeistert.

Endlich betrat Pupo die Bühne und spätestens jetzt merkten wir, dass fast nur Italiener im Saal waren. Die italienischen Freudenrufe bestätigten meine Vermutung. Mir ging das Herz auf und ich stieß Allegra in die Seite. Auch sie strahlte wie ein Honigkuchenpferd und wir fühlten uns plötzlich wie zu Hause angekommen. Den ganzen Abend über waren Allegra und ich wie im Rausch, sangen alle Lieder begeistert mit, und als der Sänger Al Bagno zu fortgeschrittener Stunde die Bühne betrat, gab es für uns kein Halten mehr. Wir heulten, lachten, sprangen, johlten, brüllten und klatschten, dass die Wände wackelten. In dieser Nacht war mir eines klar geworden: Meine Zukunft lag in Italien und nicht hier!

17   *Un grande Fiasko nach dem anderen*

Die Tage bis zu jenem Sonntag, an dem Wills Italienischer Abend stattfinden sollte, verbrachte ich damit, mich intensiv auf meinen Sizilienaufenthalt vorzubereiten und ab und zu, still und heimlich, ein Tränchen wegen Malte und Magnus zu vergießen, obwohl ich rein verstandesmäßig wusste, dass beide Kerle keine Träne Wert waren. An einem Vormittag fuhr ich zuerst auf die Uni, um mir im Sekretariat die Immatrikulationsunterlagen für das Studienfach Medizin abzuholen, und dann ins Billigreisebüro nach Kreuzberg, um einen preiswerten Flug nach Palermo zu buchen. Wieder daheim durchwühlte ich erfolglos meinen Kleiderschrank nach der passenden Garderobe. Wie war noch mal der Frühling auf Sizilien? Ich kramte mein Fotoalbum hervor. Zum zweiten Mal in meinem Leben würde ich über Ostern dort sein und war gespannt, was mich erwartete. Das erste Mal lag schon so weit zurück, dass ich mich gar nicht mehr richtig daran erinnern konnte.

Am Sonntag Vormittag kamen meine Eltern zum Mittagessen vorbei. Allegra war auch da und ganz stolz, dass ich mich entschlossen hatte, das Medizinstudium anzufangen. „Wie bist du denn auf *die* Idee gekommen, Carina? Du bist doch sonst nicht eine von den Fleißigen", unkte sie. „Ich kann es selber noch nicht so recht fassen, aber zumindest werde ich es in Angriff nehmen. Weglaufen kann ich ja immer noch."

„Quatsch! Das ziehst du jetzt durch! Kann dir Will nicht dabei helfen?"

Ich zog es vor, auf diese Frage nicht zu antworten und fing an, Kartoffeln zu schälen. Mein Vater mischte sich wieder wortreich in unsere Kochkünste ein und kaum, dass wir uns umgedreht hatten, verschob er Töpfe und Pfannen auf den Herdplatten und gab hier und dort noch etwas Pfeffer, Salz und Basilikum hinzu, auch wenn es gar nicht passte. Allegra und ich waren wieder einmal am Rande der Verzweiflung und meine Mutter bekam hysterische Schreianfälle, was meinen Vater aber nicht weiter störte. Nach dem Essen machten wir noch einen gemeinsamen Spaziergang um den kleinen Ententeich hinter dem Schwesternwohnheim, nicht ohne dass mein Vater wieder sämtliche Mülltonnen der Umgebung nach Gebrauchsgegenständen durchforstete. Alles war so wie immer!

Am Abend bereitete ich mich auf das Essen bei Will vor. Italienisches Essen hörte sich immer gut an und ich erwartete irgendetwas Ausgefallenes, Köstliches, Hausgemachtes wie einen Caprese mit Olivenöl und Baguette, dann gefüllte Conchiglie mit Parmesan überbacken und danach ein zartes Schweinemedaillon alla Pizzaiola mit frischem, gemischtem Salat. Ein feines Tiramisu und ein Espresso wären die richtige Abrundung dieser wundervollen Mahlzeit. Ich würde einen Vorgeschmack auf meinen bevorstehenden Sizilienaufenthalt bekommen und mich ganz unbändig darauf freuen können. Als ich um 20:00 Uhr am Maybachufer vor dem prunkvollen Altbau stand und bei „Chance" klingelte, war ich richtig aufgeregt. Ich hatte zuvor noch schnell einen sizilianischen Corvo-Wein gekauft. Will drückte auf den Summer und ich stieg die vier Treppen zu seiner kleinen Wohnung empor. Er empfing mich mit einem übertrieben langen Kuss auf die Wange und führte mich in die Miniküche, wo der Tisch festlich gedeckt war und Kerzen eine romantische Atmosphäre zauberten.

„Ich habe uns noch Wein mitgebracht", sagte ich und drückte ihm die Flasche in die Hand. „Oh, super, danke! Das wäre doch nicht nötig gewesen", zierte sich Will und führte mich zum „Tischlein-deck-dich". „Hm, hier riecht es ja köstlich. Was gibt es denn?", wollte ich wissen, während Will mir aus dem Mantel half und ich mich hinsetzte. „Spaghetti mit Tomatensauce", antwortete Will unpfiffig und ich begann, mich etwas zu wundern. „Aha, und dann?", fragte ich lahm. „Lass dich überraschen, meine hübsche Carina", hauchte mir Will vielversprechend ins Ohr, so dass ich eine Gänsehaut bekam, die mir aber eher unangenehm als angenehm war.

Ich schüttelte mich unauffällig und versuchte mich zu entspannen. Will hantierte geschäftig in der Kochnische herum und rührte die Tomatensauce, frisch aus der „Knurr"-Tüte, dass es nur so spritzte. Passend zur Saucenmarke fing auch mein Magen an zu knurren und ich schaute leicht angewidert auf das rote, fröhlich vor sich hin brodelnde Tütensüppchen auf dem Herd. ‚Na, das kann ja heiter werden‘, dachte ich. Hier sah es ganz und gar nicht danach aus, als gäbe es Hausgemachtes. Suchend hielt ich nach ein paar frischen Tomaten Ausschau, aber da war weit und breit nichts auf der Ablagefläche zu entdecken, was auf einen Salat oder Ähnliches hingewiesen hätte.

Um meine bittere Enttäuschung etwas zu verbergen, nippte ich an meinem Corvo, den Will mir gerade, tief in die Augen blickend, eingegossen hatte. Ich würde mich wohl an diesem Abend an ihn halten müssen, denn das schien das einzig wahre italienische Produkt auf Wills Speisekarte zu sein. Noch dazu von mir mitgebracht.

Als ich das Glas Wein intus hatte, war mir richtig wohlig ums Herz, meine Wangen begannen zu glühen und meine Augen zu leuchten. Inzwischen kochten auch die Spaghetti und als Will das Wasser in den Abfluss goss und die Nudeln gleich hinterher flogen, bekam ich einen Kicheranfall. Will schrie kurz und entsetzt auf und nudelte die dampfenden Spaghetti umständlich zurück in den Topf. Irgendwann stand endlich eine lauwarme Portion rötlich schimmernder Nudeln vor mir, die noch dazu wunderbar verkocht war und mit „al dente“ nicht mehr das Geringste zu tun hatte. Aber das konnte mich auch nicht mehr aus der Fassung bringen. Will hielt mir leicht verschwitzt, aber überglücklich ein kleines Tütchen mit geriebenem Parmesankäse unter die Nase, das in der Spaghetti-Fertigpackung enthalten gewesen war und eher nach Stinkfüßen als nach Parmesan roch. Artig schaufelte ich die Portion Spaghetti in mich hinein und streute großzügig den widerlich stinkenden Parmesanabklatsch auf den matschigen Nudelbrei. Welch festliches Mahl!

„Und was gibt es als secondo piatto?“, fragte ich hoffnungsvoll. ‚Da Will schon das Antipasto ausgelassen hat, wird er ja sicher ein leckeres Tiefkühlhühnchen in den Ofen geschoben haben‘, dachte ich so bei mir und schielte unauffällig in die Backröhre hinein, aber da gab es außer gestapelten Pfannen und Töpfen nichts zu entdecken. „Jetzt gibt es Cappuccino“, trompetete Will stolz und zauberte ein Tütchen Instantcappuccino aus dem Küchenschrank. Flink setzte er Wasser auf und rührte dann mit Hingabe den Inhalt einer Tüte in zwei Kaffeepötte ein. Gerne hätte ich vor dem echt italienischen Abgang meinen Mund von der klebrigen Tomatensauce befreit, aber Servietten waren in Wills Fahrplan nicht vorgesehen. Ich hatte wieder einmal kein Taschentuch in Reichweite und so musste mein Pullover dran glauben, denn eine Tischdecke konnte ich auch nicht auf der Festtafel entdecken. In schläfriger Gelassenheit nuckelte ich weiter an meinem Weinglas herum, und die Küche begann sich langsam aber sicher in meinem Kopf zu drehen. Drei Gläser des köstlichen Corvo waren eindeutig zu viel für einen nicht stand- und trinkfesten Schwesternmagen und so unterdrückte ich, so gut es ging, ein Bäuerchen. Mein Gott, Will, wie konnte ein Mensch nur so kulturlos sein! Das hätte ich ihm gar nicht zugetraut.

Wills Erzählungen von seinem Amerikaaufenthalt im letzten Sommer zogen ungehört an meinen Ohren vorbei. Dann stand er urplötzlich mit einem Riesenfotoalbum vor mir, das ich mir anschauen sollte. Mir war überhaupt nicht danach, Urlaubsfotos zu bewundern. Vielmehr zog es mich mit aller Macht in das Badezimmer, wo ich mich ungewollt und heftig vom Nudelallerlei entledigte. Dio mio, war mir schlecht. „Will, sei mir bitte nicht böse, aber ich muss dich jetzt verlassen. Mir geht’s nicht gut“, rülpste ich und angelte meinen Mantel von der Flurgarderobe. „Nein, Carina, nicht jetzt schon!“, rief Will entsetzt und schleuderte noch rasch das dreckige, mit Tomatensauce verklebte Geschirr in die Spüle. „Ich will dir doch noch meine Dias und den Videofilm aus

Amerika zeigen", kam es hoffnungsvoll aus der Küche. „Hat es dir denn wenigstens geschmeckt?" „Ja, aber immer und ungemein! Das Leckerste, was ich mir jemals in meinem Leben wieder durch den Kopf habe gehen lassen", krähte ich und hatte bereits die Wohnungstür aufgemacht. „Bis bald, Will. Wir hören voneinander und danke nochmals." Und schon sprang ich zwei Stufen auf einmal die vier Stockwerke hinunter, um möglichst schnell im Freien zu sein, bevor mich ein erneuter Brechreiz überkam und der Vorgarten dran glauben musste.

Ich war gerade zu Hause angekommen, als es an meiner Wohnungstür klingelte. Ein Blick durch den Spion sagte mir, dass Karola, eine Etagen-Mitbewohnerin, auf dem Gang stand. „Hallo, Süße, wie geht's dir? Lange nicht gesehen!"

„Du brauchst gar nicht so scheinheilig tun", giftete mich Karola an.

„Hä? Was ist denn los?", wollte ich verwirrt wissen und mein Lächeln erstarb augenblicklich. „Darf ich mal in dein Bad?", schnaufte Karola. „Klar! Komm rein!", antwortete ich und versuchte, in ihrem Blick den Grund für die unnötige Aufgebrachtheit zu entdecken. „Da! Das ist MEIN Gesichtswasser!"

Ich starrte auf die Flasche, die auf der Spiegelablage stand, und guckte dann fragend Karola an. „Wie kommst du drauf, Karola? Das Gesichtswasser habe ich vor langer Zeit im Dutyfreeshop gekauft, als ich aus Kalifornien zurückgekommen bin."

„Das ist genau meine Marke, die mir vor einer Woche aus meinem Badezimmer gestohlen wurde." Da ich ein reines Gewissen hatte, blieb ich freundlich und lächelte Karola milde an. ‚Sicher hat sie mal wieder Sorgen wegen ihrer senilen Oma', dachte ich und sagte sanft: „Du irrst dich wirklich, Karola. Das ist mein Gesichtswasser."

„Ein Gesichtswasser hält nicht ein ganzes Jahr, Carina. Das ist MEINE Flasche", widersprach Karola nun schon etwas unsicherer. „Karola, du kannst es gerne haben, aber ich versichere dir, dass es mir gehört, und es tut mir leid, dass du mir einen Diebstahl zutraust." Je mehr ich über ihre Anschuldigung nachdachte, desto wütender wurde ich jetzt. Karola stiefelte wieder aus dem Bad und blieb im Flur stehen.

„Na, dann halt nicht, entschuldige bitte", meinte sie schließlich.

„Ist schon okay. Mir geht es nicht besonders gut heute. Habe gerade gekotzt."

„Ich auch", grinste sie verschmitzt. „Ich bin nämlich schwanger!"

„Gratuliere", sagte ich schlicht und machte die Wohnungstür auf, um mit dem Zaunpfahl zu winken. „Ja, willst du denn gar nichts darüber wissen?", fragte sie verdutzt und machte einen Schritt auf die offene Tür zu. „Im Moment nicht, Karola. Bis bald."

Karola verließ mit enttäuschtem Gesichtsausdruck meine Wohnung. Im Hausflur drehte sie sich noch einmal um. „Bist du sauer, dass ich dich beschuldigt habe?" „Nein, es hat mich sehr gefreut", frotzelte ich und wurde immer ungeduldiger. „Nein, ist schon gut, Karola, ich will nur gerade alleine sein. Jeder kann sich mal irren." Schnell schloss ich meine Wohnungstür. Dann rollte ich mich auf mein Sofa und schlief tief verletzt ein. Irgendwie ging in der letzten Zeit ein bisschen viel schief.

Da mein Abflug nach Sizilien immer näher rückte, beschloss ich, nicht mehr an Karola und ihre wahnwitzige Anschuldigung zu denken, sondern lieber fleißig zu sein. Ich packte meinen Koffer, brachte die Wohnung auf Vordermann und erledigte die vor mir hergeschobenen Reiseeinkäufe. Als ich von meiner Einkaufstour schwer beladen nach Hause kam und aus dem Fahrstuhl stieg, stand Malte vor meiner Wohnungstür und versuchte gerade etwas grob, mein Schloss zu öffnen. Ich war geschockt.

„Was machst du denn da?", schnauzte ich ihn an. „Kann ich dir vielleicht behilflich sein oder schaffst du es alleine?" Malte schnellte erschrocken herum, fasste sich aber sofort und fragte wenig intelligent: „Ach, Carina, ich dachte, du wärst schon verreist."

„Und deshalb bist du gekommen, um ohne mein Beisein in meine Wohnung einzudringen, oder was?"

„Nein, ich ... äh, hatte dich angerufen und gehofft, dass du da bist." Malte versuchte, einen seriösen Eindruck zu machen.

„Das kannst du deiner Großmutter erzählen. Und nun verzieh dich. Ich will keine Aussprache", log ich.

„Ich will mich auch gar nicht mit dir aussprechen, sondern dir deine Sachen, die du noch bei mir hattest, zurückbringen und dabei gleich meine abholen", war Maltes Antwort.

Diesmal war es an mir, dumm aus der Wäsche zu gucken. Ach, so war die Sache. Er wollte gar keine Aussprache oder Versöhnung. In diesem Moment hätte ich auf der Stelle heulen können. Und ich, ich blöde Kuh, hatte trotz allem noch gedacht, dass er mir doch ein bisschen hinterhertrauern würde.

„Ich gebe dir deine Sachen nach meinem Urlaub, wenn's recht ist", sagte ich in schroffem Ton und versuchte, nicht gekränkt zu wirken.

„Ich brauch' die Sachen aber gleich. Bitte, Carina!"

„Nö, jetzt nicht." Ich hatte nicht die geringste Lust, Malte, den Fiesling, hineinzubitten und vor seinen Augen der erniedrigenden Aufgabe nachzukommen, seine Unterhosen, T-Shirts, Sweater und Tennissocken aus den Ecken zu kramen und meinen Alibert im Bad von seinem Rasierzeug und Eau de Toilette zu befreien. Ich war auf einmal ziemlich bockig, denn ich stellte mir gerade vor, wie die Tüte mit seinem privaten Krempel unsortiert in Cordelia Meyers Behausung Einzug hielt. Bei der Vorstellung wurde mir ganz schlecht.

„Gib mir bitte meine Schlüssel", forderte ich ihn verbissen auf und hielt ihm meine Hand fordernd entgegen. „Nur wenn ich meine Sachen bekomme", konterte Malte, nun auch bockig geworden. „Ja, meinst du denn, ich will deinen Müll behalten und ihn mir an den Schrank nageln oder auf dem Trödelmarkt verkaufen? Ich gebe dir deine Sachen zurück, wenn ich Zeit habe, sie in Ruhe zusammenzusuchen. Versprochen!"

Malte guckte mich intensiv an. „Nun benimm dich nicht so lächerlich", grunzte ich und verdrehte die Augen. Ich hatte ganz vergessen, wie albern sich Malte verhalten konnte. „Dann bekommst du deine Sachen jetzt auch nicht wieder", holte Würg zum Gegenschlag aus. Ich wurde nun ehrlich wütend und schrie: „Na, dann eben nicht, du Kind! Und nun verschwinde, ich erwarte Besuch." Malte drehte sich wütend um, eilte mit diversen Tüten in der Hand Richtung Fahrstuhl und warf mir in der Tür stehend in überheblichem Tonfall nach: „Ach, übrigens bin ich bei Blumenkauer befördert worden." Dann ging die Fahrstuhltür zu und er fuhr nach unten, geradewegs in die Hölle, wo er schmoren sollte, bis er schwarz wurde, dieser Lackaffe. Ganz undamenhaft schrie ich ihm hinterher: „Ja, Erfolg öffnet nicht nur Türen, sondern auch Beine. Ich hoffe, die Rote-Grütze-Dusche ist dir gut bekommen, du Bleiente."

Mit zitternden Fingern schloss ich meine Wohnungstür auf und schmiss mich von der anderen Seite gegen sie. Mein Herz klopfte bis zum Halse. Ich atmete tief durch und heulte erst einmal eine Weile vor mich hin. Dann klingelte es an der Tür. ‚Wenn das noch einmal dieser Holzkopf ist, haue ich ihm eins mit meinem schweren Koffer über die Rübe', schwor ich mir und rappelte mich mit verheultem Gesicht auf, um durch den

Spion zu schauen. Kerstin, meine Nachbarin, stand draußen. Ich machte ihr auf. „Hallo, Kerstin, was gibt's?", schniefte ich. „Entschuldige, Carina, aber ich habe gerade alles mit angehört und wollte fragen, ob du moralischen Beistand brauchst."

„Komm rein!"

„Tee?", fragte Kerstin und ging in die Küche.

„Ja, bitte", sagte ich matt und ließ mich kraftlos auf mein Sofa fallen.

„Will nie wieder einen Mann. Werde für immer Single bleiben und ins Kloster gehen", stöhnte ich deprimiert und im Brustton der Überzeugung.

„Quatsch", kam es aus der Küche, wo Kerstin eifrig mit dem Geschirr klapperte. „Soll ich dir die neusten Klatschgeschichten erzählen?", versuchte mich Kerstin abzulenken. „Nee", motzte ich. Kerstin interessierte meine Meinung anscheinend nicht, denn sie fing trotzdem einen Monolog an: „Stell dir vor: Karola ist schwanger. Und weißt du auch von wem? Von ihrem Stationsarzt! Das sagt sie jedenfalls. Ich glaube aber, dass es der arme Student ist und sie nur Geld scheffeln will und hofft, dass Doktor Grundel dumm genug ist und keinen Vaterschaftstest macht. Außerdem wurde ihr schon wieder das Telefon abgestellt, weil sie die Rechnung nicht bezahlen konnte..."

Kerstins Ausführungen über unsere Etagen-Mitbewohnerin zogen ungehört an mir vorüber. Ich heulte noch ein bisschen vor Selbstmitleid und in verletztem Ego schwelgend vor mich hin, aber nach einer heißen Tasse Jasmintee ging es mir schon wieder besser. Todesmutig versuchte ich, Magnus von Bissmark zu erreichen, um mein angeknackstes Egoschwein wieder aufzubauen. Mein erster One-Night-Stand, der gleichzeitig Angies Schwarm war, war aber nicht zu Hause und so flötete ich ihm einen kurzen Gruß aufs Band mit der Information, dass ich in zwei Tagen für zwei Wochen im schönen Sizilien weilen würde. Dann dachte ich an Maria und wollte gerade den Hörer abnehmen, um ihr von meiner bevorstehenden Reise zu berichten, als das Telefon klingelte.

„La Palma?"

„Ja, hier auch", grunzte Maria.

„Hallo Lieblingscousine, ich wollte dich auch gerade anrufen! Ich fliege nämlich nach Sizilien und..."

„Ja, schön! Ich muss dir was erzählen, Carina! Ich hab dir doch zu Weihnachten von meiner Internetbekanntschaft erzählt. Wir haben uns getroffen!"

„Ja, und? Wie war's?", schrie ich aufgeregt.

„Er selber sah leider schrecklich aus, aber sein Bruder war echt schnuckelig und da... na ja, dann hatte ich halt was mit seinem Bruder."

„Na, ist doch fein! Oder?"

„Er meldet sich nicht mehr", heulte Maria los. „Es ist wie immer."

Die nächsten zehn Minuten waren ein einziges Klagelied und ich konnte Maria nicht einmal helfen. Am liebsten hätte ich mit eingestimmt. Um mich nicht noch weiter von Maria hinunterziehen zu lassen, tröstete ich sie, so gut ein Klageweib ein anderes Klageweib eben trösten kann, und legte dann auf. Für die nächste halbe Stunde konzentrierte ich mich auf meine bevorstehende Reise und versuchte, alle Gedanken, in denen Männer vorkamen, zu verdrängen.

„Wie war noch mal die Geschichte mit Karola?", fragte ich Kerstin. Sie freute sich, mir noch einmal minuziös alle prekären Details von Karolas Bettgeschichte und deren Folgen zu wiederholen.

„Würden Sie sich bitte anschnallen", machte mich eine nette Stewardess auf meinen fehlenden Gehorsam aufmerksam und riss mich abrupt aus meinen Tagträumen. Sie lächelte mich dabei so liebenswürdig an, dass ich ein schlechtes Gewissen bekam. „Oh, aber natürlich", strahlte ich zurück und tat, wie mir befohlen war. Seichte Musik und verhaltenes Stimmengewirr machten sich in der Kabine breit. Endlich im Flugzeug! Der Tagesbeginn war schon mehr als turbulent gewesen. Nicht nur, dass ich verschlafen hatte, nein, ich hatte meine Meinung, ins Kloster gehen zu wollen, grundlegend überdacht und die bereits herausgesuchte Telefonnummer zerrissen. An so einem Morgen kam ich nicht drum herum, mich zu fragen, womit ich diesen ganzen Stress in der letzten Zeit verdient hatte. Ich konnte es selber nicht fassen, dass mich ein MANN so weit bringen konnte, eine Nonnentracht tragen zu wollen.

Magnus von Bissmark hatte mich zwei Tage zuvor, eine halbe Stunde nach Kerstins neuesten Klatschberichten, hocherfreut zurückgerufen und mit mir geflirtet, was das Zeug hielt. So ein Sack! Da ich ihm noch etwas auf den Zahn fühlen wollte, hatte ich mich mit ihm für die Dix-Ausstellung einen Tag vor meinem Abflug nach Palermo verabredet. Magnus wollte mich von zuhause abholen. Er war auch sehr pünktlich und sah aus wie die Wiedergeburt einer griechischen Gottheit, so dass meine Knie wie grüne Götterspeise wackelten, als ich zu seinem roten Ferrari stöckelte. Bestimmt hatte er vor, an der Götterspeise zu naschen, der griechische Gott, denn er verschlang mich mit feurigen Blicken! Huldvoll schwang ich mich in den schwarzen Lederschalensitz und lächelte vor mich hin. Als ich *alleine*, und das betone ich, am nächsten Morgen aufwachte, zeigte der Wecker, dass die einprogrammierte Zeit bereits um eine Stunde überschritten war. Die Dix-Ausstellung am Vorabend hatte ich nicht sehr appetitanregend gefunden und Magnus und ich waren lieber ins Café Möhring gegangen, um uns dicke Damen nebst Möpsen in natura anzusehen, statt sie auf den Bildern zu bewundern. Ich hatte ihn auch auf meine Freundin Angie angesprochen, aber Magnus schien das alles überhaupt nicht peinlich zu sein. „Ich wusste doch, dass ich einen guten Geschmack habe", grinste er – und ich musste ihm augenblicklich verzeihen.

Bei einem One-Night-Stand konnte frau eben keine Ansprüche stellen und Magnus war so hinreißend charmant, dass ich ihm eigentlich gar nichts übel nehmen konnte. Auch mit Angie war die Beziehung nichts Festes und schließlich konnte er machen, was er wollte. Das Problem war nur, dass sie es anders sah, aber das war anscheinend ihre Angelegenheit.

„Ich kann mich einfach nicht zwischen euch entscheiden", hatte er gemeint und mir tief in die Augen geblickt. „Was sagst du dazu?"

„Ich denke, dass es wichtig ist, Entscheidungen zu treffen", hatte ich erwidert und war rot geworden. Klar, der Mann gefiel mir schon sehr, aber Angie den Schwarm wegzuschnappen, war absolut tabu!

„Freunde?", hatte ich gefragt.

„Klar", hatte er geantwortet und gegrinst.

Hektisch schwang ich mich aus dem Bett und beeilte mich, um die verschlafene Zeit irgendwie wieder einzuholen. Aber wie es im Leben nun einmal so ist, klappte an diesem Morgen auch rein gar nichts und auf der Autobahn herrschte der größte Stau.

Irgendwie schaffte ich es doch noch, kurz vor Abflug am Ticketschalter zu sein und einzuchecken. Erleichtert sank ich in den mehr oder weniger weichen Sitz der Economyclass der Maschine Richtung Mailand-Malpensa und tupfte mir meine Schweißperlen von der Nase. ‚Ich lasse Berlin, seine Männer und meine Probleme jetzt einfach hinter mir und tauche in die grünen, fruchtbaren Hügel und in das sizilianische Kleinstadtleben ein. In zwei Wochen wird die Welt schon wieder ganz anders aussehen...'

Die Düsen des Flugzeugs dröhnten und die Maschine rollte die Startbahn entlang. Während des Abhebens wurde ich in den Sitz gedrückt und mein Frühstück im Magen fuhr Fahrstuhl. In meinen Ohren rauschte es.

Meine Sitznachbarin lächelte mir aufmunternd zu. ‚Was gibt's denn da zu lächeln? Denkt die etwa, ich fliege zum ersten Mal?' Ich versuchte völlig lässig, ihr Lächeln zu erwidern, war aber wohl nicht hundertprozentig überzeugend, denn die gute Frau fragte: „Na, fliegen Sie zum ersten Mal?" Dabei schaute sie mich so neugierig und interessiert an, als wartete sie nur darauf, endlich ihre Lebensgeschichte vor mir ausbreiten zu können. Ich schüttelte den Kopf und blickte schnell aus dem Fenster in die andere Richtung, wo leichter Nieselregen die Sicht auf das graue Berlin trübte. Ich wollte ja nicht unhöflich erscheinen, hatte aber einfach keine Lust, mir bis Mailand einen Gehörsturz zuzuziehen, denn solche netten, gesprächigen Menschen kannte ich bereits aus dem Patientenkreis. ‚Gibst du ihnen fünf Minuten, nehmen sie dir gleich beide Ohren und deinen gesamten Acht-Stunden-Arbeitstag.'

„Und was darf ich Ihnen zu trinken anbieten?", fragte uns die nette Stewardess und lächelte wieder strahlend auf mich herab.

„Einen Orangensaft, bitte", antwortete ich und ließ die Ablage vor mir herunter. Das schien meine Nachbarin gleich als erneute Aufforderung zu sehen, den roten Gesprächsfaden von vorhin wieder aufzunehmen.

„Wo fliegen Sie denn hin?", fragte sie mit ungebremster Neugier.

„Nach Mailand", antwortete ich phantasielos und klammerte mich an meinen Plastikbecher. Es half alles nichts. Die Gute holte nun weit aus und berichtete mir ohne Punkt und Komma, wo sie hin wollte, wo sie schon überall gewesen war und demnächst sein würde, wie sie hieß und wie ihre Eltern hießen und warum und wo und wie sie und ihre Eltern wohnten und wie es dazu gekommen war. Da half nur, auf automatisches Kopfnicken zu schalten und unverbindlich zu lächeln. Ich nickte also 90 Minuten lang freundlich und stellte meine Ohren auf Durchzug. Eigentlich war ich sauer, denn ich wollte ein bisschen die Augen schließen und entspannen und empfand das Gelaber der Frau als echte Nötigung. Gleichmäßige Düsen- und Motorengeräusche hingen monoton in der Luft und in meinen Ohren brauste und sauste es. Als die Erzählerin auf die Toilette musste, nutzte ich die Gunst der Stunde, um die Flucht zu ergreifen und mich auf einen anderen freien Platz zu setzen. Wohlig streckte ich mich in meinem Sitz aus und nippte an meinem O-Saft. Endlich hatte ich Zeit, mich mental auf Sizilien einzustellen und die Augen zu schließen. Das Glück war mir jedoch nur für den zweiminütigen Toilettengang hold, denn als die Frau meinen freien Platz sah, raffte sie gleich ihre sieben Sachen, um sich dann mit den Worten, dass ich ganz Recht hätte, denn hier würde es nicht so ziehen und die Aussicht wäre besser, wieder neben mich zu setzen. Ich seufzte und starrte versteinert vor mich hin.

Als die nette Stewardess ihre letzte Runde vor der Landung machte, ging mir die Frage durch den Kopf, ob ihr Beruf ihr wohl auch manchmal tierisch auf den Keks ging und sie trotz ihrer privaten Probleme auch immer freundlich sein musste. Hatte dieses Goldstück überhaupt private Probleme? Ich blinzelte auf ihr Namensschild. Tanja Wagner stand darauf. Wie nett! Die goldige Tanja mit der aparten Hochsteckfrisur sah in allem so perfekt aus, dass ich mir Männersorgen bei ihr gar nicht vorstellen konnte. Nur ich, die dunkelhaarige Schwester Kleopatra, die sich immer gerne prinzessinnenhaft fühlen wollte, taumelte ständig von einem beruflichen Fettnapf in den nächsten privaten.

„Hören Sie mir überhaupt zu?", fragte Frau Laber neben mir plötzlich entrüstet. „Aber natürlich!", antwortete ich aus meinen Gedanken aufgeschreckt. „Ich hänge doch bereits seit 45 Minuten ganz gebannt und von Spannung gemartert an Ihren Lippen."

Die Frau schien zufrieden. So leicht war es, einen Menschen glücklich zu machen. Wenigstens das konnte ich gut! Endlich!

Das Flugzeug senkte sich langsam, setzte zur Landung an und schon berührten die Räder unsanft den Boden. Die Erde hatte uns wieder. Zehn Minuten später stand ich mit Jacke und Handgepäck inmitten einer ellenlangen Passagierschlange, die sich laut schnatternd Richtung Ausgang bewegte. Der Mailänder Flughafen war luxuriös und weiträumig, was die wundervolle Nebenwirkung hatte, meine nervige Sitznachbarin aus den Augen zu verlieren. Ich nahm mir einen kleinen Gepäckwagen und bewunderte die große Wartehalle. Die Fußbodenfliesen spiegelten so sehr, dass frau darin ihr Make-up hätte auffrischen können. Ich hatte noch eine Stunde Aufenthalt und schlenderte über das Flughafengelände, kaufte mir eine italienische Zeitschrift, ging auf die Toilette und guckte in die Schaufenster mit den Designerklamotten. Als die Zeit zum erneuten Einchecken gekommen war, stellte ich mich an den Schalter und hoffte inständig, meiner gesprächigen Reisebekanntschaft nicht noch einmal zu begegnen. Während ich mich verstohlen umschaute, reichte ich mein Flugticket dem Mann des Bodenpersonals und bekam meinen Boarding-Pass für die Maschine nach Palermo. Zehn Minuten später saß ich wieder in einem Flugzeugsitz und machte es mir bequem. Die Maschine war nur halb voll und ich hatte eine ganze Dreierreihe für mich. Während des einstündigen Fluges hatte ich diesmal tatsächlich Gelegenheit, meine müden Augen zu schließen und über meine sizilianische Verwandtschaft nachzudenken.

Mein Onkel Carlo, der jüngste Bruder meines Vaters, war vor acht Jahren wieder zurück in seine Heimat gezogen und hatte gemeinsam mit seiner Frau ein kleines Lebensmittelgeschäft aufgemacht. Sein Leitspruch war ‚eine Hand wäscht die andere'. Komisch nur, dass seine Hand immer sauber war und die der anderen immer dreckig blieb. So auch diesmal, denn keiner aus meiner Familie hatte Zeit, mich vom Flughafen abzuholen. Als die Maschine in Palermo landete, erwartete ich also niemanden und stand einsam und allein inmitten der sizilianischen Großfamilien, die sich lautstark umarmten, begrüßten und herzten. Ganz konzentriert wuchtete ich meinen schweren Koffer vom Gepäckband und trabte Richtung Ausgang, um auf den Bus zu warten, der mich zum Hauptbahnhof nach Palermo bringen sollte. Ein nett aussehender, hochgewachsener junger Mann kam plötzlich lächelnd auf mich zu und begrüßte mich freundlich. „Ciao! Ich bin Leandro und du bist sicherlich Carina. Was für ein hübscher und sehr passender Name für dich." Mit diesen lieblichen Worten nahm er ungefragt meinen Gepäckwagen und eilte mit mir zu den Parkplätzen. Ich schaute wohl etwas dümmlich drein, denn er grinste und klärte mich endlich auf: „Ich bin Elenas Cousin. Sie hat erfahren, dass dich niemand vom Flughafen abholt, und da ich während der Woche in Palermo wohne und jedes Wochenende nach Panuzzo fahre, kann ich dich gerne mitnehmen!"

Eigentlich stieg ich ja nie in fremder Männer Autos, ohne den Ausweis gesehen und einen kurzen Rückruf bei der Polizei getätigt zu haben, aber hier, auf Sizilien, war die Welt noch relativ in Ordnung. Da hatten die Männer noch Respekt vor den Frauen, schließlich war die abgöttisch geliebte „Über-Mama" allgegenwärtig.

Leandro schien meine Gedanken auf wunderbare Weise erraten zu haben, denn er zückte sein telefonino, rief bei Elena an und übergab mir sein Handy.

„Ciao, Carina!", schrie Elena glücklich in den Apparat. „Hattest du einen guten Flug? Mein Cousin Leandro wird dich mit nach Panuzzo nehmen."

„Ich bin dir sehr dankbar, Elena! Bis bald, ciao!", rief ich zurück und lächelte Leandro an. Er hatte unendlich liebe, braune Augen und ich fand das alles ganz prima.

Leandro startete seinen weißen Golf GTD und wir zischten über die Autobahn in Richtung Palermo-Trapani, immer am Meer entlang. Das Wetter war herrlich und ich machte es mir im Sitz bequem. Nun hatte ich auch Zeit, mir diesen süßen Leandro etwas näher anzusehen. Verstohlen musterte ich ihn von oben bis unten. Er trug eine braune Lederjacke, sein dunkelgrauer Rollkragenpullover war aus feiner Wolle und die Edel-Jeans saß tadellos. Seine Schuhe sahen bequem aus und schienen sehr teuer gewesen zu sein. Verdammt, dieser Mann gefiel mir ausgesprochen gut. Ich hoffte, in den nächsten Tagen auch Gelegenheit zu bekommen, seine inneren Werte kennen zu lernen und schickte ein Stoßgebet zum Himmel. Dann verwarf ich diesen Gedanken schnell wieder, denn schließlich wollte ich nicht immer nur an Männer und potenzielle Heiratskandidaten denken. Ich wollte eine unabhängige, selbstbewusste Frau sein! Abhängig und unterdrückt war ich lange genug gewesen. Nun würde ich erst einmal mein Leben ohne Mann genießen.

Die gesamte Fahrt über führte ich mit Leandro ein interessantes Gespräch. Ich erzählte ihm vom Leben in Berlin und er berichtete mir, wie es sich in Palermo lebte. Leandro wohnte seit seinem vierzehnten Lebensjahr dort, wo er eine kirchliche Berufsschule besucht hatte, an der er jetzt auch lehrte. Dieser Schule war ein Internat angeschlossen, damit die Jugendlichen, die aus ganz Sizilien kamen, nicht immer nach Hause fahren mussten. In dieser Ausbildungsstätte hatten Mönche das Sagen und wie es sich anhörte, war Leandro nicht gerade begeistert von ihnen. Am Wochenende fuhr er meistens nach Hause, half seinem Vater auf dem Land und genoss die schönen, erholsamen Tage mit seinen Freunden. Ich schaute Leandro von der Seite her an, während er frei von der Leber weg über sich redete, ohne auch nur einmal zu protzen oder zu prahlen. Leandro verdiente in dieser Schule relativ gut, weil er nach dem Unterricht im Internat auch noch als Aufsichtslehrer angestellt war. Bis 22:00 Uhr ging sein Dienst, dann fuhr er nach Hause in eine kleine Junggesellenbude, die er sich mit zwei Studenten aus Panuzzo teilte. Leandro hasste das verkehrsreiche, laute und verschmutzte Palermo und bevorzugte das ruhige Kleinstadtleben in Panuzzo Celentano.

Im Laufe des Gesprächs bemerkte ich, wie mich eine bestimmte Frage brennend zu interessieren begann, aber ich traute mich nicht, sie zu stellen. Ich berichtete über meinen Alltag in Berlin und bemerkte, wie mich Leandro bewundernd anschaute. Irgendwann auf dem Rest der Strecke, die sich als äußerst kurvenreich herausstellte, wurde mir speiübel. Ich kämpfte mit meinem empfindlichen Magen und dachte immer nur angestrengt an das schreckliche Bild, das ich bei Leandro abgäbe, würde ich ihm auf seine Designer-Jeans kotzen. Bevor dies geschehen konnte, bat ich Leandro, den Wagen anzuhalten. Beim Larcaciotto, einer kleinen Wasserstelle für Vieh, gab ich mich dann ungezügelt meinem Bedürfnis hin und saß bald darauf wieder tapfer lächelnd neben Leandro, der mir doch tatsächlich meine Stirn gehalten hatte, während ich windschief und gebeutelt im Gebüsch vor mich hinröchelte. Als er wieder losfuhr, platzte ich plötzlich, anscheinend noch vom Erbrechen benebelt, mit der indiskreten Frage heraus: „Hast du eigentlich eine Freundin?" Im gleichen Augenblick wurde mir bewusst, wie deplatziert diese Frage war. Ich biss mir auf die Lippe. So etwas schon anderthalb Stunden nach dem Kennenlernen zu fragen, hörte sich so an, als wollte ich wissen, ob er diesen Abend und den Rest seines Lebens schon verplant wäre, denn ich hätte durchaus Interesse, so schnell wie möglich nicht nur unter das Schwesternhäubchen, sondern auch unter die Haube zu kommen. In Berlin gab es schließlich bei 3,5 Millionen Einwohnern so wenig Auswahl und deshalb hatte ich es nötig, mich dem Erstbesten, der mich vom Flughafen abholte und mir beim Kotzen fürsorglich die Stirn hielt, an den Hals zu werfen. Leandro grinste und verneinte dann. „Ich habe gar keine Gelegenheit, eine Frau kennen zu lernen. In der Schule rennen nur Jungs und Männer herum und in Panuzzo gefällt mir auch keine so richtig. Da ist eine, die mich will, aber sie gefällt mir überhaupt nicht. Sie heißt Rosalba und schielt", plauderte Leandro bereitwillig aus dem Nähkästchen und ich musste schmunzeln.

„Wir fahren erst einmal zu Elena. Ist dir das recht?"

„Klar", sagte ich und starrte neugierig aus dem Fenster. ‚Panuzzo Celentano, du hast mich wieder', jubelte alles in mir und ich freute mich riesig, nach über zwei Jahren wieder in meiner zweiten Heimat angekommen zu sein. Ich konnte mir zwar nicht vorstellen, hier zu leben, aber es gefiel mir.

Vor dem Haus von Elenas Eltern, im Herzen der Altstadt, wurden wir mit lautem ‚ciao, ciao!' empfangen. Die ganze Familie war erschienen und ein paar Leute, die ich nicht kannte, nahmen mich ebenso in die Arme und in Augenschein. Ein kleines, hutzeliges Männchen mit wettergegerbter Haut und grauen Bartstoppeln zupfte verhalten an mir rum und eine etwas übergewichtige Bucklige mit krauser Dauerwelle und Hang zum Bartwuchs rief frohgelaunt aus zahnlosem Mund, ob ich denn auch Hunger mitgebracht hätte, das Essen sei fast fertig. Ich nickte etwas unsicher und suchte die hübsche, mollige Elena, die ich in der Küche fand.

„Wer sind die denn?", flüsterte ich Elena erschrocken ins Ohr.

„Das sind meine Tante und mein Onkel, Leandros Eltern", klärte mich meine Freundin auf und tänzelte dabei voller Elan um die Kochtöpfe herum.

19   Im Schoß der Familie

Am nächsten Morgen regnete es in Strömen. Im Gegensatz zu den milderen Temperaturen in Palermo war hier in den Bergen, 695 Meter über dem Meeresspiegel, die Witterung meist rauer. Als ich aus dem Küchenfenster des ersten Stocks unseres Hauses schaute, waren die sonst so grünen Hügel von Wolken bedeckt und mich überkam eine unendliche Einsamkeit. Um nicht ganz und gar in Melancholie zu verfallen, setzte ich die aus Deutschland mitgebrachte Kaffeemaschine in Gang und klemmte mich an den kleinen Küchentisch, der in der neuen, weißen Einbauküche stand. Gleich nach dem gestrigen Familienessen bei Elena hatte ich mich höflich von der laut schwatzenden Sippe und vom netten Leandro verabschiedet und Elena hatte mich zu unserem Haus am Ortsrand gefahren. Die erste Nacht hatte ich zitternd und frierend im Ehebett meiner Eltern im ersten Stock verbracht, weil kein Heizofen auffindbar gewesen war, was mich unwillkürlich an Braunschweig erinnerte. Ich beschloss also, dass mein nächster Gang am Morgen sofort zu Onkel Carlo und seiner Familie sein würde, um sie zu begrüßen und meine Oma nach dem Schlüssel zum Erdgeschoss zu fragen, wo ein Ofen sein musste.

Doch bei Onkel Carlo, der mit seiner Familie gleich nebenan wohnte, da er sein Haus direkt vor unserer Nase auf dem gleichen Grundstück gebaut hatte, machte zuerst keiner auf. Nach etwa fünf Minuten hörte ich dann jemanden die Treppe herunterschlurfen und meine Cousine Carmela machte im Schlafanzug die Türe auf. Es war 10:30 Uhr.

„Buon giorno", begrüßte ich sie herzlich. „Schlaft ihr noch?"

„Guten Morgen, Carina", gähnte Carmela und ließ mich herein. Da Carmelas Familie bis vor einigen Jahren in Berlin gewohnt hatte, wurde ich zumindest von ihr „Carina" genannt!

„Ja, Oma schläft noch und wir sind gestern erst spät ins Bett gekommen. Draußen ist es kalt, da bleiben wir immer etwas länger liegen."

‚Wie praktisch', dachte ich.

Sie führte mich in die Küche. „Möchtest du einen Kaffee?"

„Gerne! Mit Milch, bitte!"

Carmela, eine hübsche Achtzehnjährige mit dunklen, mittellangen Wellen, setzte die Espressokanne auf den Herd und wärmte Milch auf. Bald darauf saßen wir am Küchentisch, schlürften den heißen Milchkaffee und plauderten. Ein paar Minuten später fanden sich auch meine Tante und mein Onkel in der Küche ein, um mich zu begrüßen. Als meine jüngste Cousine Lidia kam, wurde Oma endlich aus dem Bett geholt und frühstücksfertig gemacht. Meine Oma freute sich sehr, mich zu sehen und nannte mich zur Begrüßung – natürlich wie immer – demonstrativ „Maria", was in mir – natürlich wie immer – einen allergischen Anfall auslöste. „Maria, Herz, bist du endlich verlobt?", rief sie. Ich schüttelte irritiert den Kopf und fragte dann nach den Schlüsseln für das Erdgeschoss. Mein Onkel saß mit uns im Zimmer und hörte sich die Konversation mit der in jeder Hinsicht störrischen 80-Jährigen neugierig an.

„Also, ganz ehrlich, Maria! Nicht, dass ich dir den Schlüssel nicht geben möchte, aber du weißt ja, wie dein Vater ist und dann bin ich wieder schuld, wenn etwas fehlt", faselte meine Oma, als hätte sie eine Fremde vor sich. Ich musste zugeben, dass sie in gewisser Weise Recht hatte. Mein Vater hatte leider den Hang, ständig andere Leute zu beschuldigen, bei ihm geklaut zu haben, wenn er etwas nicht gleich fand. Irgendwann, und wenn es Jahre später war, fand er allerdings fast alles wieder und so wurden seine Beschuldigungen mit der Zeit unglaubwürdig. Noch bevor ich antworten konnte, mischte sich Onkel Carlo ins Gespräch ein: „Aber Carina! Du bleibst natürlich bei uns und übernachtest hier bei deiner Familie. Wir haben doch eine Heizung und so hast du es warm. Ist doch nicht nötig, dass du dort oben alleine wohnst." Ich fand dieses Angebot zwar ausgesprochen nett, nahm mir aber trotzdem vor, mit meinem Vater Rücksprache zu halten. Den Rest des eintönigen, verregneten Tages verbrachte ich bei meinen Verwandten und half, Pizza, Brot und Kekse im großen Holzofen im Schuppen zu backen. Am späten Abend lag ich noch eine Weile wach im Bett und dachte über das Leben hier und ein bisschen über Leandro nach. Ich versuchte, mir sein Gesicht in Erinnerung zu rufen. Es gelang mir kaum – und das war ein untrügliches Zeichen dafür, dass ich mich in ihn verliebt hatte!

20 *Vorsicht, Brautstrauß!*

Der nächste Tag erstrahlte im hellsten Sonnenschein und ich hatte vor, mit meinen drei Cousinen Marianna, Carmela und Lidia auf dem großen, wunderschönen Dorfplatz spazieren zu gehen. Insgeheim hoffte ich natürlich, dabei auch Leandro wiederzutreffen, denn wir hatten uns seit meiner Ankunft weder gesehen noch etwas voneinander gehört. Nach dem Frühstück machten wir uns also alle ausgehfein und stolzierten wie vier

Prinzessinnen bergab Richtung Dorfplatz. Morgen hatten wir alle einen Termin bei der einzigen Kosmetikerin im Ort – einmal Ziehen, Zupfen, Schleifen, Feilen, Quetschen und Säubern war angesagt –, denn übermorgen um 11:00 Uhr würde Elenas Hochzeit sein und da wollten wir, gleich hinter Elena versteht sich, vor dem Spieglein stehen und die Schönsten im ganzen Land sein.

Die Hochzeit! Ich war so aufgeregt, als würde es sich um meine eigene handeln. Es war bereits 9:00 Uhr, als ich aufgeregt ins Bad stürzte und duschte. Als ich herauskam, standen Lidia und Marianna schon an, um sich ebenfalls für die Hochzeit vorzubereiten. Ehe alle fertig waren, war es 10:45 Uhr und ich verstand gar nicht, weshalb sich niemand beeilte.

„Keine Sorge, Carina", beruhigte mich Marianna, „wenn die Hochzeit um 11:00 Uhr angesagt ist, dann heißt das hier, sie beginnt um 12:00 Uhr." Um 11:15 Uhr schwangen wir uns ins Auto und fuhren zu Elenas Haus. Auf meine gehbehinderte Oma sollte an diesem Tag eine andere Maria, ebenfalls eine Cousine, aufpassen. Als wir das Haus erreicht hatten, stand bereits eine Menschentraube davor, um die Braut zur Kirche zu begleiten. Es handelte sich um die gesamte Verwandtschaft von Braut und Bräutigam. Zunächst gingen wir Frauen ins Haus, um die Brauteltern und die Geschwister der Braut zu begrüßen. Dabei hoffte ich, einen Blick auf Leandro erhaschen zu können, da dieser als naher Verwandter auf einem Stuhl neben den Brauteltern sitzen würde. Und natürlich, da saß Leandro und lächelte den Vorbeiziehenden freundlich entgegen!

Als ich an der Reihe war und ihn und seine Eltern begrüßte, schaute er mich mit einem bewundernden Blick an. Wir grinsten verlegen und ich war froh, kurz vor meiner Abreise noch ein schlank machendes langes Schwarzes mit Schleppe und Seidenschal in einer Nobelabteilung des KaDeWe erspäht zu haben. In Süditalien war es nämlich durchaus üblich, dass die Hochzeitsgäste besonders festlich gekleidet erschienen. Leandros Mutter, Donna Rosalia, hatte diesmal alle Zähne im Mund und war in ein enges, dunkelblaues Jackenkleid gezwängt, welches proper und drall ihre nicht vorhandene Taille hervorhob. Die krause Dauerwelle war zu einem kunstvollen Gebilde onduliert. Den Vater, Don Gustavo, erkannte ich, im dunkelblauen Anzug, dafür aber mit offenem Hemdkragen und frisch rasiert, erst gar nicht wieder und war schon dabei, samt kleiner Schleppe an ihm vorbeizuschweben, als ich die zwei kleinen, lebenslustigen Augen, die auf mir ruhten, wahrnahm.

Zu Fuß balancierten wir Frauen mit unseren Pfennigabsätzen oder je nach Typ auch auf Plateausohlen über das holprige Kopfsteinpflaster und hielten uns gegenseitig am Arm fest. Falls eine fiel, würden die anderen aus Solidarität mitfallen. Obwohl es zur Kirche Maria Santissima Assunta nicht weit war, machten wir drei Kreuze, als wir unversehrt mit unserem fragilen Schuhwerk ankamen. In dieser Kirche war ich getauft worden und ich fand es jedes Mal schön, sie zu besuchen, obwohl sie nicht besonders prunkvoll ausgestattet und mehr als renovierungsbedürftig war. Die drittgrößte Glocke Siziliens bimmelte nun laut und forderte die Hochzeitsgesellschaft auf, die Kirche zu betreten, damit der feierliche Gottesdienst beginnen konnte. Irgendwie bekam ich von dem eigentlichen Geschehen nicht allzu viel mit. Die Brautleute waren bereits die breiten Stufen zum Eingangsportal hochgeschritten, als Leandro seiner alten Mutter noch kräftig unter die Arme griff. Ich stellte mich hilfreich auf die andere Seite, und gemeinsam schleppten wir die aus der Puste gekommene, kleine korpulente Frau die Stufen hoch. Die Dauerwelle saß selbst ganz oben noch einwandfrei und das pepplose Ensemble in Blau hatte auch keinen Schaden davongetragen. Ganze anderthalb Stunden standen wir nun in der großen, zugigen Kirche, schauten ab und zu die Heiligenstatuen rechts und links an und staunten, wie hingebungsvoll Papa Iani Stassi seine Gesänge herunterleierte.

Mutter und Vater Padano, so hieß Leandro mit Nachnamen, hatten die letzten noch freien Sitzplätze in der vorderen Hälfte ergattert. Ich stand mit Leandro zu meiner Rechten und Lidia, die sich zu uns gesellt hatte, zur Linken im rechten Kirchenschiff vor dem großen Baldachin mit dem Kruzifix. Während des Gottesdienstes schaute ich mich immer wieder interessiert um, weil ich sehen wollte, welches von den vielen Gesichtern ich eventuell kannte. Fremde Hochzeiten interessierten mich irgendwie nicht so brennend, muss ich gestehen. Viel brennender hätte mich interessiert, wann ich endlich selbst auf dem prunkvollen Stühlchen vor Papa Iani Stassi oder einem anderen Priester Platz nehmen konnte und vor allem, wer sich an meiner rechten Seite befinden würde. Bei diesen Gedanken schaute ich Leandro, der in seinem grauen Anzug einfach hinreißend aussah, aus den Augenwinkeln an, überlegte, auf welchem Level der Verliebtheitsskala von eins bis zehn ich mich einstufen würde und träumte, wie es wohl wäre, leidenschaftlich in seiner dunkelbraunen, kurzen, welligen Haarpracht wühlen zu können. Als ich in meinem Tagtraum gerade dabei war, mich mit Leandro in inniger Umarmung eine Blumenwiese hinunterzukullern, berührte jemand von hinten meine Schultern. ‚Ach, nicht doch, in der Kirche', dachte ich entzückt und murmelte sinnlich lächelnd: „Neun!"

Als ich mich umdrehte, lachte mich ein Cousin freudestrahlend an und zog mich zur Begrüßung an sich. Er hatte vor 100 Jahren, als ich noch süße siebzehn war, doch tatsächlich um meine Hand angehalten. Cousin Domenico, der genauso wie Marias Bruder den Namen meines Opas geerbt hatte, glaubte wohl im siebten Himmel zu schweben, als er mich sah, denn ich hatte selten zuvor ein von meinem Anblick so entzücktes Gesicht gesehen. Leandro schaute etwas irritiert, begriff aber sofort, um wen es sich handelte, denn hier kannte ja jeder jeden, und begrüßte Domenico ebenfalls. Mein Vetter fragte mich nun eindringlich aus, wobei er mich hemmungslos „Maria" nannte, so dass sich mir der Magen umdrehte. Ich antwortete in freundlicher Zurückhaltung, denn ich fand es gar nicht witzig, dass mich jemand aus meinen lasterhaften, wundervollen Tagträumen geholt hatte und mich dann auch noch „Maria" nannte!

Das Brautpaar war gerade dabei, unter einem gemeinsamen weißen Schleier mit dem Pater voran um den Altar zu gehen, als Leandro mich plötzlich bei der Hand nahm und mir leise ins Ohr raunte, ob wir in der Bar gegenüber einen Espresso trinken gehen wollten. Ich war leicht erstaunt, hatte aber schon bemerkt, dass hier sowieso eine Bahnhofsstimmung herrschte. Menschen, die nur kurz neugierig schauen wollten, kamen und gingen, und in den drei Kirchenschiffen war ein ständiges Gemurmel zu vernehmen, das von den hohen Wänden widerhallte. Ich nickte also und wir marschierten gemeinsam mit Lidia los, die ich als Anstandswauwau mitzog. Hier herrschten schließlich noch mittelalterliche Sitten! Die neugierigen, eindringlichen Blicke, oft sogar mit skandalösem Augenflattern, hafteten auf Leandro und mir und klebten wie ein lästiger Kaugummi an der Schuhsohle. Lidia neben mir schwächte die prekäre Situation etwas ab.

„Wer ist die denn neben dem Padano-Sohn?"

„Ach, die Tochter von Don Vittorio aus Deutschland."

„Die war doch so lange nicht mehr hier."

„Na, wer weiß, was die da so treibt! Das sind doch alles Schlampen!"

„Aber wenn der Padano-Sohn etwas an ihr findet... so ein netter Kerl!"

„Bis jetzt sind sie nicht verheiratet. Wer nimmt denn schon eine aus Deutschland?"

„Aber ein hübsches Mädchen ist sie ja."

„Von einem schönen Teller kann ein Mann nicht essen."

So oder ähnlich stellte ich mir die Konversation vor, die hinter vorgehaltenen Händen zwischen den Klatschweibern stattfand. Wir verließen also die Kirche, nicht ohne zahllose Verwandte zu begrüßen, die bei dieser Gelegenheit auch gleich Leandro an meiner Seite in Augenschein nahmen. Gemächlichen Schrittes überquerten wir den großen Marktplatz mit seinem großen, achteckigen Brunnen aus dem Jahre 1608. Vor der Bar von Nino standen viele glotzende Männer, die uns neugierig beobachteten und zu tuscheln begannen. Mir war das echt unangenehm, aber Leandro tat so, als bemerkte er das alles gar nicht und hielt uns selbstbewusst die kleine Tür auf, um Lidia und mir Eintritt zu gewähren. Auch hier herrschte fröhlicher Männertumult. Alle schauten mit großen Augen auf und die Gespräche verstummten, als wir eintraten. Wahrscheinlich rauchte es jetzt in allen Köpfen, wer ich war und welcher Familie ich angehörte. Ein entfernter Cousin namens Pippo und ein zweiter namens Peppe traten erfreut auf uns zu, begrüßten mich herzlich mit „Carina" und luden uns zu einem Espresso ein. Danach verließen wir die kleine Bar wieder, um in die Kirche zurückzugehen und nachzuschauen, wie weit die Zeremonie vorangeschritten war.

Vor den Augen Gottes wurden gerade die letzten Worte gesprochen, als die Turmglocke zu läuten begann und angekündigt wurde, dass die Braut vor dem Eingangsportal ihren Brautstrauß werfen würde. Manche jungen Mädchen versuchten hastig, den besten Platz dafür zu ergattern und Leandro fragte mit breitem Grinsen, ob ich mich denn nicht zu ihnen gesellen wolle. ‚Na, so nötig und eilig, um vor allen Leuten meine geheimsten Wünsche zu offenbaren, habe ich es auch nicht', dachte ich und antwortete ebenfalls grinsend, ob er sich nicht lieber selbst dazustellen wolle. Leandro erwiderte, dass er kein Glück dabei hätte, Brautsträuße zu fangen und schubste mich in die Jungmädchenmenge. Während ich noch versuchte, mir einen unauffälligen Platz im Hintergrund der jubelnden Pubertierenden zu suchen, kam Elena mit ihrem Frischangetrauten die breite Treppe herunter und blieb vor dem Eingangsportal stehen. Mit leuchtenden Augen lächelte sie in die Menge, drehte sich schließlich um, bereit, ihren kleinen weiß-apricotfarbenen Buschröschenstrauß in die Menge zu werfen. Der Strauß flog … und flog … und flog … und ich ahnte schon etwas … und flog in meine Richtung … und flog … und landete genau auf meinem Kopf, in meiner taubennestartigen, kunstvollen Hochsteckfrisur. Die gesamte Hochzeitsgesellschaft johlte und lachte.

Sofort kam Leandro mit breitem Grinsen auf mich zu geeilt und sagte: „Siehst du! Du hast mehr Glück, als du dachtest!" Verzweifelt versuchte ich, den Strauß aus meinem Haar herauszuwursteln. Als ich es endlich geschafft hatte, sah ich jedoch aus wie ein gerupftes Huhn. Wenn das kein Zeichen war!

21 Flotte Sohlen und kalte Nasen

Die Hochzeitsfeier in Cammarata, das eine Autostunde entfernt lag, war sehr nett. Nach dem üppig rustikalen Hochzeitsmahl holte Vater Padano voller Stolz seine Mandoline heraus und Leandro seine Gitarre. Sie stellten sich beide aufs Podest und begannen, sizilianische Weisen zu zupfen, während sich die Tanzfläche füllte. Als dann die Band spielte, tanzte Leandro auch mit mir und obwohl ich nicht gerade eine geübte Tänzerin im sizilianischen Folkloretanz war, arrangierten wir uns doch recht gut. Leandro war, im Gegensatz zu mir, ein wahrer Profitänzer und wirbelte mich im Saal herum, als hätten wir jahrelang nichts anderes getan. Unwillkürlich musste ich an meine letzten Tanzerfahrungen mit Will denken oder auch an Malte, der wie ein gehbehinderter Tanzbär auf einer Stelle humpelte und sich dabei auch noch ganz toll fand.

Ja, ich kann sagen, dass wir uns alle köstlich amüsierten. Ich saß mit Onkel Carlo und Familie, Domenico und noch zwei anderen Cousins an einem Tisch. Ständig hatte ich Domenicos Stierblick auf der Backe, aber wenigstens auch eine Prachtaussicht auf die Tanzfläche und zum Tisch der Padanos. Mamma Padano war die Schwester des Brautvaters, somit saßen sie einen Tisch weiter vorne, nahe beim Brautpaar, das die ganze Zeit überglücklich strahlte. Leandro musste sich dann noch seiner Cousine, der Braut, annehmen, denn ihr frisch Angetrauter war ein wahrer Tanzmuffel. Er legte mit Elena ein paar flotte Polkas, Mazurkas und Tangos aufs Parkett und ich gönnte ihr die Freude von Herzen.

Um 18:00 Uhr war die Feier beendet, denn es wartete schon eine Taufgesellschaft auf den Saal. Satt und beschwingt schwangen sich die rund zweihundert Leute wieder in ihre Autos und traten die Heimreise an. Mit Leandro hatte ich mich für den späteren Abend auf der Piazza verabredet, um etwas auf der Flanierstraße spazieren zu gehen. Um 22:30 Uhr, gerade als ich mich für den Ausgang fertig machte, klingelte das Telefon. Es war Leandro. „Ciao, Bellezza! Leider können wir uns heute Abend nicht sehen. Ich muss auf dem Land helfen. Eine Kuh bekommt ein Kälbchen und ich möchte meinen Vater nicht alleine gehen lassen." Leandro klang enttäuscht. „Klar, verstehe ich", sagte ich und wünschte ihm noch eine gute Nacht. In Geburtshilfe war er also auch versiert. Wie schön!

Ich saß bewegungslos in eine dicke Decke gehüllt vor dem Telefon und dachte darüber nach, wie schön der Abend hätte sein können. Eigentlich hätte Leandro mich zur Kälbchengeburt mitnehmen können. So stark unterscheidet sich die Geburt eines Menschen nun auch wieder nicht von der eines Tieres. Ob ich Leandro anrufen sollte, um mich zu diesem Event einzuladen? Da klingelte bereits abermals das Telefon! ‚Ja, Leandro, ich komme miiittt', säuselte ich innerlich und wollte schon in meine Turnschuhe springen, da erkannte ich am anderen Ende der Leitung die Stimme meines Vaters. Wie immer schrie er ganz aufgeregt in den Hörer: „Ciao, amore mio! Bist du gut angekommen? Wie ist denn das Wetter?"

„Gut, danke, Papa! Das Wetter ist so lala", rief ich etwas enttäuscht zurück.

„Häää?", kam es aus dem Hörer. Trotz des Gebrülls hatte mein Vater wieder einmal nichts begriffen.

„Ich sagte, dass der Flug gut war, ein Cousin von Elena hat mich vom Flughafen abgeholt und das Wetter ist durchwachsen", schrie ich.

„Wer hat dich abgeholt und wer ist gewachsen?", schrie mein Vater zurück.

„Ich bin gewachsen, denn hier regnet es und der Cousin von Elena hat mich abgeholt", schrie ich, so laut ich konnte. „Wer ist denn das? Wessen Sohn ist er?", rief mein Vater und gab alles, was die Stimmbänder zu bieten hatten. Ich hielt den Hörer inzwischen einen halben Meter von meinem Ohr weg und verstand ihn immer noch prima.

„Er heißt Leandro Padano und ist der Sohn der Schwester des Vaters von Elena", brüllte ich so laut, dass es im Kehlkopf nur so vibrierte. Kurzes Schweigen auf der anderen Seite. Mein Vater dachte so fieberhaft und konzentriert nach, wie es ihm möglich war und sagte dann: „Ach ja! Aha! Ja, ja, ich weiß jetzt!"

Dass er das so schnell begriffen hatte, grenzte an ein Wunder und ich machte drei Kreuze. „Sag mal, ist der Gasofen unten, im Rumpelzimmer? Ich brauche ihn, weil es hier so bitterkalt ist."

„Ja, der ist unten. Lass dir von Nonna die Schlüssel geben!", antwortete mein Vater nun etwas verhaltener.

„Oma will die Schlüssel aber nicht herausrücken", informierte ich ihn.

„Wer läuft auf Krücken?"

„Niemand! Deine Mutter will mir die Schlüssel nicht geben!"

„Wo ist ein Beben?"

„In meinem Kopf! Deine Mutter will nicht aufschließen", schrie ich ungehalten.

„Waaas? Wieso nicht?"

„Hat wohl Angst, dass etwas fehlen könnte und du sie dann verantwortlich machst." ‚Lieber lässt sie ihre Enkelin erfrieren', dachte ich erbost.

„Quatsch! Ich ruf gleich mal drüben an. Aber du bist doch bis jetzt auch ohne Ofen ausgekommen", sagte mein Vater.

„Nein, Onkel Carlo hat mich eingeladen, drüben im anderen Haus zu schlafen."

„Waaaas? Mach das bloß nicht! Das hält er dir und mir dann ein Leben lang vor", rief mein Vater. „Bleib lieber in deinem Haus!"

„Du weißt nicht mehr, wie kalt es hier um diese Jahreszeit in der Nacht ist", rief ich nun etwas angesäuert und wollte das Gespräch beenden.

„Ist meine Schubkarre noch da?"

„Welche Schubkarre?", fragte ich und ahnte schon wieder Böses.

„Die im Garten steht."

„Wer hat sich gedreht?", murmelte ich und musste grinsen.

„Ist meine Schubkarre nun da oder hat sie jemand gestohlen?", schnauzte mein Vater humorlos. „Ja, ja, die ist noch da", log ich, denn ich hatte weit und breit keine Schubkarre im Garten stehen gesehen, aber bevor mein Vater seinen Bruder anrief und ihn des Schubkarrenklauens beschuldigte, flunkerte ich ihn lieber an. Mein Vater war zufrieden und wir beendeten das Gespräch. Dann schloss ich alle Fenster und Türen und ging wieder hinüber zu meiner Verwandtschaft. Anscheinend hatte mein Vater schon angerufen, denn meine Oma saß säuerlich in der Küche und hatte die Schlüssel schon bereitgelegt.

„Aber Maria, du kannst doch hier schlafen", keifte sie mich sofort an, als ich den Raum betrat. Ich beschloss, eine freundliche und dankbare Stimmung auszustrahlen, damit sie nicht beleidigt war und meinen Wunsch, lieber in den eigenen vier Wänden schlafen zu wollen, nicht persönlich nahm.

„Ich weiß, aber ich schlafe nun mal lieber drüben, denn so kann ich auch gleich alles putzen", entschuldigte ich meine Absicht. Dann ging ich wieder rüber und schloss die schwere Eingangstüre auf. Bestialischer Gestank in einer Mischung aus uraltem Ricotta-Käse, Mäusepipi und abgestandener Luft strömte mir entgegen und ich machte, dass ich so schnell wie möglich den Ofen herausschob und nach oben schleppte. Meine Güte, war das furchtbar! Morgen würde ich mir das Ganze bei Tageslicht ansehen und durchlüften. Bei meiner anderen Tante putzte die Schwägerin die Wohnung vorher gründlich durch, bevor diese mit ihrem Mann aus Berlin angereist kam. Bei uns war so eine freundliche Geste jedoch nicht üblich. Mich ließen meine Verwandten in unserem einjährigen Hausstaub zur Begrüßung lieber ersticken. Jetzt war mir auch klar, warum sie mich bei sich beherbergen wollten. Die Gaspatrone war zum Glück noch gut gefüllt und so schob ich den quietschenden Ofen in das Schlafzimmer und stellte ihn an. Dann legte ich mich ins Bett und machte mir ein paar warme Gedanken, indem ich eine Zeit lang über Leandro nachdachte. Gut gelaunt trotz der bitteren Kälte nahm ich schließlich ein Buch und begann zu lesen. ‚Ein unterhaltsamer Film und ein 500-Gramm-Schokellaglas wären jetzt auch nicht schlecht', dachte ich so bei mir. Ich litt langsam, aber sicher unter akuten Entzugserscheinungen.

Nach einer halben Stunde machte sich eine leichte Wärme breit und meine Kleopatranase erholte sich unter dem dicken Wollschal, den ich um meinen Kopf geschlungen hatte. ‚Meine Güte, wie sollte ich das noch acht Tage aushalten?' Unter dem Schein der kleinen Nachttischlampe schlief ich frierend ein. Mitten in der Nacht erwachte ich mit Schrecken, denn der Gasofen war noch an. Also pellte ich mich aus meinem deutschen Federbett, trottete zum Ofen und machte ihn aus, worauf es im Raum blitzschnell wieder eiskalt wurde.

22 Festtagsfreuden auf Tomatenbasis

Ein brüllender Esel, der nebenan auf der Weide graste, weckte mich aus meinem iglowarmen Nachtschlaf und sofort stand ich auf, um den Gasofen wieder anzumachen. Die Uhr zeigte erst sieben und ich sah zu, dass ich wieder unter mein warmes Federbett kam. Halb träumend, halb dösend schreckte ich um 9:30 Uhr auf, weil das Telefon klingelte. Die Fensterläden waren noch geschlossen, so dass ich im Dunkeln zum Telefon im Wohnzimmer tapste.

„Pronto?", bibberte ich.

„Buon giorno, Carina! Sono Leandro. Dormivi ancora?"

„Nein, ich habe nicht mehr geschlafen", flötete ich in bester Ostersonntagslaune in den Hörer. Mir war auf einmal ganz warm ums Herz. Ein Blick aus dem Balkonfenster sagte mir zudem, dass Petrus es gut meinte, denn die Sonne strahlte vom blauen, sizilinischen Frühlingshimmel herunter und ließ das satte Grün der Weiden erleuchten.

„Ich wollte dich fragen, ob du heute Mittag zu uns zum Essen kommen möchtest. Meine Familie möchte dich etwas näher kennen lernen."

„Gerne", posaunte ich eine Spur zu schnell und zwei Spuren zu begeistert in den Telefonhörer.

„O.k., dann hole ich dich um 13:00 Uhr ab. Wir werden bei meiner Tante Rosa essen, der Schwester meiner Mutter. Wenn du Lust hast, können wir uns auch schon früher treffen. Ich bin jetzt gerade auf der Piazza und ich würde mich freuen, wenn wir hier zusammen spazieren gehen könnten."

„Gerne", hauchte ich mit einem seligen Lächeln auf den Lippen in den Hörer. War ich eigentlich wankelmütig und oberflächlich, dass ich mich so schnell nach der Trennung von Malte neu verlieben konnte? War es die reine Verzweiflung, als alte Jungfer zu enden oder war diese Beziehung zu Leandro etwas ganz Besonderes? War das am Ende Liebe auf den ersten Blick? Schnell ging ich duschen, schminkte mich und zog mich an. In meinem Köpfchen schwirrte immer nur ein Satz umher: Gleich würde ich wieder bei IHM sein, bei LE-AN-DRO! Der Name zerging mir auf der Zunge wie Vollmilchschokoladentrüffel und löste in mir einen wahren Freudentaumel aus, der mich beinahe unter der Dusche ausrutschen ließ. Dabei hatten wir uns noch nicht einmal geküsst, geschweige denn berührt, und ich entschied, dass es heute, in dieser feierlich-österlichen Atmosphäre, höchste Zeit war, das Eis zu brechen.

Auf der Piazza herrschte großer Tumult. Menschenmassen schoben sich durch die Straßen und über den großflächigen Marktplatz. Leandro wartete vor der ersten Bar am Platz auf mich und lächelte, als er mich kommen sah. Sofort ließ er sich von der Eisenstange, auf der er gesessen hatte, gleiten und kam mir entgegengeschlendert.

„Was ist denn hier los?", fragte ich erstaunt.

„Der übliche Ostersonntagsspaziergang. Nichts Besonderes."

Leandro gesellte sich rechts neben mich und wir schlugen den Weg zur Via Vittorio Veneto ein, die von prächtigen, alten Pinien umsäumt war. Die Frühlingssonne schien uns aufs Haupt und neugierige Blicke starrten uns eindringlich an. Leandro war offensichtlich sehr stolz, mit mir in trauter Eintracht durch Panuzzos Gassen zu traben, denn er genoss die starrenden Blicke der Passanten sichtlich. Mir kam das Ganze etwas komisch vor, zumal ich so ein Verhalten aus der deutschen Hauptstadt nicht kannte. Wir grüßten ab und zu nach rechts und links und waren ansonsten in interessante Gespräche vertieft. „Da ist ja mein Cousin Peppe", bemerkte ich und winkte Peppe und seiner Frau freundlich zu.

„Ja, die beiden waren in einen ziemlichen Skandal verwickelt", meinte Leandro.

„So? Davon weiß ich nichts!"

„Na, sie war doch mit einem anderen offiziell verlobt und machte zu der Zeit gerade den Führerschein. Als ihr damaliger Verlobter sie zur Fahrschule begleitete, sagte sie ihm eines Tages, dass er sie nicht mehr abzuholen bräuchte, denn sie würde ihn bis zum Nachmittag verlassen haben. Der Freund nahm das nicht für bare Münze, aber da ging schon die frohe Kunde herum, dass sie mit Peppe abgehauen sei."

„Das sind ja Zustände wie im alten Rom", unkte ich.

„Ja, dich kann das sicher nicht vom Hocker hauen, aber hier ist das gefundener Gesprächsstoff für Klatsch und Tratsch", grinste Leandro.

Wenn die Eltern zweier Liebenden nicht wollten, dass das Pärchen heiratete, dann tauchten die beiden Turteltäubchen einfach für ein paar Tage unter, was offiziell bedeutete, dass sie eine sexuelle Beziehung miteinander gehabt hatten. Kein Mensch würde ihnen danach noch die Heirat verwehren. Diese Art, seine Eltern zu überzeugen, war sogar relativ häufig auf Sizilien und immer ein sicherer Grund, in aller Munde zu sein. Die Eltern schämten sich für geraume Zeit über die Schande, die das junge Paar über sie gebracht hatte, und sie gingen für einige Zeit nicht aus dem Haus, aber wie jeder Klatsch ging auch das vorbei und wenn erst das Enkelkind da war, war alles wieder vergeben und vergessen. So einfach war das hier!

Um 13:00 Uhr fuhren Leandro und ich ans andere Ende der Ortschaft zu seiner Tante Rosa, die uns zum Essen eingeladen hatte.

„Heißt deine Mutter nicht Rosalia?", fragte ich Leandro. „Wieso heißt deine Tante, also ihre Schwester, dann Rosa?"

„Sie heißen eigentlich beide Rosalia, meine Tante wird aber ‚Rosa' genannt, um die beiden unterscheiden zu können. Sowohl die Mutter meines Großvaters als auch die Mutter meiner Großmutter hießen Rosalia, und somit haben meine Großeltern beide Töchter nach ihnen benannt. Früher ging das, heute ist es zum Glück nicht mehr erlaubt, dass zwei Geschwister den gleichen Vornamen erhalten. Da Rosalia und Rosalia auch noch genau am gleichen Tag, nur ein Jahr voneinander getrennt, geboren wurden, gab es immer wieder ein heilloses Durcheinander. Als meine Mutter sechs Jahre nach meiner Tante heiratete, wurde sie mit meiner Tante verwechselt. Den Urkunden nach war sie bereits verheiratet und hatte zwei Kinder."

Ich stöhnte. Wie ich diese lächerliche Namenstradition hasste! Ich erinnerte mich daran, dass bei uns auch des Öfteren Post vom Cousin meines Vaters einlangte, der ebenfalls Vittorio La Palma hieß.

Wir waren angekommen und standen vor einem zweistöckigen, schmalen Haus. Leandro öffnete die winzige, rostige Eisentür und schob mich in einen dunklen, kellerartigen Raum, in dem allerhand Krempel herumlag. Wir durchquerten ihn und kraxelten eine steile Treppe empor. So musste sich Dornröschen gefühlt haben, ging es mir amüsiert durch den Kopf. Oben empfing uns eine Lichtflut und mein Blick fiel auf eine riesige, braune Einbauküche. Um den großen Tisch, der für zwanzig Personen gedeckt war, saßen bereits achtzehn und starrten uns neugierig an. Ein paar Gesichter erkannte ich vom Begrüßungsessen bei Elena wieder, ein paar waren mir fremd.

Wir traten ein und Leandro stellte mich mit den Worten vor: „Das ist Carina!" Eine stürmische, aber herzliche Begrüßungszeremonie brach aus und zahlreiche Kinderhände begannen, an mir herumzuzotteln. Das Geschrei vermischte sich mit der unüberhörbaren Geräuschkulisse des Fernsehers, wo gerade eine dümmliche Unterhaltungsshow lief. „Das sind mein Bruder Lorenzo, seine Frau Sabrina und ihre Tochter Rosalia", versuchte Leandro, das Chaos zu bändigen. Die Kleine war – natürlich – nach ihrer Oma väterlicherseits benannt. „Mein Bruder und seine Frau wohnen in der Nähe Palermos und sind ebenfalls Krankenpfleger."

Lorenzo, der sechs Jahre jüngere Bruder, sah Leandro zum Verwechseln ähnlich. Ein sehr hübsches, etwa vier Jahre altes Mädchen hatte sich an meinem Arm festgekrallt und lachte mich mit strahlend blauen Augen an. „Rosanna, lass das, bitte!", rügte Mutter Sabrina die Kleine. Aus Protest gegen ihre Schwiegermutter nannte Sabrina ihre Tochter Rosanna statt Rosalia, wie mir Leandro zuraunte. Sabrina schob die Kleine zur Seite und die Familie schaute etwas pikiert. Doch Sabrina machte sich gar nichts daraus. Sie war, soweit ich das überblicken konnte, die einzige Frau im Zimmer, die dezent geschminkt, von schlanker, zarter Gestalt und ansprechendem Äußeren war.

Eine etwa siebenundvierzigjährige schwarze Olive, die sich später als zehn Jahre jünger und als Leandros Cousine herausstellte, lachte uns ungeniert und gutgelaunt mit schwarzen Zahnstummeln im Mund entgegen und drückte mir voller Herzlichkeit ihre verwahrloste Schnute auf die Wange. Ihr Angetrauter, ein kleiner Mann mittleren Alters, drückte mich ebenfalls herzlich an sich. Der Geruch seines Hemdes, das nach Schafen und Ziegen duftete, vermischte sich mit meinem französischen Edelparfum, das ich von Dennis und Angie zum Geburtstag bekommen hatte. „Damit du die Männer nicht nur mit deinen Augen betörst, sondern auch ihre Nasen im Sturm eroberst", hatten sie mir damals mit auf den Weg gegeben. Ich taumelte von einem zahnlosen Gebiss zum nächsten Huftiergeruch und blieb schließlich erschöpft und benebelt auf meinem Ehrengastplatz am Tischende sitzen, um bald darauf eine riesige Portion getrockneter Tomaten in Öl und ein randvolles Glas mit selbstgemachtem Rotwein gereicht zu bekommen. Die gesamte Sippe machte sich heißhungrig über die Vorspeise her und aß, brottunkend, alles in Windeseile auf. Ich hatte kaum die erste und zugleich letzte getrocknete Tomatenscheibe hinuntergewürgt, da wurde mir von links auch schon eine lecker duftende Riesenportion Lasagne vor die Nase geschoben und von rechts, um mich zum Essen zu animieren, kameradschaftlich-herzlich auf die Schulter geklopft. Irgendwie hatte ich gar keinen Hunger mehr, aber ein Blick in Leandros strahlende Augen, die mich zärtlich beobachteten, zauberte wieder ein Lächeln und gute Laune auf mein liebevoll geschminktes Gesichtchen, das jetzt sicher gar nicht mehr gepudert aussah, sondern verschwitzt glänzte. Der Fernseher flimmerte ununterbrochen und irgendwelche besonders gut aussehenden Kandidaten von der letzten italienischen Big-Sister-Staffel versuchten mehr oder weniger erfolgreich, sich zum Affen zu machen.

„Hach, guckt doch mal, wie lustig!", rief Cousine Stummelzahn und ließ ihr Zahnfleisch blitzen. Alle glotzten begeistert in die Röhre.

„Willst du noch etwas geriebenen Ricotta-Käse auf die Lasagne haben?", sizilianerte die faltige Tante und beugte sich eilig zu mir über den Tisch, so dass das Gesicht ihres Enkelsohnes fast in der Lasagne vergraben wurde.

Die Mutter und die Tante, die einander wie ein Ei dem anderen glichen und die sogar die gleiche verwaschene Rüschenschürze mit Zwiebelmuster anhatten, wieselten, so schnell sie ihre krummen, kurzen Beine tragen konnten, in geschäftiger Eile um den langen Tisch herum und bedienten die gesamte Mannschaft. Noch ehe meine Antwort abgewartet wurde, hatte ich schon zweihundert Gramm beißenden Ziegenkäse auf dem Lasagneberg und mein leises: „Nein, danke" ging im gefräßigen Geschnatter unter. Vorsichtig und unauffällig schob ich den grob geriebenen Käsehaufen zur Seite und begann mich von oben nach unten durchzuessen. Plötzlich und ohne vorherige Ankündigung stand wieder eine rüschige Zwiebelschürze neben mir und streute mir noch einmal hundert Gramm von dem übelriechenden Reibekäse auf meine Lasagne.

„Ich wollte eigentlich kei...", sagte ich in hilfloser Verzweiflung, aber Leandros Mutter, die recht frisch rasiert aussah, unterbrach mich mit einem emsigen Griff in das Käsetütchen und schrie dabei mit strahlendem Lachen, dass mir der selbstgemachte Ricotta offensichtlich schmecke, weil ich alles heruntergegessen habe.

Plötzlich schrie Tante Rosa panisch auf: „Ich habe vergessen, dem Onkel die Tablette zu geben!" Und schon drückte sie ihm seine Zuckertablette zwischen die Kiemen. Der schon etwas senile Onkel war übrigens der Bruder von Leandros Vater und bekam den kurzen Tumult gar nicht richtig mit. Er aß alles, was die Kelle hergab, von Zuckerdiät keine Spur, und als die Tante mit stolzgeschwelltem, üppig bebendem Busen posaunte, dass viel Zucker in die Tomatensauce gehöre, sonst schmecke sie nicht, war mir alles klar. Leandros Vater Don Gustavo saß klein und unscheinbar inmitten des Clans. Ab und zu stach er mit seinem rostigen Klapptaschenmesser auf den vollen Plastikteller, den er vor sich stehen hatte, ein und führte Essen zum Mund. Welch kurioser Anblick!

Dann kam der zweite Gang. Mir wurde von den wild umhertänzelnden, buckligen Damen des Hauses ein neuer, randvoller Teller mit dampfendem Rindfleisch in Tomatensauce vor die Nase gesetzt. Es duftete köstlich. Die rosa Stückchen, die da in der kalorienhaltigen Sauce schwammen, entpuppten sich als Kartoffeln und schmeckten ebenfalls lecker, obwohl mein Appetit auf Tomatensauce bereits von den getrockneten Tomaten und der Lasagne gestillt war. Als Contorno gab es Auberginen mit Mozzarella, Basilikum und Schinken überbacken, die, wie könnte es anders sein, in einer fettigen Tomatensauce lagen. Es schien, als hätten sich die aparten Padano-Schwestern heute für ein Menü auf Tomatenbasis entschieden. In einer großen Plastikschüssel schwamm ein öldurchtränkter Tomatensalat, der ebenfalls die Runde machte und dessen Rest sich Leandros Vater einverleibte, indem er ungeniert die Schüssel zum Mund führte und genüsslich daraus zu schlürfen begann. Leandros Mutter, die wenig elfenhafte und wenig zartgliedrige Donna Rosalia, tat es ihm mit dem guten Liter Tomatensauce, der sich inzwischen auf ihrem Teller angesammelt hatte, gleich und verschwendete offensichtlich nicht einen einzigen, nutzlosen Gedanken an ihre ausladende Figur. So ganz nebenbei hatte sie auch noch einen ganzen Laib Weißbrot verputzt.

„Isst du denn gar kein Brot?", rief die Tante, von der ich mich schon die ganze Zeit beobachtet fühlte, quer über die Tafel, die jetzt dem Schlachtfeld von 1860 glich, als Garibaldi mit seinen Freischaren Sizilien von der Bourbonenherrschaft befreit hatte.

„Nein, dann könnte ich die anderen Sachen ja nicht mehr essen. In Deutschland ist das nicht so üblich. Da wird Brot eher morgens und abends gegessen", antwortete ich verschüchtert, worauf sich alle verwundert anschauten.

„Aber dann wird man doch gar nicht richtig satt", gab Donna Rosalia zu bedenken und ich nickte nur, weil ich lieber nicht darauf antworten wollte. Als wir nach dem Rindfleisch auch den Obstgang hinter uns gebracht hatten, hörte ich hier und da ein gesättigtes Bäuerchen in den hinteren Reihen und Cousine Zahnstummel, die eigentlich Eliana hieß, erhob sich schwerfällig, um eine Riesenkanne Espresso zu brauen. Ihre korpulente Schwester war nicht nur gebisstechnisch eindeutig im Vorteil, nein, sie schien sogar die Adresse eines Friseurs zu kennen und sah ihrer ein Jahr jüngeren Schwester nicht im Geringsten ähnlich. Filumena, genannt Milena, war hier so etwas wie die Königin der Backstuben, denn sie krabbelte tief in den Kühlschrank hinein und zauberte eine Mega-Quark-Sahnetorte hervor, die sich wirklich sehen lassen konnte. Die Tante platzte nun fast vor Stolz und meinte, keine andere könne an ihre Tochter heranreichen.

„Du isst ja so wenig, schmeckt es dir nicht?", rief Milena entsetzt, als sie noch ein paar Fleisch- und Kartoffelbröckchen auf meinem Teller erspähte, und setzte mir und ihrem zuckerkranken Vater die doppelte Portion Sahnetorte vor die Nase. Während Milena die weiße Kalorienbombe verteilte, verpasste das flexible Multitalent ihrem Ältesten mit Namen Ludovico, der circa elf Jahre alt sein mochte, hysterisch zeternd einen kräftigen Katzenkopf, so dass ihm die Brille von der Nase flog. Der Grund dafür war der hilflose Versuch gewesen, den bockigen Ludovico auf pädagogisch wertvolle Weise davon zu überzeugen, seinen Teller leer zu essen, und ihm laut brüllend das ölige Rindfleisch schmackhaft zu machen. Als das alles nichts nützte, schnappte sie sich genervt seinen Teller und begann, den pubertierenden Jüngling in hektischer Eile abzufüttern.

„Doch, doch, es schmeckt alles köstlich", lächelte ich tapfer und schob mir noch schnell einen Fleischbrocken in den Mund, um niemanden zu beleidigen und Milena nicht zu animieren, mir die gleiche erzieherische Behandlung zuteil werden zu lassen.

„Muss wohl auf die Linie achten", grölte der Mann von Milena und löste einen hysterischen Lachanfall bei den vollschlanken Damen im Raum aus. Sabrina und ich, die einzigen normalgewichtigen Frauen im Hause, schauten uns vielsagend an und Cousine Eliana kreischte: „Das haben nur die nötig, die keine richtigen Probleme haben!" ‚Na, wenn ihr wüsstet', dachte ich und war den ganzen restlichen Tag von den vielen neuen Eindrücken dermaßen verwirrt, als wäre Ostern, Weihnachten und Pfingsten auf einen Tag gefallen. Irgendwann, nach dem starken, heißen Espresso mit viel Zucker, den auch der Diabetikeronkel und sogar die Kinder emsig vor sich hin schlürften, holte Leandros Vater wieder seine Mandoline hervor und spielte ein paar sizilianische Weisen, was bei der Verwandtschaft Anlass zum Spott gab, denn er holte täglich mindestens drei Mal sein Instrument hervor und vergnügte sich damit. Kein Wunder, bei der Frau konnte ich ihn gut verstehen. Leandro erzählte mir, dass im Nachbarort Prizzi eine sehr interessante Prozession stattfinden würde, und fragte mich, ob wir sie uns ansehen wollten. Begeistert bejahte ich. Schlagartig wurde mir bewusst, dass ich eigentlich nur die Sommerfesttage, die am 15. und 16. August waren, kannte und ich eigentlich wenig über das Leben der Leute hier wusste.

Zunächst waren aber die Schulaufgaben der Kinder angesagt. Leandro wurde dazu verdonnert, die Hausarbeiten der sechsjährigen Tochter Milenas zu machen, nein, nicht etwa zu helfen, sondern zu machen, weil weder die kleine Graziella noch eines der Elternteile in der Lage dazu waren. Ich hatte bereits mitbekommen, dass einige aus Leandros Sippe zwar sehr lieb waren, aber den Intelligenzquotienten einer Scheibe Brot besaßen. Graziella sollte in einfachen Worten die vier Jahreszeiten beschreiben, was sich als ein ausgesprochen schwieriges Unterfangen herausstellte, denn Graziella und ihre hellwache, pfiffige Mutter hatten nicht den blassesten Schimmer, was zu welcher Jahreszeit geschrieben werden könnte. Ich bewunderte Leandros stoische Ruhe. Er ließ sich nichts anmerken und erklärte liebevoll, dass im Frühling die Blümelein zu sprießen begannen und die kahlen Bäume ergrünen würden. Ich kam nicht darum herum, in tiefer Verwunderung umherzuschauen. Ich konnte das alles nicht fassen und glaubte mich bei Monty Pythons Otternasen. In der Zwischenzeit hatten sich die beleibten Bauersfrauen erhoben, um den Tisch abzuräumen und eine Schlange hinter dem Abwaschbecken zu bilden. Jede von ihnen hatte sich ein adrettes, frisch gestärktes Schürzchen um den ausladenden Bauch, den Busen und die Po-Zone gebunden und die erste Abwäscherin begann, einen halben Liter Spülmittel ins Waschwasser zu kippen. Um nicht ganz nutzlos und faul herumzusitzen und den einsamen Monolog der vier Jahreszeiten von Leandro nicht mit anhören zu müssen, erhob auch ich mich und reihte mich in die Liga der wackeren Hausfrauen ein. Sorgsam trocknete ich ein Tellerchen ab. Die tapferen Hausfrauen nahmen das mit zufriedenem Lächeln zur Kenntnis, stürzten sich dann aber alle auf mich, um mir laut schreiend zu versichern, dass das doch nicht nötig wäre, da ich ja ihr Gast sei und schließlich auch kein Schürzchen umhätte. Ich ließ mir das nicht zweimal sagen.

Das Geschrei und das wilde Gestikulieren lagen an der italienischen Mentalität. Ich erinnerte mich, dass meine Oma Charlotte mir einmal erzählt hatte, dass sie sich bei ihrem ersten Sizilienaufenthalt vor fast dreißig Jahren immer gewundert hatte, warum hier alle so brüllten. Sie hatte kein Wort verstanden und war davon überzeugt gewesen, dass sich alle unentwegt stritten, bis mein Vater sie aufgeklärt hatte. Gegen vier Uhr nachmittags verdunkelte sich der Himmel und ich verabschiedete mich von Leandros Großfamilie. „Mein Sohn meint, dass du Ähnlichkeit mit Sabrina Ferilli hast", rief die zahnlose Eliana enthusiastisch, worauf ihr halbwüchsiger Sprössling rot anlief. Ich grinste und sagte, dass ich die Dame leider nicht kannte, es aber als Kompliment auffasste.

„Das kannst du auch, denn sie ist eine wunderschöne Schauspielerin", meinte Leandro stolz. Jetzt war es an mir, rot anzulaufen, was zum Glück auf der dunklen, steilen Treppe, die zum Keller führte, keiner sehen konnte. Der Himmel war pechschwarz und wir setzten uns eilig in Leandros Golf, um pünktlich in den Nachbarort Prizzi zu gelangen. Der bevorstehende Regen entpuppte sich später als Schneewolke und überzog die liebliche Landschaft mit einer dünnen, weißen Decke.

Nach dem Spektakel in Prizzi, wo wir nah aneinanderstehend die Straßenszenerie beobachtet und unter den Balkonen Schutz vor dem Schnee gesucht hatten, gingen wir Pizza essen. Die Stimmung hatte nicht im Geringsten etwas mit der Candle-Light-Atmosphäre der Berliner Restaurants gemeinsam. Grelles Neonlicht schien auf uns herab und um uns herum füllte sich der Saal. Laut schwatzend und Stühle rückend läuteten die sizilianischen Kleinfamilien ihren Abend ein. Kinder rannten schreiend um die Tische herum und kein Mensch störte sich daran.

„Komisch, dass sich hier niemand über die Lärmbelästigung aufregt", wunderte ich mich typisch deutsch. In diesem Augenblick wurde die Stereoanlage voll aufgedreht und die Lieder von Eros Ramazzotti tönten durch den hell erleuchteten Saal.

„Was?", schrie Leandro gegen den Lärm an. Ich rückte ein Stückchen näher und meine Lippen berührten fast Leandros Ohr, als ich meine Beobachtung wiederholte.

„Wieso, das ist doch ganz normal. Wäre doch sonst langweilig! Und das hier ist ja auch eine Durchschnittspizzeria und kein Nobelrestaurant", grölte Leandro in meine nach Pfirsichshampoo duftenden Haare, was mir ein angenehmes Gefühl von Gänsehaut bescherte.

Das laute Pizzaessen hatte jedenfalls ein Gutes, denn Leandro und ich mussten die Köpfe eng zusammenstecken. Beim letzten Pizzastückchen füßelten wir bereits, und beim Espresso schaute mir Leandro so tief in die Augen, dass mir heiß und kalt wurde. Das war für mich Grund genug, den Tag als äußerst erfolgreich und vielversprechend einzustufen. Und das trotz des fettigen Tomatenbasisessens, das mir gehöriges Sodbrennen beschert hatte.

23 Liebe auf Sizilianisch

Der Mond kam soeben hinter einer dicken Wolke am Himmel hervor und die Sterne leuchteten in vielen kleinen Glitzerpunkten auf uns herab, als Leandro und ich im Auto saßen und die wundervolle Nacht auf uns wirken ließen. Wir genossen unsere intensive, einsame Zweisamkeit, und ab und zu seufzte einer von uns, während wir Händchen hielten. Leandro hatte bis jetzt noch keinerlei Anstalten gemacht, mich zu küssen und langsam wurde ich nervös. ‚Nun wird es aber Zeit', dachte ich und schaute ihn von der Seite an.

„Was ist?", fragte Leandro etwas verunsichert.

„Willst du mich nicht küssen?", platzte ich heraus.

„Willst *du* mich nicht küssen?"

Ich musste innerlich in mich hineinlachen. Ach, er ziert sich! „Nein, ich bin schüchtern", antwortete ich wahrheitsgemäß und außerdem war ich in dieser Beziehung altmodisch. „Ich auch", konterte er. „Ich dachte, du bist emanzipiert. Dann küss du mich doch." „No", bockte ich. Kinderspielchen! Etwas genervt schaute ich aus dem Fenster, um ihm meine Nervosität nicht zu zeigen. „Dann halt nicht", grinste Leandro und wollte mich offensichtlich aus der Reserve locken. „Tja", gab ich lässig zurück. So ein Affe!

Leandro lachte plötzlich und zog mich selbstbewusst an sich heran. ‚Na, küssen kann er jedenfalls', dachte ich zufrieden und genoss es.

„Hast du schon einmal mit jemandem Liebe gemacht?", fragte Leandro plötzlich in einem bierernsten Ton, ohne mich dabei anzusehen. Ich musste grinsen. Gelungener Witz! Da Leandro nichts mehr sagte, schaute ich ihn von der Seite an und versuchte im Halbdunkeln, seinen Gesichtsausdruck wahrzunehmen. ‚Der meint die Frage tatsächlich ernst', schoss es mir durch den Kopf! Wahrscheinlich ist diese Frage bei einem artigen, sizilianischen Mädchen durchaus angebracht. Bei einem, sagen wir, normalen deutschen Mädchen eher ein Witz am Rande. Wer würde eine 29-Jährige so etwas in Berlin fragen? Niemand! Wahrscheinlich nahm ich Leandro mit meiner ehrlichen Antwort jegliche Illusion. „Si", sagte ich trotzdem. „Ja, habe ich!", und kam nicht umhin zu denken: ‚Wäre ja auch traurig, wenn nicht!'

Leandro tat so, als wäre alles okay.

„War die Frage ernst gemeint?", wunderte ich mich jetzt doch ein bisschen.

„Natürlich! Hätte doch sein können, dass du noch Jungfrau bist, oder?"

„Nee, wohl kaum", sagte ich, musste mir aber vor Augen halten, dass es in einem kleinen Ort auf Sizilien, hinter den Bergen, bei den sieben Zahnlochzwergen für eine unverheiratete, anständige Frau durchaus normal war, wenigstens nach außen hin noch als Jungfrau zu gelten. Schlankheit, Schönheit und Jungfräulichkeit wurden hier eindeutig überbewertet! „Bist du denn noch Jungmann?", feixte ich zurück und war gespannt, was Leandro darauf antworten würde.

„Nein", sagte er.

Ich musste wieder grinsen, ließ ihn aber erst noch weiterreden.

„Aber das ist doch auch etwas anderes, oder?"

„Natürlich! Männer dürfen und sollen sogar Erfahrungen sammeln, bevor sie heiraten, Frauen bitte nicht!"

„Nein, nein, so meinte ich das nicht", antwortete Leandro schnell.

„Gefallen dir eigentlich die sizilianischen Frauen? Ich meine, hast du vor, eine zu heiraten oder könntest du dir auch vorstellen, eine Ausländerin zu ehelichen?"

„Wenn du dich als eine Ausländerin siehst, dann könnte ich mir das durchaus vorstellen", grinste Leandro. „Aber für mich bist du eher eine Sizilianerin."

„Ich fühle mich hier eigentlich eher wie eine Deutsche – und in Berlin wie eine Italienerin", meinte ich nachdenklich und betrachtete den wundervollen Sternenhimmel.

Verliebt lag ich in Leandros Armen, roch den Duft seiner Lederjacke und spürte seinen gleichmäßigen Herzschlag. Wir küssten uns innig und ausgiebig. „Facciamo l'amore!", stöhnte Leandro. „No!", sagte ich trocken. Ich ahnte instinktiv, dass frau sizilianische Männer warten lassen musste, um als ernstzunehmende und anständige Person zu gelten. Schließlich war ich das im Grunde meines Herzens ja auch und wollte meinen guten Ruf nicht durch Zügellosigkeit und Hormonstau ruinieren.

Leandro schaute mir tief in die Augen und strich mir zärtlich eine Haarsträhne aus dem Gesicht. „Das freut mich", sagte er. „Mich auch", antwortete ich.

Seine Antwort hatte meine sizilianische Sex-Theorie soeben bestätigt. So ließ ich ihn noch einige Tage zappeln, bis ich schließlich nachgab. Es war wieder eine sternenklare Nacht, als er mich erneut fragte. Diesmal nickte ich und Leandro ließ hocherfreut von mir ab, startete den Motor und fuhr mit mir durch die dunkle Nacht. Ich spürte, dass es nicht mehr nötig war, mich zu zieren, denn eigentlich war von Anfang an alles klar zwischen uns.

„Wo fahren wir hin?", fragte ich und war aufgeregt, was da jetzt auf mich zukommen würde. „Wir fahren zu mir aufs Land", lächelte Leandro.

„Da, wo das Kälbchen geboren wurde?"

„Da, wo das Kälbchen geboren wurde", antwortete Leandro, nahm die Hand von der Gangschaltung und suchte nach meiner, um sie fest zu drücken. Mein Herz pochte wie wild. Nach ein paar Minuten bog er rechts ab und machte die Scheinwerfer aus. „Damit uns niemand hierher fahren sieht!" Wir klapperten auf einer holprige Straße dahin, um dann links abzubiegen und eine Anhöhe hinaufzufahren. Schließlich erreichten wir über einen Schotterweg einen großen Stall und gleich daneben ein kleines Landhäuschen. Wir waren am Ziel. Ein paar Hunde bellten in unmittelbarer Nähe. „Du kannst ruhig aussteigen, sie tun dir nichts", flüsterte Leandro und suchte nach dem Schlüssel für das Haus. Eine knarrende alte Eisentür sprang auf und ächzte. Leandro nahm meine Hand und führte mich hinein. Es roch nach Heu und Kuhmist. Im Dunkeln suchte Leandro nach einer Kerze und zündete sie an. Ich stand in einem dürftig eingerichteten Raum mit Holzbalkendecke. Links befand sich ein ausrangierter, unmoderner Wohnzimmerschrank, in der Mitte stand ein alter Eisentisch und an der linken Wand, mir gegenüber, ein kleines, klappriges Bett. „Hier ruht sich mein Vater immer aus", kommentierte Leandro und ließ sich auf das Bett fallen. Die Kerze flackerte aufgeregt mit meinem Herzen um die Wette, als Leandro mich zärtlich an sich zog und mich warm und weich küsste.

24   Zurück im Alltag

Die Tage vergingen wie im Fluge und als ich mich auf meinem geliebten türkisen Sofa im Berliner Schwesternwohnheim wiederfand, musste ich zugeben, dass mein Herz so weh tat, als wäre die eine Hälfte auf Sizilien geblieben. Ich hatte riesengroße Sehnsucht nach Leandro, der mich mit seiner lieben und gleichzeitig männlichen Art tief berührte. Er fehlte mir einfach zu sehr, als dass es mir gut gehen hätte können. Noch tiefer war der Schmerz, wenn ich an die wundervollen Nächte auf dem Land dachte. Ich schaute aus dem Fenster auf eine graue Wiese und den Ententeich. Ein bewölkter Berliner Apriltag, der nichts, aber auch gar nichts dazu beitrug, meine Stimmung ein bisschen zu heben.

Von Ostern an war ich von der Großfamilie Padano jeden Tag zum Essen eingeladen worden. Wahrscheinlich hatten sie Wetten darauf abgeschlossen, wie viele Kilos ich während der restlichen Tage auf Sizilien zunehmen würde, denn ich kam mir vor wie eine zu schlachtende Weihnachtsgans, die bedingungslos gemästet wurde. Zurück in Berlin hatte ich allerhand Fastentage einzulegen, bis ich die drei Kilo, die ich mir in nur fünf Tagen angefuttert hatte, wieder los war. Der Rückflug war eine wahre Tortur. Leandro hatte es sich nicht nehmen lassen, mich zum Flughafen zu bringen, obwohl Cousin Domenico sich ebenfalls angeboten hätte. Wir heulten beide Rotz und Wasser und ich konnte nicht so recht realisieren, wie es nach nur vierzehn Tagen zu so einem Gefühlsausbruch kommen konnte. Leandro hatte mir eine Kassette mit verschiedenen italienischen Liedern geschenkt, die ich mir auf seinem Walkman bereits im Flugzeug anhörte. In der Mitte der Kassette hörte ich plötzlich Leandros sonore Stimme: „Ciao, Carina, bella mia! Ich küsse dich auf deinen Mund – auf deinen wundervollen Kussmund. Ich will nicht lange um den heißen Brei herumreden. Die Tage und auch die Nächte mit dir waren wunderschön! Ich bin sehr verliebt in dich und ich kann mir keine andere Frau an meiner Seite mehr vorstellen. Ich zähle die Stunden, bis wir uns wiedersehen! Ich liebe dich, vergiss das nicht!"

Da war es dann vollends um mich geschehen. Ich sah Leandro durch mein Miniflugzeugfenster klein und weit weg auf dem Besucherplateau stehen und hörte die wundervollen Lieder von Claudio Baglioni, Domenico Zero, Ivana Spagna und Lucio Dalla, während *mein* Leandro mir zuwinkte. Tränen liefen mir die Wangen hinunter. Ich wischte sie mit meinem Pulloverärmel ab, weil ich wieder einmal kein Taschentuch bei mir hatte. Diesmal war zum Glück kein unaufhörlich schnatterndes Sitzweib neben mir, sondern ich wurde mit meinen Heulattacken in Ruhe gelassen. Und das fand ich auch gut so.

Ich bekam den ganzen Flug nur wie durch einen Wattebausch mit und wünschte mir nichts sehnlicher, als neben Leandro auf dem Beifahrersitz aufzuwachen und mit ihm zu lachen und zu reden. Da das aber nicht ging, wollte ich zumindest so schnell wie möglich in mein warmes Bett schlüpfen, mir die Decke über beide Ohren ziehen und einfach nur alleine sein. Der Flug kam mir besonders lange vor. Ich beschloss deshalb, meine müden, verheulten Augen zu schließen und etwas zu schlafen, was mir zum Glück auch gelang.

Tanja, die nette, hübsche Stewardess vom Hinflug, hatte zufälligerweise wieder Dienst und versorgte mich mit Schokolade und Getränken.

„Na, Liebeskummer? Die feurigen Italiener können einem schon das Herz brechen", lächelte sie mitfühlend und ich nickte nur stumm. In einem Anflug von Solidarität setzte sie sich kurz neben mich und reichte mir ein Taschentuch.

„Nun nehmen Sie es nicht so schwer! Mir ging es übrigens einmal genauso mit einem Engländer."

„Und wie ging die Geschichte aus?", fragte ich indiskret.

„Ich bin mit ihm seit fünf Jahren verheiratet und wir haben eine kleine Tochter", grinste sie mich tröstend an, so dass ich ihr verschmitztes Lächeln nur erwidern konnte. „Danke für Ihre aufmunternden Worte", sagte ich und griff zum Edelschokoriegel, den sie mir heimlich zugesteckt hatte. Nach dem ersten Bissen ging es mir augenblicklich besser. Auf der Rückseite stand: „Lange Zeit galt Schokolade als Arzneimittel. Sie kann ein Seelentröster sein, denn Zucker hebt über die Insulinausschüttung den Spiegel des Botenstoffes Serotonin im Gehirn. Serotoninmangel spielt bei der Entstehung von Depressionen eine entscheidende Rolle. Kakao enthält außerdem anregendes Koffein und weitere Substanzen, die der Seele gut tun."

Nun war mir alles klar! Deshalb war ich all die Jahre noch nie in Depressionen verfallen. Völlig gerädert kam ich auf dem Berliner Flughafen Tegel an, aber als mich meine Mutter und meine Schwester, die schon auf mich gewartet hatten, in die Arme nahmen, war es um meine Fassung abermals geschehen. Exakt in dem Moment, als ich mich zu einem neuerlichen Heulanlauf aufraffen wollte, erspähte ich eine 190-cm-Gestalt. Die Gestalt trug einen bunten, von mir gestrickten Schal und musterte mich genau. Ich blinzelte und konnte meinen verquollenen Augen kaum trauen. Was wollte denn dieser Arsch hier! Malte kam mir selbstherrlich lächelnd mit einer roten Rose in der Hand entgegengeschwebt und hielt sich wohl für Romeo höchstpersönlich. Würg! Als er sich nahe genug an uns herangeschlichen hatte, überreichte er mir mit einem gekünstelten Augenaufschlag das halbwelke Blattwerk und begrüßte mich mit den Worten: „Willkommen in Berlin, Carina!" Wen interessierte denn noch dieser Malte? Ich wimmelte ihn am Flughafen ungewohnt kaltherzig ab, denn ich wusste in diesem Augenblick ganz genau, dass es mit ihm für immer zu Ende war.

Wieder in meiner geliebten Wohnung bereiteten Allegra und meine Mutter das Mittagessen zu. Ich rief mit zittrigen Fingern Leandro an und mich überfiel abermals diese furchtbare Schwermut. Und auch Leandro am anderen Ende der Leitung ging es nicht besser. Er war inzwischen in der Arbeit, betreute wieder die Nachmittagskinder und alles kam ihm so sinnlos vor – ohne mich.

Die kommenden Tage vergingen und alles war wie immer: das Schwesternwohnheim, die Abendschule und der erste Arbeitstag im Krankenhaus, den ich auf der Ersten Hilfe in Begleitung des neuen Abteilungspflegers, Herrn Runkel, verbrachte. Und trotzdem war alles anders. Schwester Nele schaffte es, mich etwas aus meiner Sizilienmelancholie zu holen, indem sie nicht nur heftig mit dem netten Stationsarzt der Inneren flirtete, sondern auch Herrn Runkel nicht verschonte. Dieser war wohl abkommandiert worden, um einen strengen Blick auf meine Arbeitsweise zu werfen, aber ich tat, als wäre ich hocherfreut über seine Anwesenheit, was ihn sichtlich irritierte. Die unaufhörlich kommende Patientenflut mit Koliken, geschnittenen Fingern, gebrochenen und gestauchten Armen, Beinen, Händen und Füßen ließ mir wenig Zeit zum Nachdenken und ich schaffte es, den ersten Arbeitstag einigermaßen hinter mich zu bringen. Diesen Menschen konnte geholfen werden, aber Herzschmerz war selbst für die Erste Hilfe zu viel.

Zehn ereignislose Tage waren vergangen, als ich abends einigermaßen zufrieden und entspannt, eingemummt in eine Decke, auf meiner Couch saß und eine Gala zu Gunsten der Hungernothilfe für Afrika anschaute. Mein Lieblingssänger Al Bagno sang gerade das Lied: „Cos'è l'amore?" Tja, diese Frage hätte ich bis vor kurzem auch nicht beantworten können, aber seit ich Leandro getroffen hatte, wusste ich endlich, was wahre Liebe bedeutete. Mit Tränen in den Augen griff ich zum Hörer, wählte die eingeblendete Telefonnummer der Spendenzentrale und spendete fünfzig Euro. Berauscht von meiner guten Tat und dem vorherigen Telefonat mit Leandro, in dem wir Pläne für die Sommerferien geschmiedet hatten, klingelte das Telefon. Ich angelte nach dem Telefonhörer und meldete mich. Nanu? Sollte das noch einmal Leandro sein?

„Hallo, Carina, hier ist Malte!"

„Welcher Malte?", grunzte ich in den Apparat, aber dann erinnerte ich mich dunkel.

„Sehr witzig", nörgelte Würg in den Hörer. „Sollte nicht witzig sein", hörte ich mich desinteressiert antworten.

„Hast du geweint? Du hast so eine verwaschene Aussprache! Geht es dir wieder besser? Du sahst auf dem Flughafen ja sehr mitgenommen aus."

Glaubte Würg etwa, dass ich wegen ihm mitgenommen ausgesehen hatte?

„Wollen wir unsere Sachen demnächst austauschen?"

„Ja, das wäre mir sehr lieb, so schnell wie möglich, bitte", antwortete ich und dachte, dann haben wir es hinter uns und nichts erinnert mehr an eine Verbindung zwischen uns. Maltes Reste-Tütchen stand schon seit meiner Rückkehr in einer Schrankecke und wartete darauf, abgeholt zu werden.

„Und wie geht's dir jetzt?", bohrte Malte abermals.

„Super", antwortete ich einsilbig.

„Na, das ist ja schön", schleimte er noch einmal. „Du solltest dir unsere Trennung nicht so sehr zu Herzen nehmen."

„Es ging mir noch nie besser in meinem Leben", protestierte ich und meinte es auch so, von meiner Sehnsucht nach Leandro einmal abgesehen. Kurzes Schweigen.

„Na, das freut mich! Wann hast du denn Zeit?"

„Morgen um 19:00 Uhr."

„Morgen? Ja, warum nicht. Ich gebe vorher noch Tennisunterricht und dann habe ich noch..." Malte fing schon wieder an, uninteressantes Zeug zu labern und das nervte mich ungemein. „Also dann bis morgen vor meiner Haustür", unterbrach ich sein Palaver und legte einfach auf.

Am nächsten Abend um zehn nach sieben klingelte es. Anstatt Malte die Tür durch den Summer zu öffnen, sprang ich mit seiner Lumpentüte in den Fahrstuhl und öffnete ihm persönlich die Eingangstüre. „Hi", begrüßte ich ihn distanziert.

„Hallo, Carina, gut siehst du aus." ‚Du aber nicht! Bist fetter geworden', dachte ich, schwieg aber. „Wollen wir nicht hochgehen und vielleicht noch einmal über unsere gemeinsame Zukunft reden? Ich wollte mich vor allem deshalb mit dir treffen, weil ich dich gleichzeitig auch fragen wollte, ob wir nicht zusammenziehen wollen!" Malte schaute mich gutgelaunt an. Mir ging langsam ein Licht auf: Er hatte nicht begriffen, dass ich wirklich nichts mehr mit ihm zu tun haben wollte!

„Komm, lass uns nach oben gehen! Ich habe eine Menge Pläne geschmiedet", entschied Malte fröhlich.

„Nein, danke!", erteilte ich ihm die finale Abfuhr. „Du hast den großen Fehler begangen, deine Pläne vorher nicht mit mir besprochen zu haben. Und ich glaube, du hast *eines* nicht ganz begriffen, lieber Malte: Ich bin keine Frau, die sich von vorne bis hinten verarschen lässt!" Ich überreichte ihm gleichgültig und mit völlig ausdruckslosem Gesicht seine Krempeltüte und nahm meine entgegen. Er schaute kurz hinein und sagte grinsend: „Ach, hier waren meine Urlaubsdias." Und dann wieder ernst: „Das mit Cordelia hast du in den falschen Hals bekommen. Das war doch nur ein einmaliger Ausrutscher..." Ich kannte nur falsche Hasen und keine falschen Hälse. Außerdem fand ich meinen Hals goldrichtig und war, was Gefühle anging, äußerst sensibel, so dass eine „Falsche-Hals-Theorie" auf mich nicht zutraf. Ausrutscher ließ ich schon gar nicht gelten, auch wenn sie einmalig waren. Und vor allem war ich es einfach nicht mehr gewillt, mir ein X für ein U vormachen zu lassen. Die Zeiten, wo mir Malte das ganze Alphabet durcheinanderbringen konnte, waren endgültig vorbei! Ich machte kehrt und stand schon wieder in der Haustür. „CARINA! Cariiina!", rief Malte verzweifelt, bevor die Tür hinter mir ins Schloss fallen konnte. Ein letztes Mal noch drehte ich mich zu ihm um.

„Malte, ich bin mir über meine Gefühle zu dir inzwischen mehr als im Klaren. Ich will nicht mehr nur zusammenziehen. Das hätte mir vor ein paar Monaten noch genügt, jetzt nicht mehr. Ich will einen Mann, der meine Kilos, die ich zu viel habe, genauso liebt wie meinen Busen, den ich zu wenig habe. Einen, der mich schön und gut findet, wie ich bin, und der sich nicht scheut, das auch vor allen zu sagen und zu zeigen. Einen, der nicht ständig an mir herummäkelt, sondern meine Schwächen zu Stärken macht und nicht zu Katastrophen aufbauscht. Der sich kein Hintertürchen offenhalten will und braucht, weil er meint, dass vielleicht noch eine Bessere vorbeikommt. Einen, der sich ganz und gar auf *mich* einlässt."

Malte starrte mich fassungslos an.

„Du meinst eine *Ehe*?" Und es klang, als würde ich von der Pest reden.

„Ja, Malte, eine *Ehe*, wie deine und meine Eltern sie zum Beispiel haben. Diese altmodische Institution, an die nur noch übrig gebliebene Romantiker und heillose Optimisten glauben. Ich bin mir sicher, dass irgendwo auf dieser weiten Welt schon lange der Richtige auf mich wartet. Malte, ich will etwas Festes. Ich werde bald dreißig!"

„Ach, Schneewittchen wird ihren Prinzen und Kleopatra ihren Caesar schon finden, was? Aber Carina, du hast doch nur Torschlusspanik!"

„Und du hast nur Bindungsangst und wirst nie mein Caesar sein. Du bist etwas Zähes, völlig unromantisch. Du wirst den Schritt in eine gemeinsame Zukunft nicht wagen. Jedenfalls nicht mit mir!"

„Aber vielleicht heiraten wir ja auch irgendwann", beeilte sich Malte zu sagen, als ich Anstalten machte, zu gehen.

„Ja, vielleicht, vielleicht auch nicht und wer weiß, wann und wo und wie. Ich habe es satt, zu warten, bis du entscheidest. Ich habe mich entschieden und das heißt, ich will nicht mehr warten. Und wenn ich schon warten muss, dann alleine ohne dich und erst recht nicht auf dich!" Die Haustür fiel hinter mir ins Schloss. Mein: „Mach's gut, Malte!", murmelte ich bereits im Fahrstuhl, der mich auf schnellstem Weg zu meinem Zimmer mit Ausblick brachte. Einem Ausblick auf meine Zukunft, die völlig offen war und der ich mit Neugier und Vertrauen entgegenblickte. Irgendwo am Horizont sah ich einen lachenden Leandro, der mir fröhlich zuwinkte und mich schon mit offenen Armen erwartete.

„Ciao, Carina!", rief mich Leandro wenig später an.

„Ciao, amore mio! Wie geht es dir? Du hörst dich so komisch an. Ist jemand gestorben?" Ich spürte plötzlich, dass eine mittlere Katastrophe auf mich zukommen würde und war auf alles gefasst. „Nein, aber – Carina, ich... mir geht es nicht gut!"

„Inwiefern?", fragte ich vorsichtig.

„Ich zweifle so sehr an allem!"

„Woran?"

„Ob unsere Beziehung auf diese Entfernung gut geht!"

„Wieso, hat jemand etwas gesagt?"

„Nein, nein", kam es viel zu schnell. „Verstehe mich nicht falsch! Ich zweifle nicht an dir und an unserer Liebe, aber unsere gemeinsame Zukunft ist so weit weg und die Hindernisse bis dorthin scheinen unüberwindbar. Bedenke doch, du bist in Berlin. Und ich hier im kleinen Panuzzo Celentano. Mein Herz ist so schwer und ich bin so unglücklich, wo ich doch eigentlich froh und glücklich sein müsste, dich kennen gelernt zu haben."

Die Telefonate der darauf folgenden Tage und Wochen hörten sich ähnlich an und es wurde immer schlimmer, bis ich Leandro sogar eine Trennung vorschlug, die er aber erschrocken ablehnte. Ich wurde immer trauriger, unkonzentrierter und niedergeschlagener, bis es mir irgendwann reichte und ich für mich selbst vereinbarte: Komme, was wolle! Von da an ging es wieder etwas besser mit meiner lädierten Seele und meinem angeknacksten Gemütszustand. Ich machte wieder Sachen für mich, ging mit Angie in die Sauna, mit Ela ins Kino, mit Jessica brunchen und mit Allegra und Kerstin schwimmen. An langen Abenden lernte ich mit Maike für die Abendschule oder machte ausgiebige Spaziergänge mit Dennis.

„Gib ihm doch etwas Zeit! Bedenke, Leandro hatte noch nie eine feste Beziehung. Und auf einmal hat er dich, die Liebe seines Lebens, getroffen und das kam viel zu schnell und zu plötzlich. Klar, dass er Angst bekommt! Was verlangst du denn von ihm?", nahm Dennis Leandro in Schutz und ich seufzte nur.

„Was macht eigentlich deine Liebe?", fragte ich, weil mir bewusst wurde, dass ich bei Dennis gar nicht mehr auf dem neusten Stand war.

„Mit Net läuft es wunderbar! Wir wollen zusammenbleiben und nach Amerika auswandern beziehungsweise in seine Heimat ziehen." Dennis strahlte über das ganze Gesicht und mir blieb vor Staunen der Mund offen.

„Waaaaas? Oh, Dennis, ich freue mich so sehr für dich! Endlich hast du dein Glück gefunden", rief ich und umarmte ihn stürmisch.

„So, wie du, Süße! So, wie du", sagte Dennis und drückte mich ganz fest.

Am nächsten Tag – Allegra war gerade bei mir und half mir, mein Bad zu putzen – klingelte das Telefon. Angie war dran.

„Hallo, Angie! Wie geht's dir? Wir haben ja lange nichts mehr..."

„Carina, mir geht's schlecht! Darf ich kommen?", schluchzte Angie in den Hörer.

„Klar! Wann?"

„Sofort!"

„Komm!", sagte ich und setzte gleich das Teewasser auf.

Als sie vor meiner Wohnungstür stand, nahm ich sie erst einmal in die Arme. „Hat Tim dich sitzen gelassen?"

„Nein, ich will ihn nicht mehr!", weinte Angie und nieste heftig. „Das Baby ist nicht von Tim, sondern von Magnus!"

„Waaas?", schrie ich, lauter als mir lieb war. „Ich dachte, ihr hättet verhütet!"

„Na, meine Verhütungsmethode hielt ich eigentlich immer für sicher, aber es kann nur von ihm sein", heulte Angie jetzt richtig los. Allegra und ich sagten nichts darauf und schlürften nachdenklich unseren Tee. Keine von uns hatte im Moment Appetit auf meine selbstgemachten, leckeren Brownies, die vor uns auf dem Tischchen standen. „Ich werde jetzt gehen", sagte Angie urplötzlich und sprang auf.

„Warte! Kann ich dir sonst nicht noch irgendetwas Gutes tun?" Eigentlich wollte ich Angie fragen, wie die momentane Situation in ihrer WG war, aber Angie stand schon auf dem Flur und zog sich an.

„Ich ruf dich an! Muss nur jetzt unbedingt und ganz eilig etwas erledigen und dann bin ich auch noch mit Magnus verabredet", sagte sie, schüttelte ihre blonde, lange Mähne aus dem Kragen, schnaubte noch einmal kräftig in ihr Taschentuch und wollte schon davon eilen, als ich sie noch fragte: „Wie läuft es denn mit Magnus?"

„Es geht. Ich habe mich in ihn verliebt, aber ich glaube, er ist in jemand anderen verliebt." Ich schluckte. „Und was sagt er zu deiner Schwangerschaft?"

„Davon habe ich ihm noch nichts erzählt."

„Na, dann mach das mal! Vielleicht freut sich Magnus auch darüber. Rede erst mal mit ihm, okay?" Ich nahm meine blasse, hübsche und schwangere Freundin Angie, die immer so gut nach ihrem Edelparfum duftete, in die Arme und drückte sie. Dann stürzte sie davon. Etwas ratlos stand ich in der Tür und war froh, nicht in ihrer Haut zu stecken. Aber eigentlich war ich mir sicher, dass Magnus in jeder Hinsicht genau der Richtige für sie war. Allegra saß in sich zusammengesunken auf dem Fußboden und starrte nachdenklich aus dem Fenster. Als ich sie da so sitzen sah, wusste ich genau, was in ihr vorging und nahm sie in den Arm. Wer will schon ewig Single sein?

„Weißt du, Allegra, ich muss einem unserer Ärzte morgen um acht Uhr ganz dringend etwas bringen und ich habe doch morgen Früh einen Termin. Könntest du das nicht für mich erledigen? Er heißt Will Chance!"

26 Ein Nachtdienst mit Überraschungen

Nach den Gesprächen mit Angie und Allegra ging ich besonders missmutig zum Nachtdienst. Die gynäkologische Station war wieder einmal angesagt. Auf dem Weg dorthin traf ich Waltraud, die Dauernachtwache, mit der ich mich gut verstand und die ich zu Silvester auf ihrer Station besucht hatte.

„Hallo, Carina! Weißt du schon das Neueste?"

„Nee, du?", fragte ich. Auf Krankenhausklatsch und Tratsch hatte ich absolut keine Lust. Wally guckte etwas irritiert, ließ sich aber nicht beirren, mir die Novitäten auf die Nase zu binden.

„Jemand hat an Lilians Stelle bei Schwester Hedda-Marie angerufen und sie krankgemeldet. Als sie dann zum Dienst erschien, wunderte sie sich, dass bereits eine andere Schwester da war. Der Dienst war also doppelt besetzt und Lilian ist jetzt stinkig, weil sie die lange Anfahrt vom Wannsee bis hierher umsonst gemacht hat. Scheint sich jemand einen üblen Scherz mit ihr erlaubt zu haben."

Wally schaute mich intensiv an.

„Aha", antwortete ich lahm. „Habe heute Dienst auf der Gyn. Wir können ja später noch einmal telefonieren."

„Ruhige Nacht", sagte Wally etwas komisch und eilte von dannen.

Mit gemischten Gefühlen lief ich den schummrigen Flur zur Station entlang. Waltraud glaubte doch wohl nicht im Ernst, dass ich etwas mit dieser Sache zu tun hatte? Als ich das Schwesternzimmer betrat, herrschte eisige Stimmung. Giftnatter Lilian grinste zynisch in ihren Kaffeepott hinein, worauf ich ihr diesen am liebsten über ihren Latz gegossen hätte. Das wäre doch einmal eine außergewöhnliche Aktion zu später Abendstunde gewesen. Ich packte augenblicklich meine Frohsinn- und Heiterkeitsmaske aus, grüßte souverän und freundlich lächelnd in die Runde und setzte mich an den Tisch, als wenn gar nichts gewesen wäre. Lilians leisen Spruch, den sie in ihre Kaffeetasse blubberte, überhörte ich ganz professionell, aber es klang so, als wünschte sie mir keinen guten Abend. Keiner beachtete mich und plötzlich standen alle auf und wollten den Raum verlassen. Nun platzte mir der Kragen und ich sagte laut, wenn auch mit gespielter Gleichmut: „Wenn keine von euch mit mir die Übergabe machen will, schreibe ich das ins Stationsbuch: Arbeitsverweigerung! Oberschwester Elke wird es sicher nicht freuen, euch daraufhin abmahnen zu müssen, aber mir kann es ja gleich sein!" Ich lächelte sanft in die Runde und setzte mit den Worten: „Schönen Abend noch!" einen drauf. Dann verließ ich das Schwesternzimmer und begann meine Runde durch alle Zimmer.

Als ich wiederkam, lümmelte Lilian missmutig am Tisch im Schwesternzimmer und rauchte. „Na, was gibt es, Frau Kollegin?", schleimte ich sie an und setzte mich ihr gegenüber, um ihren ätzenden Billiglippenstift in Pink besser bewundern zu können.

„Es steht alles in den Kurven", kam es unwirsch zurück.

„Ich war pünktlich hier und verlange jetzt eine ausführliche Übergabe, denn es ist nicht nur unkollegial, was ihr macht, sondern auch äußerst fahrlässig."

Lilian antwortete daraufhin nicht und begann kommentarlos die Patientenübergabe.

Als sie fertig war, platzte es aus ihr heraus. „Ich finde es unmöglich, dass du zu solch fiesen Aktionen fähig bist, Carina!" Ich guckte sie erstaunt an. Dann klingelte es bei mir. „Waltraud hat mich gerade über dein Missgeschick aufgeklärt, Lilian. Ich kann dir versichern, dass ich nicht die Pflegedienstleitung angerufen habe und ich bedaure, dass du mich für so gehässig und niveaulos hältst. Ich pflege keine dummdreisten Aktionen zu vollziehen, denn ich habe anderes und Wichtigeres zu tun, als auch nur einen einzigen Gedanken an dich zu verschwenden, liebe Lilian."

„Ich weiß nicht, wer es war, aber ich kann dir nur sagen, dass du dich am Riemen reißen solltest, auch, was deine Arbeit angeht." Na, das war ja unerhört! Ich wurde langsam sauer. „Ich arbeite nicht besser und nicht schlechter als die anderen Schwestern hier, Lilian. Letztens warst *du* es übrigens, die einen Stapel dreckiger Nachttöpfe nicht ausgespült hatte, was ich dann machen durfte. Ich denke, es ist besser, wenn wir uns nicht weiter unterhalten. Du scheinst ganz andere Aggressionen gegen mich zu hegen, die mich aber überhaupt nicht interessieren. Also beenden wir jetzt dieses absurde Gespräch, denn es führt zu nichts."

„Es ist ja auch keine Kunst, zu einem guten Stand zu kommen, wenn man mit einem Arzt schläft", antwortete Lilian, stand auf und wollte sich verdünnisieren. Ich schaute sie entgeistert an. Meinte sie jetzt Doktor von Bissmark oder dachte sie, ich hätte was mit Will Chance? In meinem Kopf kreisten die Gedanken wild durcheinander. Was bildete sich dieses dummdreiste Weib eigentlich ein?

„Ich glaube, dass dich mein Sex- und Liebesleben einen feuchten Kehricht angeht, Lilian! Neid ist übrigens eines der stärksten Gefühle neben Hass und Liebe", belehrte ich sie. „Aber so destruktiv!"

„Pah!", schnauzte Lilian mich an und verließ den Raum. Der einzige Trost war, dass ich von hinten durch ihren Schwesternkittel einen interessanten Blick auf ihren peinlichen, schlechtsitzenden Büstenhalter hatte. Nach einigen Minuten hatte ich mich wieder gefasst und bereitete mich auf eine ruhige Nacht vor. Zunächst rief ich Kerstin an und hielt einen kurzen Plausch mit ihr. „Sag mal, Kerstin, glaubst du, dass Waltraud und Lilian wirklich denken, dass gerade *ich* Lilian mit dem falschen Telefonanruf eins auswischen wollte?" „Kann natürlich sein! Wer selber schlecht ist, denkt auch schlecht über die Guten", antwortete Kerstin. Gedankenverloren malte ich ein paar Kreise auf den Notizblock, der vor mir auf dem Schreibtisch lag. Plötzlich fiel es mir wie Schuppen von den Augen. Abteilungspfleger Runkel war wohl tatsächlich auf mich angesetzt worden, um meine Fähigkeiten als Schwester zu überprüfen, da anscheinend die schlimmsten Gerüchte im Hause kursierten. Am liebsten wäre ich nach Hause gegangen. Wir grübelten eine Weile und legten dann auf, ohne zu einem eindeutigen Ergebnis gekommen zu sein.

Sehnsüchtig dachte ich an Leandro. Mit ihm hatte ich schon vor dem Dienst telefoniert und mit Allegra war ich zusammen hergekommen, denn sie hatte heute ebenfalls Nachtdienst. Gegen 23:30 Uhr machte ich das Radio aus, welches leise vor sich hin dudelte, legte mein Strickzeug beiseite und begann meine Zimmerrunde, um dann die intravenösen Antibiotika vorzubereiten.

„Hallo, Carina!" Erschrocken drehte ich mich um. Pfleger Hauke stand vor mir, grüßte und lächelte mich an. Ich grüßte lächelnd zurück, bekam aber das Gefühl nicht los, dass er mich nicht aus Spaß an der Freude besuchen kam. Hauke begann ganz kommunikativ zu smalltalken und tat, als wären wir die besten Freunde.

„Habt ihr eigentlich Multivitamintabletten?", fragte er unvermittelt.

„Ich glaube schon! Wieso?"

„Zeig' mal. Wie viele Packungen habt ihr denn?" Hauke beugte sich neugierig vor, um besser in den geöffneten Medizinschrank sehen zu können. Ich schaute nach. „Drei Packungen. Eine davon ist angebrochen", informierte ich ihn. „Nimmst du eigentlich ab und zu mal was, um besser wach zu bleiben? Kleine Aufputscher oder so?"

„Wie bitte?"

„Oder nimmst du ab und zu was mit nach Hause?" Hauke grinste mir verschwörerisch zu. Ich wurde vorsichtig. „Also, ich habe eigentlich nie Probleme damit, wach zu bleiben", antwortete ich wahrheitsgemäß. „Und nach Hause nehme ich schon gar nichts mit", log ich geistesgegenwärtig und wusste, dass es sich sehr unwahrscheinlich anhörte, weil alle, aber wirklich alle, irgendwann irgendetwas mitgehen ließen.

Hauke grinste. „Nee? Nicht mal eine Packung Aspirin?"

„Nein", sagte ich entschlossen. „Wenn ich Kopfschmerzen habe, nehme ich mir eine Tablette raus und das war's dann auch schon."

Unauffällig sah ich mich nach einem Mikrophon um, das Schwester Hedda-Marie irgendwo heimlich angebracht haben könnte, um das Personal zu testen.

„Kannst du mir vielleicht eine Packung Vitamine mitgeben? Auf unserer Station sind keine da. Ich muss schließlich auch auf meine Gesundheit achten", flötete er mir zu und lächelte lieblich. „Klar, nimm dir. Ich trage dann ein, dass du dir welche für deine Station borgen musstest."

„Okay, Carina. Danke. Und noch eine ruhige Nacht."

„Ciao, Hauke", meinte ich und nahm meine Arbeit wieder auf. Komisch, dieser Hauke! Aber dem traute ich alles zu. ‚Die Schleimer lauern überall', hätte Dennis jetzt bestimmt gesagt. Alles war absolut still, nur mein geschäftiges Treiben im Vorraum des Schwesternzimmers war zu hören. Um 0:15 Uhr wurde ich unruhig, weil der Arzt immer noch nicht erschienen war und um 0:30 Uhr griff ich dann zum Telefon.

„Stemper!", schnauzte jemand in den Hörer.

‚Scheiße! Ausgerechnet der', schoss es mir durch den Kopf.

„Guten Abend! Station 2, Schwester Carina. Hier sind die Antibiotika zu spritzen", säuselte ich ins Telefon.

„Hm, ich komme", blökte der dämliche Bock zurück und legte auf.

Ich wartete abermals zwanzig Minuten, aber wer nicht kam, war Stemper. Also griff ich wieder zum Hörer. Es klingelte lange, bis jemand abnahm.

„Stemper!", schnauzte er noch unwirscher als zuvor in den Hörer.

„Station 2, Schwester Carina! Die Antibiotika..."

„Ja, ja, ich komme gleich", motzte er äußerst unfreundlich und legte auf, ohne einen Kommentar abzuwarten. Ich ging ins Schwesternzimmer und schaute durch das Fenster. Das Arztzimmer befand sich schräg gegenüber, so dass ich genau hineinsehen konnte. Stemper hatte gemütlich die Füße auf den Schreibtisch gelegt und glotzte in die Röhre. ‚Ach, nett haben Sie's aber', dachte ich und rief ihn, nachdem abermals 15 Minuten verstrichen waren, über seinen Piepser. Der wurde aber sogleich abgestellt und Stemper hielt es nicht einmal für nötig, mich zurückzurufen. Das nächste Mal rief ich vom Schwesternzimmer aus an und beobachtete ihn, während ich anrief. Er ließ das Telefon noch länger läuten als vorher und als er schließlich an den Apparat ging, ermahnte ich ihn äußerst ungehalten, bevor er sich noch melden konnte: „Doktor Stemper, hier sind immer noch die Antibiotika!"

„Ich komme, wenn ich Zeit habe!!!", schrie er in mein Ohr, worauf mein sizilianisches Temperament, das normalerweise im Dämmerzustand vor sich hin vegetierte, plötzlich hellwach war und mit mir durchging.

„Ihre Zeit ist bereits abgelaufen, Doktor Stemper! Schwingen Sie sich sofort auf die Station und machen Sie Ihre Arbeit, sonst komme ich persönlich runter und stelle den Fernseher aus!" Mein vorlautes Mundwerk hallte im einsamen Stationsflur wider und riss sicher auch die Komapatienten auf der Intensivstation im Erdgeschoss aus ihrem Schlaf. Sprachlos glotzte er blöd in den Hörer und ich beobachtete von meinem Fensterplatz in der ersten Reihe, wie es in seinem Oberstübchen zu arbeiten begann. Dann stierte er aus dem Fenster und sah mich. Ich winkte heiter. Haha, reingelegt! Angeschmiert! Eiligen Schrittes verließ er das Arztzimmer und stand wenige Sekunden später vor mir. Ich hatte mich bereits arbeitswillig vor die vorbereiteten Antibiotika gestellt und erwartete ihn.

„Was fällt Ihnen ein, derart mit mir zu reden", brüllte er so laut, dass diverse Nachbarstationen mühelos an unserem Gespräch teilnehmen konnten. Schön, dann hatte ich wenigstens Zeugen, wenn ich mich über diesen Suppenkasper an höchster Stelle beschweren würde.

„Es ist jetzt genau 1:25 Uhr und die Antibiotika müssen pünktlich verabreicht werden wegen des Spiegels, wie Sie ja sicherlich wissen", belehrte ich ihn altklug in ruhigem Ton und lächelte ihn scheißfreundlich an. Stemper schien daraufhin jegliche Selbstkontrolle zu verlieren und trat einen Schritt auf mich zu. Seine Haltung war eine einzige Drohgebärde und er musste sich offenbar stark zurückhalten, um mir nicht eine runterzuhauen. Wie so oft, wenn andere wütend, hektisch oder laut wurden, tat ich das genaue Gegenteil. Ich wurde freundlich, ruhig und leise.

„Du blöde Kuh! Ich hatte doch gesagt, dass ich komme! Was sollte die Telefoniererei also?" Hatte er tatsächlich „du blöde Kuh" zu mir gesagt? Ich konnte es nicht fassen! Stemper befand sich auf einer Nasenhöhe mit mir und ich kämpfte gegen den natürlichen Fluchtinstinkt an. Augenblicklich schossen mir drei Möglichkeiten durch den Kopf. Erstens: Ganz feminin brach ich heulend zusammen und entschuldigte mich. Zweitens: Ich wich seiner gefährlichen Nähe aus und rechtfertigte mich. Drittens: Ich trat ihm selbstsicher entgegen und machte ihn auf sein Fehlverhalten aufmerksam.

Ich näherte mich ihm, bis ich seinen Knoblauchatem in meinem Gesicht spürte. Augenblicklich schien mich mein Mut zu verlassen, aber dann hörte ich mich sehr leise, sehr deutlich und sehr eindringlich sagen: „Passen Sie auf, was Sie da sagen, duzen Sie mich gefälligst nicht und verschonen Sie mich mit Ihrem niveaulosen Gequatsche." Ich war stolz auf mich, dass ich mich so gut unter Kontrolle hatte und dass ich ihn nicht „du blöder Ochse" genannt hatte. „Und jetzt schwingen Sie Ihren faulen Hintern an Ihre Arbeit oder das Ganze hat unangenehme Konsequenzen für Sie!", ergänzte ich sicherheitshalber.

Als er wieder zu sich gekommen war, hüstelte er mit rauer Stimme und stotterte: „Ja, da dann dann al also spritze ich jetzt die – die Antibiotika." „Tun Sie das", hörte ich mich antworten und verließ sicheren Schrittes den Arbeitsbereich zwischen Schwesternzimmer und Stationsflur. Äußerlich gelassen, aber innerlich zitternd wie Espenlaub, setzte ich mich an den Tisch im Schwesternzimmer und tat, als würde ich eine Patientenakte eingehend studieren. ‚Mit mir nicht, du blöder, aggressiver Akademiker-Macho', dachte ich und fühlte mich eigentlich recht gut dabei.

Kurze Zeit später kam Stemper in den Vorraum gerauscht und flüsterte mir zu: „Könnten Sie bitte mitkommen und mir kurz helfen?"

Zwischenzeitlich hatte ich mich wieder unter Kontrolle und erhob mich, um ihm in ein Patientenzimmer zu folgen. Dort lag ein junges Mädchen mit zerstochenen Armvenen und wartete bereits auf uns. „Halten Sie den Arm bitte fest", sagte Herr Doktor neutral und ich tat wie gewünscht, aber heute schien Doktor Stemper nicht seinen Glückstag zu haben, denn er zerstach auch den anderen Arm des Mädchens, ohne auch nur eine einzige Vene zu treffen.

„Wir lassen es und ich stelle auf Tabletten um", maulte er leise vor sich hin, verließ das Patientenzimmer grußlos und hinterließ einen Saustall im Bett, wo sich Kanülen, Spritzen, Tupfer und Einmalschalen stapelten. Als ich alles weggeräumt hatte, wünschte ich dem armen Mädchen noch eine gute Nacht und ging zurück ins Schwesternzimmer. Ich goss mir eine frische Tasse Kaffee ein und stellte mich ans Fenster, um zu sehen, ob Stemper wieder ins Arztzimmer ging. Aber die Tür blieb zu und der Raum verschlossen.

Nach der Übergabe, die ich mit Oberschwester Elke eine halbe Stunde früher als üblich gemacht hatte, lief ich in den Keller zu den Umkleideräumen und fieberte innerlich bereits meinem warmen Bett und dem wohlverdienten Tiefschlaf entgegen. Als ich gerade den Schlüssel ins Kellerschloss stecken wollte, vernahm ich ein leises Stöhnen auf der anderen Seite der Tür und erschrak. In panischer Eile steckte ich den Schlüssel ins Schloss und drehte ihn um. Meine Güte! Eine Kollegin, hilflos am Boden! Ohnmacht, Überfall, Vergewaltigung oder Meuchelmord? Alles falsch! Ich hatte nämlich die wundervolle Ehre, dem Beischlaf von Kollegin Lilian und Herrn Doktor Stemper morgens um 5:30 Uhr in der kleinen, muffigen Umkleidekabine unseres erzkatholischen Krankenhauses beiwohnen zu dürfen. Wie waren gleich wieder Lilians Worte gewesen? ‚Es ist ja auch keine Kunst, zu einem guten Stand zu kommen, wenn frau mit einem Arzt schläft!' Schwester Lilian und Doktor Stemper, die sich gerade eifrig um eine bessere zwischenmenschliche Beziehung, berufliche Zusammenarbeit und vor allem um den Abbau hierarchischer Strukturen im Krankenhaus bemühten, fanden den nach Stinkefüßen und Achselschweiß riechenden Raum offenkundig recht stimulierend. Das aparte Pärchen schien nichts von meiner Anwesenheit bemerkt zu haben, jedenfalls ließen sie nicht voneinander ab und genossen die morgendlichen Leibesübungen.

Während ich, in Gedanken versunken, ungeniert über ihre Haltungsnoten philosophierte, erschrak Stümpi plötzlich und zog völlig geschockt seine Hose über seinen kleinen Entenarsch. „Oh, Entschuldigung", murmelte er verschwitzt, fummelte hektisch an seinem Schniedel herum und versuchte gleichzeitig, sich aus Lilians Klammergriff zu befreien. Mir entglitt ein Grinsen. Lilian schien mit der groben Störung gar nicht einverstanden zu sein und verharrte in ihrer Tundra-Position. Es entstand ein unwirsches Handgemenge zwischen den beiden bewegungsmotivierten Sexualpartnern, dem ich leider nicht zur Gänze folgen konnte, weil ich einen hysterischen Kicheranfall bekam, der mir die Tränen in die Augen trieb.

27 Versteck im Wäscheschrank

An einem wunderschönen Abend im Wonnemonat Mai, die Narzissen und Tulpen auf der Wiese vor dem Schwesternwohnheim verblühten schon wieder, rief mich unerwarteterweise Magnus von Bissmark an. An ihn hatte ich gar nicht mehr so recht gedacht, aber ich musste zugeben, dass ich mich trotz allem ein bisschen freute.

„Hallo, Carina, hier ist Magnus."

„Oh, hallo, Magnus." Wir machten eine Weile Smalltalk und schließlich rückte Magnus mit der Sprache heraus. „Ich würde dich gerne wiedersehen, Carina."

„Ich, äh, habe im Moment viel zu tun und..."

„Nein, nein, nicht, was du denkst. Ich muss dich in einer wichtigen Angelegenheit sprechen", beeilte sich Magnus zu sagen.

„Was denn für eine wichtige Angelegenheit?", fragte ich, nun doch neugierig geworden.

„Ich will dich dazu lieber persönlich sehen. Es handelt sich um deine Freundin Angie." Ich schluckte! Ach, wie peinlich!

„Stimmt irgendetwas nicht mit ihr?", fragte ich leicht besorgt.

„Nein, nein, aber ich möchte dich gerne etwas fragen."

„Also gut! Passt es dir morgen Nachmittag?", fragte ich und blätterte in meinem Filofax. Ich hatte wirklich viel zu tun und konnte lediglich morgen nach dem Zahnarzt auf einen Sprung bei Magnus vorbeischauen.

„Ja, wunderbar", freute er sich und wir verabschiedeten uns.

Am nächsten Tag gegen 17 Uhr stand ich mit zahnarztbetäubter rechter Wange und dementsprechender Laune vor dem weißen Jugendstilhaus in der Wiesenstraße und wollte gerade automatisch auf den Klingelknopf von Malte drücken, als ich mich schnell noch eines Besseren besann.

„Hallo, Carina", begrüßte mich Magnus erfreut und zog mich an sich, um mir einen Kuss auf die Wange zu drücken. Mein Herz begann zu klopfen!

„Hast du zugenommen? Steht dir gut! Setz dich doch!", forderte mich Magnus auf, und ich ließ mich auf sein einladendes Bett fallen, um gleich darauf wie von der Tarantel gestochen wieder aufzuspringen und mich steif auf einen Stuhl an den Tisch zu setzen. Magnus grinste breit.

„Ich sehe aus wie immer", bockte ich.

„Du bist auch leicht nervös", antwortete er.

„Ich weiß nicht, was du meinst", wich ich seinem intensiven Blick aus.

„Da ist etwas zwischen uns, was ich erst noch klären muss, bevor ich mich umorientieren kann und möchte."

„Orientiere dich ganz zwanglos um, Magnus! Ich bin in einen anderen verliebt"

„In wen denn?", fragte Magnus ganz ungeniert und sympathisch.

„In Leandro aus Sizilien."

„Das ist doch keine wirkliche Konkurrenz für mich, oder?"

„Doch, sehr sogar."

„Du hast also nichts dagegen, wenn ich mich jetzt öfter mit Angie treffe?"

„Nein, ist mir sehr recht", antwortete ich schnippisch.

„Ist eigentlich irgendetwas mit ihr? Sie sieht so – aufgedunsen aus."

„Dazu kann ich dir nichts sagen. Das muss sie dir schon alleine erzählen!", antwortete ich etwas distanziert.

„Bist du denn gar nicht eifersüchtig, Carina?"

„Nee, wieso sollte ich? Ich teile gerne", erwiderte ich schnell. Das Gespräch war mir irgendwie zu heiß geworden. Magnus grinste.

„Aber ich teile nicht gerne." Und mit diesen Worten machte Magnus einen Schritt auf mich zu. Ich bekam keine Luft mehr. Er sah einfach zu gut aus. In diesem Augenblick klingelte es an der Haustür und Magnus hielt inne.

Puh, das war noch einmal gut gegangen! Ich schnappte mir mein Handtäschchen und sprang vom Stuhl auf, bevor noch etwas passieren konnte, was ich später bitter bereut hätte.

„Mist!", fluchte Magnus, der durch seine Rollos auf die Straße gespäht hatte.

„Was ist denn?", fragte ich verwundert.

„Es ist Angie."

„Ach, wie nett", entgegnete ich.

„Du musst dich verstecken", zischte Magnus aufgeregt.

„Ich denke ja gar nicht daran! Schließlich haben wir nichts miteinander und ich bin angezogen, Herr Doktor", unkte ich.

„Nein, du verstehst das nicht! Versteck dich – hier!", und dabei schob er mich ins Bad. „Nein, nein, doch lieber hier!" In hektischer Eile machte er die Bauernschranktür auf und schubste mich auf seinen Bettwäschestapel.

„Was soll denn dieses alberne Getue", motzte ich erbost. „Ich will mich nicht in deinen Schrank quetschen, so als hätte ich ein schlechtes Gewissen!"

„Aber ich muss ein schlechtes Gewissen haben und nun sei bitte still, ich regle das schon!" Ich glaubte es einfach nicht! Meine rechte Wange war immer noch gelähmt, meine Schläfen pochten mit meinem Herzen um die Wette und ich verfluchte meine Neugier, die mich hierher geführt hatte. Merda! Im Schrank war es stickig und eng. Ich fühlte mich einer Ohnmacht nahe. Angestrengt lauschte ich an der Schranktüre, hörte aber nur ein aufgeregtes Murmeln. Jetzt schien Angie im Zimmer zu sein.

„Wenn du schon keine Zeit hast, dann kann ich doch wenigstens kurz dein Bad benutzen, oder?", fragte sie leicht irritiert.

„Äh, ja klar, geh nur", druckste Magnus herum und raunte mir zu, dass er froh sei, mich nicht im Bad versteckt zu haben. Mann, war ich sauer! Leandro würde gar nicht verstehen, weshalb ich mich in diese dämliche Situation hatte hineinmanövrieren lassen.

„Mit wem sprichst du denn?", fragte Angie, die gerade aus dem Badezimmer kam.

„Warum? Hörst du Stimmen?", fragte Magnus lachend und schob sie auf den Flur, wie ich durch das Schlüsselloch beobachten konnte.

„Magnus, ich muss dir etwas sagen! Nach der – der letzten Nacht...", stotterte Angie, wurde aber abrupt von Magnus unterbrochen.

„Liebes, bitte nicht jetzt! Das ist ein schlechter Zeitpunkt für irgendwelche Geständnisse. Ich ruf dich nachher an und dann können wir in aller Ruhe miteinander reden, o.k.? Geh jetzt bitte und..."

„Du Schwein!", unterbrach ihn Angie aufgebracht und fing an zu heulen. Mir wurde immer übler.

„Angie, bitte, mach es doch jetzt nicht so kompliziert..."

„ICH BIN SCHWANGER!", schrie Angie ohne Vorwarnung.

„Das ging ja schnell", antwortet Magnus völlig verwirrt.

„Es ist von dir, aber ich will nichts, was du nicht auch willst, ich meine beziehungstechnisch, denn in der letzten Nacht, da habe ich mich in dich verliebt und..."

„Angie, ich bitte dich! Nicht jetzt! Bitte!", flehte Magnus eindringlich und schien mit seinen Nerven am Ende. Ich schnaufte. Gleich musste ich niesen! Die Hausstaubmilben kitzelten verdammt gefährlich in meiner Nase.

„Also komm, Liebes, lass uns in die Kneipe um die Ecke gehen. Da kannst du mir alles erzählen." Und wieder versuchte Magnus Angie zur Wohnungstür zu schieben.

„Aber Magnus, das ist doch kein Thema für die Kneipe", entrüstete sich Angie weinerlich.

„Das nicht, aber ich muss jetzt erst mal hier raus. Komm, meine Liebe!" Und damit schob Magnus Angie doch noch zur Tür hinaus. Keine Sekunde zu früh, denn mich überkam ein heftiger Niesanfall, so wie er mich schon damals hinter Maltes Rücken in Braunschweig vor den netten Nachbarn heimgesucht hatte.

Unendlich erleichtert stieß ich die Schranktür auf, krabbelte nackensteif hinaus und atmete endlich wieder klare Luft. Meine beste Freundin hatte ich überhaupt nicht wiedererkannt! Die sonst so starke Angie hing wie ein kleines Hündchen an Magnus' Rockzipfel. Irgendwie war mir plötzlich speiübel und ich schaffte es gerade noch, ins Bad zu wanken, als ich auch schon Magnus' saubere Toilette entweihte.

28 Turbulenzen

Den Abend ließ ich mit einem Schwangerschaftstest ausklingen. Ich konnte es nicht fassen! Doch, eigentlich konnte ich es fassen, denn die erste gemeinsame Nacht, die Leandro und ich im Landhaus auf der durchgelegenen Matratze verbracht hatten, war augenscheinlich äußerst günstig gewesen, um ungeplanten Nachwuchs zu zeugen. Das lag sicher an der gesunden Landluft. Als das Telefon klingelte, nahm ich gedankenverloren den Hörer ab. Eine tiefe, sonore Stimme war am anderen Ende der Leitung zu hören.

„Ciao, Carina! Sono Leandro!"

Ich schluckte. „Leandro, ciao!"

„Amore, entschuldige, dass ich ohne Ankündigung gekommen bin, aber ich musste dich einfach sehen und..."

„Wo bist du?", fiel ich Leandro völlig verwirrt ins Wort.

„In München! Einen Freund besuchen. Morgen bin ich in Berlin. Ich wollte dir vorher Bescheid sagen, aber..."

„Du brauchst dich nicht anzukündigen, Leandro! Du bist immer willkommen", ließ ich meiner Freude freien Lauf. „Ich freue mich auf dich. Bis morgen."

„Ich liebe dich", sagte Leandro kaum hörbar, bevor er auflegte.

Schon morgen würden wir uns also wiedersehen. Oh mein Gott, wie sehr hatte ich ihn vermisst! Dann kamen mir plötzlich Zweifel. Oder wollte sich Leandro vielleicht gar von mir trennen und war er gekommen, um es mir persönlich zu sagen? Schnell rannte ich zu Pommi hinunter, um zu fragen, ob sie morgen Früh bei mir putzen könnte, da ich hohen Besuch erwartete.

„Klar, Carinalein! Um acht steh ich auf der Matte. Komm rein, wir trinken einen Kaffee zusammen."

„Pommi, ich habe so viel Ärger im Krankenhaus, obwohl ich gar nichts gemacht habe. Außerdem kommt Leandro morgen und ich habe Angst, dass er Schluss machen will." Gegen meinen Willen liefen mir die Tränen die Wange hinunter.

„Carina, wenn du dich immer korrekt verhalten hast, dann können sie dir auch nichts anhaben. Obwohl es natürlich immer irgendwelche Leute gibt, die dir aus unerfindlichen Gründen etwas anhängen wollen. Und wenn Leandro vorhätte, Schluss zu machen, dann kannst du auch nichts dagegen tun. Was sage ich immer? Renne niemals einem Kerl hinterher. Wer dich nicht will, hat dich auch nicht verdient."

„Aber ich bin schwanger", schnäuzte ich und fingerte nach der Taschentücherpackung, die vor mir auf dem Tisch lag.

„Auch dann nicht! Lieber allein mit Kind als mit einem Mann, der nur deshalb mit dir zusammen ist! Zeig immer, dass du Stolz hast! Außerdem würde ich an deiner Stelle erst einmal gar nicht davon ausgehen, dass er Schluss machen will. Du bist eine tolle Frau, warum sollte er dich nicht haben wollen? Denk positiv!"

Pommi stellte einen großen Kaffeebecher mit Milch vor meine Nase und so saßen wir zwei geschlagene Stunden beisammen und besprachen mein zukünftiges Leben mit und ohne Leandro. Die ganze Nacht lag ich, von Zweifeln geplagt, wach und verdammte, dass ich Leandro nicht gleich nach dem Grund seines Kommens gefragt hatte. Das hätte mir einiges erspart. Geduldig war ich noch nie gewesen.

Am nächsten Morgen hatte ich Frühdienst auf der Inneren Intensivstation. Ich saß im Schwesternzimmer und war mit den Nerven völlig am Ende. Die eine Seite bereitete sich schon auf das Leben als ledige Mutter vor, so dass mir zum Heulen zumute war, die andere Seite träumte, wie mein Brautkleid aussehen sollte. Es sollte auf jeden Fall einen weiten Tüllrock haben und aus weißer Seide sein. Nicht zu offen und nicht zu streng. Vor meinem geistigen Auge stellte ich mir gerade den Schnitt vor, als das Telefon klingelte. „Innere Intensiv, Schwester Carina", meldete ich mich, Schwarzbrot kauend. Die wundersame Stimme von Schwester Hedda-Marie drang an mein Ohr und orderte mich in ihre heiligen Gemächer. Leicht genervt legte ich mein Pausenbrot zur Seite und beäugte mich noch rasch im Spiegel, um zu überprüfen, ob ich noch menschlich aussah. Dann informierte ich eine Kollegin und ging in die Schleuse, um einen Schutzkittel und mein zweites Paar Schlapfen anzuziehen. Dort begegnete ich Pfleger Michael, einem etwa vierzigjährigen, überzeugten Single oder einfach nur hoffnungslos Übriggebliebenen, der versuchte, sich wenigstens in seinem Job zu verwirklichen. Jedenfalls war er als stellvertretender Oberbruder dieser Intensivstation zu bemitleiden. Dass Pfleger Michael frustriert war, sah man von weitem.

„Na, Carina, wohin denn mitten in der Arbeitszeit?", begrüßte er mich übellaunig.

„Zur stellvertretenden Pflegedienstleitung. Ich richte ihr gerne einen schönen Gruß von dir aus, Michael. Ist doch Ehrensache", säuselte ich und zwängte mich durch die Tür. Nach dem letzten Streit auf der gynäkologischen Station mit Gabi, Barbara und Lilian hatte ich Schwester Hedda-Marie nicht mehr gesehen oder gehört. Meine selbst eingetragenen Dienstplanwünsche waren kommentarlos bewilligt worden und auch sonst ruhte still der See. Auf mein zartes Klopfen machte mir der unsympathische Abteilungsleiter Rüdiger Runkel-Stiernacken die Türe auf und Schwester Hedda-Marie, heute mit veilchenblauem Lidschatten, passend zu ihrer Augenfarbe und ihrer Biedermann-Seidenbluse, bat mich, doch bitte Platz zu nehmen.

„Meine Liebe", schleimte sie mich an. „Wie war denn Ihr Urlaub?"

„Danke, gut", antwortete ich einsilbig und lächelte automatisiert vor mich hin.

„Ich wollte mit Ihnen Ihre kommenden Dienste besprechen und Sie außerdem fragen, ob Sie mir nicht irgendetwas zu sagen haben."

Mir wurde augenblicklich übel und mein rosiges Lächeln ließ erst etwas nach und dann sehr zu wünschen übrig. Was meinte sie damit? Von der Schwangerschaft wussten doch nur Pommi, meine Schwester und meine Mutter.

„Erinnere dich an die Nacht des 26. April auf der gynäkologischen Station, als Doktor Stemper Rufdienst hatte!", half mir Herr Runkel auf die Sprünge und seine Stimme war nicht gerade freundlich. Ach so, diese Geschichte! Aber wieso duzte er mich? Als Rache der kleinen Angestellten stellte ich mich erst einmal blöd. „Ich kann mich im Moment wirklich nicht erinnern", pokerte ich. ‚Soll sie doch anfangen, etwas zu sagen! Ich verpetze meine Kollegen nicht, auch wenn sie zu meinen Erzfeinden gehören.'

„Nun, es hat sich jemand bei mir über Sie beschwert, Schwester Carina!", sagte Schwester Hedda-Marie und beobachtet mich genau dabei. Wie bitte? Nun schaute ich ehrlich verwirrt und entsetzt aus der Wäsche. „Ich sehe, dass Sie ahnungslos sind", resümierte Hedda-Marie und blickte mir erwartungsvoll entgegen. „Erzählen Sie mir doch bitte, was in dieser Nacht vorgefallen ist."

‚Ach, ich kann Ihnen da so einiges berichten, zum Beispiel, was am Morgen im Umkleideraum vorgefallen ist', dachte ich sarkastisch. Sollte weder Dumpfbacke Lilian noch der dümmliche Doktor Stemper erkannt haben, dass *ich* es war, die sie da in flagranti erwischt hatte? Sonst hätte er sich doch nie getraut, sich ausgerechnet über mich zu beschweren, wo es doch war, der mit seinem Benehmen voll danebenlag und seine Arbeit unkorrekt ausgeführt hatte. Ich atmete tief ein und erzählte. Die Geschichte im Umkleideraum behielt ich für mich, denn ich war der Meinung, dass das trotz allem niemanden etwas anging. Solange niemand zu Schaden kam, sollte jeder seinen Spaß haben. Als ich meinen Bericht beendet hatte, räusperte sich Schwester Hedda-Marie und meinte: „Könnten Sie mir das bitte schriftlich geben?"

„Das habe ich bereits gemacht", antwortete ich pfeilschnell. „Ich brauche den Zettel nur aus meinem Schrank zu holen, denn eigentlich bin ich ja diejenige, die sich über unseren berühmten Doktor Stemper, der ja allseits für sein unfreundliches Wesen und seine Arbeitseinstellung bekannt ist, beschweren könnte. Ich hatte mir die Petzerei aber verkniffen, weil ich lieber noch einmal mit ihm sprechen wollte, anstatt den ganzen Vorfall an die große Glocke zu hängen und unkollegial zu sein."

Nun war es an Hedda-Marie, erstaunt zu sein, denn damit hatte sie offenbar gar nicht gerechnet. „Schwester Carina, nicht Doktor Stemper hat sich bei mir gemeldet, sondern Schwester Barbara! Im Moment sind Sie mir etwas zu häufig negativ zu Ohren gekommen. Ich habe zum Beispiel gehört, dass Sie ein Techtelmechtel mit einem liierten Stationsarzt haben sollen. Das gefällt mir ganz und gar nicht", wagte sie einen Vorstoß.

„Schwester Hedda-Marie, ich denke, niemand ist perfekt!", entrüstete ich mich. „Auch Sie nicht und schon gar nicht Schwester Barbara. Wo ist eigentlich unsere amtierende Pflegedienstleitung, Schwester Epifania?" Ich war geneigt, noch hinzuzufügen, dass meine Privat- und Liebesangelegenheiten niemanden hier etwas angingen und sich die selbsternannte Richterin lieber um praktizierten Sex in der katholischen Kleiderkammer kümmern sollte, schwieg darüber aber und lächelte sie mit vorgestrecktem Kinn herausfordernd an. Hedda-Marie war sprachlos. Dann hüstelte sie verlegen, nickte und entließ mich mit den Worten: „Schwester Epifania wurde nach Florenz versetzt. Wir bekommen demnächst eine neue Pflegedienstleitung. Bis dahin müssen Sie schon mit mir vorliebnehmen, Schwester Carina."

„Gerne", schleimte ich zynisch. „Ich bringe Ihnen sofort meinen Bericht des besagten Nachtdienstes", und mit diesen Worten stand ich auf und ging zur Tür. „Das hat Zeit", sagte Hedda-Marie. „Das finde ich aber überhaupt nicht! Und nun möchte ich die Sache auch offiziell geklärt haben und verlange eine Entschuldigung von Doktor Stemper! Ich danke Ihnen für dieses Gespräch und für Ihre Objektivität, Schwester Hedda-Marie. Ach, und Pfleger Rüdiger, ich kann mich nicht erinnern, Ihnen das ,Du' angeboten zu haben! Belassen wir es doch bitte auch weiterhin beim ,Sie'." Mit diesen Worten rauschte ich hoch erhobenen Hauptes aus der Tür und ließ die stellvertretende Pflegedienstleitung mit ihrem stiernackigen Arschkriecher hinter mir.

29   Im siebten Himmel

Samstag Mittag tanzte am Flughafen Tegel der Berliner Bär. Leandros Maschine war bereits gelandet und ich konnte meinen Schatz durch die Glasabsperrung hindurch erkennen. Mein Herz machte einen Freudensprung, aber ich erwartete ihn dennoch mit gemischten Gefühlen am Ausgang. Er strahlte mich sofort an und kurze Zeit später lagen wir uns in den Armen.

„Carina, amore, ich musste dich einfach sehen! Hab es ohne dich einfach nicht mehr ausgehalten. Ich will dich nicht verlieren und ich will eine richtige Beziehung mit dir haben", übergoss mich Leandro mit Gefühl und schaute mir lächelnd in die Augen. Mir fiel ein riesengroßer Felsbrocken vom Herzen. Also die Variante mit dem Brautkleid! Dann knutschten wir noch ein bisschen herum und beeilten uns schließlich, vom Flughafengelände zu kommen, um endlich alleine zu sein. Als ich die Wohnungstür aufschloss und Leandro mein kleines Reich zeigte, war ich richtig glücklich.

„Nett hast du es hier! Und hier wohnst du also schon seit Jahren – ohne mich", grinste Leandro, während er die Räumlichkeiten begutachtete. Schließlich blieb er vor dem großen Südfenster stehen und genoss die herrliche Aussicht auf die weitflächige Wiese und den kleinen Entenpark. Berlin zeigte sich von seiner schönsten Seite. Die Sonne strahlte und die Vögel zwitscherten, als ich die Balkontür aufmachte und Leandro einlud, sich doch auf dem Gartenstuhl ein wenig zu entspannen. Kaum hatte er sich gesetzt, platzte ich mit meiner Schwangerschaft heraus. Die Nachricht schlug ein wie eine Bombe. Erst Schweigen, dann lautes Geschrei, das sich als Freudengeschrei herausstellte. „Dann hatte ich ja einen sechsten Sinn", lachte Leandro.

Die Reihenfolge meiner Zukunftswünsche war zwar leicht durcheinander gebracht, aber meinen Traummann hatte ich gefunden. Nachdem wir uns ausgiebig in den Armen gelegen hatten, fing ich an, Spaghetti alla Carbonara zu köcheln, schob die Hähnchenkeulen in den Ofen und bereitete einen frischen Salat zu. Dann ließ ich Leandro die Weinflasche entkorken und begann, den Tisch zu decken – so richtig, mit Tischtuch und Stoffservietten –, während Leandro mein kleines Bad aufsuchte und sich die Hände wusch. Als er zurückkam, meinte er: „Wir könnten uns mal darüber unterhalten, wie es jetzt weitergehen soll mit uns zwei Hübschen." Jetzt wurde es also ernst! „Wann kannst du denn wieder in Panuzzo sein, damit wir Verlobung feiern können?", fragte Leandro. „Ich denke im Juni, wenn ich wieder Urlaub habe", antwortete ich und schaute ihm dabei tief in die Augen. Er wollte also eine Verlobung. Versonnen nahm ich vom frischen Parmesankäse und streute ihn vorsichtig über die leckeren Nudeln. „Dann werden wir uns gleich zu Beginn verloben! Was meinst du? Buon appetito!" Leandro fing mit großem Appetit zu essen an.

„Normalerweise wäre in Panuzzo Celentano aber in unserer Situation angesagt, davonzulaufen, ein paar Tage unterzutauchen und dann in Unehre zu heiraten", gab ich zu bedenken.

„Willst du das?"

„Nein!", lachte ich und stach jetzt auch in meinen Spaghettihaufen. Nach dem Essen holte ich einen Kalender und wir legten die Termine fest: Verlobung am 11. Juni, Hochzeit am 1. August, zu Leandros Geburtstag. Das war dann eine doppelte Freude! Außerdem hatten wir danach noch vier Wochen für die Hochzeitsreise, bevor Leandros Schule wieder anfing. War das einfach! Bei Malte hatte ich das alles in zwei Jahren Pseudobeziehung nicht geschafft. Doch irgendwie musste ich noch die Fragen aller Fragen los werden.

„Leandro?"

Wir saßen Arm in Arm auf meiner türkisen Couch.

„Hätten wir auch geheiratet, wenn ich nicht schwanger geworden wäre?"

Leandro guckte mich an und kraulte dabei meinen Nacken: „Wäre ich sonst hier, amore mio? Hättest du *mich* denn überhaupt ohne Schwangerschaft heiraten wollen?"

„Natürlich! Du bist mein Traum von einem Mann und somit mein Traummann!", grinste ich und umarmte ihn. „Freust du dich?", nuschelte ich in sein Ohr.

„Sì!"

Und damit ließen wir am frühen Nachmittag den Mond über uns aufgehen...

Die folgenden Tage verbrachten wir mit Sightseeing. Wir schlenderten durch den Tiergarten, machten Fotos auf dem Alexanderplatz, gingen in ein Musical, spazierten über den Kurfürstendamm, durch das Brandenburger Tor und am Reichstag entlang. Zwischendurch aßen wir Currywurst mit Pommes und gingen abends chinesisch essen. Zuhause kochte ich dann typisch deutsches Essen: Klöße, Sauerbraten und gemischtes Gemüse. Und natürlich zeigte ich ihm das ehemalige Haus meiner Großeltern, mit dem ich so schöne Kindheitserinnerungen verband. Zu meiner großen Überraschung stand es zum Verkauf. Ich seufzte. „Wie gerne würde ich es kaufen!"

Leandro nahm meine Hand und so standen wir eine ganze Weile vor der hölzernen Gartenpforte. „Dort habe ich mit meiner Schwester und meinem im Krieg erblindeten Opa Erwin immer gespielt, während uns Oma Lotte vom Küchenfenster aus zum Essen rief. Opa konnte wundervoll malen und wir haben immer zusammen gemalt, obwohl er blind war."

„Schöne Erinnerungen sind sehr viel wert und die kann dir keiner nehmen", flüsterte Leandro und nahm mich in die Arme.

Einen Tag vor Leandros Abflug lud uns mein Cousin Nico mit den erwartungsvollen Worten: „Ich habe dir etwas mitzuteilen!" zum Essen in sein Nobelhotel ein, welches sich ‚Unter den Linden' befand. Allegra, Leandro und ich standen fast pünktlich um 20:00 Uhr auf der Matte. Nico wartete bereits mit seinen Schwestern Maria und Carla und ein paar von ihren Freunden auf uns. Die Letzte, die ich dort erwartet hätte, war Barbara! Sie saß zu meiner großen Überraschung neben Nico und würdigte mich keines Blickes. Als eine Flasche Champagner kam, erhob sich Nico und prostete uns allen zu: „Ihr seid heute hier, weil ich die Verlobung von Barbara und mir bekannt geben möchte!"

Alle freuten sich, nur ich verschluckte mich am sprudelnden Schampus und glaubte, meinen Ohren nicht zu trauen. Ich konzentrierte mich schnell auf das Essen und auf Leandro, dem alles wunderbar schmeckte und der ein zufriedenes Gesicht machte. Barbara war während des Essens in diverse Gespräche vertieft, nur mich schaute sie demonstrativ nicht an, was mich irgendwie irritierte. Konnte die blöde Nuss Berufliches nicht von Privatem trennen? Schließlich würden wir bald, wohl oder übel, miteinander verwandt sein. Nach dem üppigen Festmahl erhob sich Leandro, und da ich bemerkt hatte, dass er noch eine Flasche Champagner bestellt hatte, wusste ich, was nun kommen würde.

„Ich will euch zwar nicht euren Abend verderben, liebe Barbara und Nico, aber auch Carina und ich haben euch etwas mitzuteilen. Wir verloben uns am 11. Juni!"

Alle freuten sich über die Neuigkeit, nur Barbara machte ein desinteressiertes Gesicht und dachte gar nicht daran, vom Champagner zu nippen. Gegen 22:00 Uhr war das Essen beendet und wir traten den Heimweg an.

„Tja, also, ich gratuliere noch mal herzlich und freue mich für euch", wagte ich einen Vorstoß zur Versöhnung, den aber nur Nico zu würdigen wusste und sich bei mir bedankte. „Euch das Gleiche", lachte er und nahm Leandro und mich in die Arme. Barbara schaute wieder demonstrativ weg. ‚Na, prost Mahlzeit', dachte ich und verließ mit Allegra, Leandro und Maria das Lokal. „Habt ihr noch Lust, in die Disco zu gehen?", fragte Maria in die Runde, aber mir war die Lust aufs Tanzen vergangen. Außerdem war das der letzte Abend von Leandro und mir, den wir zu zweit genießen wollten – und das taten wir dann auch ausgiebig!

Am nächsten Morgen stand ich heulend mit Leandro am Flughafen. Vor Glück, mit ihm ein so wundervolles Wochenende verbracht zu haben, und vor Trauer, weil es schon wieder vorbei war. Leandro nahm mich vor dem Eincheckschalter fest in die Arme, flüsterte mir tausend schöne Dinge ins Ohr und auch ihm standen die Tränen in den Augen. „Wirst du unsere Zukunftspläne auch nicht bereuen, wenn ich wieder weg bin?", fragte er mich mit einem Kloß im Hals. „Nein, ganz sicher nicht, amore", schluchzte ich. „Hat es dir hier gefallen?", fragte ich. „Ja sehr, ich mag Berlin und ich liebe dich."

Ein letzter Kuss und Leandro verschwand hinter der Absperrung. Ich stand noch eine Weile winkend an der Glasscheibe und verließ dann mit verrotzter Nase das Flughafengebäude. Wieder zu Hause rollte ich mich auf meinem Sofa zusammen und weinte ausgiebig meiner neuen und aufregenden Zukunft entgegen.

Es war Juni geworden. Die Sonne ging gerade unter und ich saß auf meinem kleinen Balkon. Liebevoll streichelte ich mein Elf-Wochen-Bäuchlein und meine bereits sechs Kilo mehr auf den Rippen. Ständig hatte ich Appetit und suchte nach Essbarem. Gleichzeitig war mir so schlecht wie noch nie zuvor in meinem Leben. Und das abends und nicht morgens! Außerdem musste ich ständig rülpsen, was meine Schwester fast in den Wahnsinn trieb. Sie konnte gut lästern, da sie meine Probleme ja nicht hatte. Dass meine Schokellasucht noch ausbaufähig wäre, hätte ich nicht gedacht, wurde aber eines Besseren belehrt.

Die vergangenen zwei Wochen hatte mich meine Gynäkologin krankgeschrieben und so konnte ich meine sizilianische Hochzeit gut ausgeruht planen. Vor meinem geistigen Auge erschien mein Brautkleid, wie ich es mir vorgestellt hatte und wie es mir meine Mutter als gelernte Schneidermeisterin nähen wollte. Am Vortag war ich mit ihr im Kaufhaus des Westens gewesen, um Stoff dafür auszusuchen. Mit vollbepackten Einkaufstüten kamen wir nach Hause und meine Mutter nahm sofort Maß. „Nicht, dass du mir bis August zu viel zunimmst und das Brautkleid nicht mehr passt", unkte sie und ich lachte. „Das könnte schon passieren. Mach es lieber etwas weiter!"

Am nächsten Morgen würde ein neuer Lebensabschnitt an der Seite von Leandro beginnen. Am nächsten Morgen, im Flugzeug nach Sizilien. Wo wir wohnen würden, war noch nicht entschieden. Zuerst wollten wir die Verlobung und die Hochzeit hinter uns bringen, im Herbst würde sich dann alles entscheiden und im neuen Jahr würden wir Eltern eines wonnigen Babys sein! Ich konnte es manchmal selbst kaum fassen. Plötzlich überkam mich ein Bärenhunger und ich überlegte gerade, was ich noch so alles im Kühlschrank hatte, als ich im Erdgeschoss leise Stimmen hörte. Das war bestimmt das Hausmeisterehepaar, das auf der Terrasse im Grünen saß, dachte ich zwischen zwei Rülpsern. Dann lehnte ich mich genießerisch zurück und atmete den blumigen Geruch der Wiese ein. Ich mochte gar nicht nach drinnen gehen, denn in meiner Wohnung stapelten sich die Umzugskartons, die meine Eltern morgen, nachdem meine Mutter mich zum Flughafen gebracht hatte, abholen und bei ihnen im Keller verstauen würden.

Was sonst noch passiert war: Ich hatte die Wohnung gekündigt, mich provisorisch bei meinen Eltern angemeldet, meine Schwangerschaft der Pflegedienstleitung gemeldet und freundlich lächelnd meinen Mutterpass vorgelegt. Schwester Hedda-Marie lächelte nur spitzmündig und fragte, ob ich denn auch vorhätte, zu heiraten. „Das geht Sie zwar nichts an, Schwester Hedda-Marie, aber ich kann Sie beruhigen, die Hochzeit war schon vor meiner Schwangerschaft geplant." „Na, dann gratuliere ich herzlich", log sie. Aber das sollte nun nicht mehr mein Problem sein.

Gitarrenklänge ertönten von weiter unten und eine Männerstimme begann, eine Melodie zu summen. Klaus brachte seiner Pommi offenbar selbst nach so vielen Ehejahren noch ein Ständchen. Dann war es wieder still. Kurze Zeit später versuchte ein ziemlich unbegabter Tenor zu ziemlich verstimmten Gitarrenklängen „Ti amo" von Howard Carpendale zu röhren. Ich stand auf und lehnte mich weit über das Balkongeländer, um zu sehen, wer sich da so herzzerreißend blamieren wollte, konnte aber niemanden erspähen. Unten wurde unerschrocken weiter geklampft und der Ritter ohne Scham stimmte frohgelaunt ein weiteres Lied an, was sich anhörte wie „Du gehörst zu mir" von Marianne Rosenberg. Diverse Fenster des Schwesternwohnheims öffneten sich nacheinander, und als die übelsten Schimpfwörter durch die laue Juninacht hallten, konnte ich nicht anders, als rasenden Beifall zu klatschen. Ich musste laut lachen, als meine Nachbarinnen Allegra, Kerstin und die ebenfalls schwangere Karola in meinen Jubel einstimmten, und auch ein paar andere schlossen sich unserer Begeisterung an. „Carina, Carina, Cariiii-naaaaa!", schrie der unbekannte Musikus plötzlich aus dem dunklen Schatten der Bäume heraus und warf mir eine innige Kusshand zu. Der Minnesänger, der sich hier vor allen zum Affen machte, war kein anderer als – Will Chance!

Ich schluckte und war leicht geschockt. An ihn hatte ich die ganzen vergangenen Wochen nicht mehr gedacht und er wusste noch gar nicht, dass ich in anderen Umständen war. Als wären die Umstände nicht schon anders genug, musste er jetzt auch noch, einen Tag vor meinem Flug ins neue Leben, auftauchen und den verliebten Kater mimen. Freudestrahlend winkte mir Will entgegen und fühlte sich prima, besonders, weil meine Hausgenossinnen nun aus dem Johlen und Klatschen gar nicht mehr rauskamen. Schnell stimmte er ein weiteres Lied an: „Rote Lippen soll man küssen...". Mit hochrotem Kopf hörte ich zu und mir war es endlos peinlich, im Mittelpunkt der Aufmerksamkeit zu stehen. Bevor Will sich noch zum Kompletttrottel machen konnte, was ihm tendenziell ja schon ganz gut gelungen war, rief ich: „Leute, kommt alle zu mir, hier steigt eine Abschiedsparty!" Begeistertes Gekreische schallte über den Ententeich.

Klaus und Pommi, die sich auf die Terrasse gewagt hatten, schrien jedoch: „Kommt zu uns! Bei Carina ist alles voller Umzugskartons. Die Pizzas gehen aufs Haus!"

Die Wohnungstür der Hausmeisterfamilie stand bereits offen, als ich nach unten kam, und Pommi nahm mich lachend in die Arme. „Na, Kleene, nun ist auch bei dir das große Glück gekommen. Wann soll's denn morgen losgehen?"

„Um 9:50 Uhr startet das Flugzeug", antwortete ich und beobachtete Klaus beim Aufstellen der Stühle. Ich dachte daran, wie oft ich bei den beiden nach dem Dienst auf der Terrasse gesessen und mich bei Pommi ausgeweint hatte. Sie hatte immer ein offenes Ohr und tröstende Worte für mich gehabt. Und ich war ihr so dankbar, dass sie bei mir ab und zu geputzt hatte, wo ich doch immer auf Kriegsfuß mit dem Putzlappen stand. Wer sollte mir bloß in Zukunft dabei helfen? Ich wurde wehmütig und plötzlich kullerte mir eine Träne über die Wange. Dann erschien Will auf der Bildfläche. Er war wohl noch auf der Toilette gewesen, denn ich hörte die Klospülung rauschen. Will sah erleichtert aus, aus welchem Grund auch immer. Seine Gitarre war an einen Baum gelehnt und nachdem er mich etwas verunsichert begrüßt hatte, half er Klaus bei den Vorbereitungen. Die anderen Bewohnerinnen und Bewohner kamen nun in Scharen und versammelten sich ebenfalls auf der Terrasse. Inzwischen hatte Will das Zepter in die Hand genommen und managte, ganz Führungspersönlichkeit, die Bestellungen für den Pizzaservice.

„Und was möchte meine hübsche Carina?", strahlte er mir entgegen.

„Deine hübsche Carina muss ja nun auch für zwei essen", grölte Karola und ich hätte sie in diesem Augenblick am liebsten erwürgt. Das konnte ihr nur Kerstin erzählt haben! Will starrte mich fassungslos an. Ich merkte, wie ich schon wieder rot wurde. Etwas verschüchtert und mit leichter Schwangerschaftsübelkeit kämpfend flüsterte ich: „Eine Pizza mit rohen Tomatenscheiben, viel Thunfisch, Mozzarella, Oliven, Peperoni und Pilzen, bitte!"

„Gut, dass sie nicht hungrig ist", unkte Kerstin. Ich saß auf dem Gartenstuhl wie ein Häufchen Elend und traute mich nicht, Will in die Augen zu sehen. Doch Will grinste und setzte sich ganz ungezwungen neben mich. Mühsam unterdrückte ich einen weiteren Rülpser. „Stimmt das mit deiner Schwangerschaft?", fragte Will leise.

„Ja!"

Stille.

„Gratuliere, Carina! So eine tolle Frau wie dich *muss* man einfach heiraten wollen. Und wenn er es nicht getan hätte, würde *ich* es tun!" Ich schaute auf und sah in sein strahlendes Gesicht. „Ich werde dich vermissen", sagte Will leise und nahm meine Hand. „Ich hab dir wohl nicht sehr gefallen, was?" Ich schluckte.

„Als Mensch gefällst du mir sehr, aber..."

„Verstehe! Aber als Mann..."

Ich starrte auf meine weinroten Zehennägel und nahm deren Farbe an. Inzwischen war die Party in vollem Gange. Meine Güte, wurde viel Aufhebens um meinen Abschied gemacht! Aber irgendwie fand ich das richtig schön. Es gab also tatsächlich Leute, denen ich viel bedeutete. Kerstin drehte die Stereoanlage lauter und wagte mit dem Pfleger der Psychiatrie ein flottes Tänzchen. Karola lachte, dass ihr beträchtlich hervorragender Bauch nur so wippte. Eigentlich hatte sie gar nichts zu lachen, denn unlängst war es zu ziemlich großen Dramen auf dem Hausflur gekommen: Der Hautarzt, den sie als Vater ihres Kindes ausgesucht hatte, bekam heraus, dass er gar nicht der Vater sein konnte, und der arme Student, der tatsächlich der Vater des Kindes war, hatte sich mit großem Geschrei aus dem Staub gemacht. Zu beneiden war Karola also nicht gerade, aber trotz ihrer verzwickten Umstände hatte sie ihr sonniges Gemüt nicht verloren.

„Na, Carina, wie wär's? Wollen wir als eingespieltes Tanzpaar nicht eine flotte Sohle aufs Parkett legen?", fragte Will und zwinkerte mir zu.

„Nein danke, Will, nicht unter diesen Umständen." Ich dachte an meinen Bauch und dessen Inhalt. Will lachte. „Hahaha, die Braut, die sich nicht traut." Ich lachte mit.

„Wie kamst du denn auf die Idee mit der Serenade?", wollte ich wissen.

„Nun, hätte dir gerne eine Freude gemacht und dir gezeigt, wie gern ich dich habe. Aber das war ja wohl ein Schuss vor den Bug."

„Kommt darauf an. Was hast du denn für Urlaubspläne?"

„Kenia oder auf die Malediven zum Tauchen", antwortete Will und nippte an seinem Getränk.

„Ich denke, du bekommst eine Einladung zu einer sizilianischen Hochzeit", grinste ich. „Pack schon mal deine Gitarre ein!"

„Wirklich?", fragte Will ungläubig. „Was wird denn dein Liebster dazu sagen?"

„Wieso, ich kann doch meine Freunde einladen", antwortete ich unschuldig und beobachtete dabei Allegra, wie sie sich angeregt mit Karola unterhielt und neidisch auf deren Bauch linste.

„Nur Freunde?", fragte Will und starrte mir wieder tief in die Pupille. ‚Nein', dachte ich, ‚nicht nur Freunde! Du bist viel zu nett, als dass ich dich gehen lassen könnte. Mit dir habe ich noch andere Pläne.'

31 Freundschaften fürs Leben

Die Vögelein begrüßten den neuen Tag mit einem ausgiebigen Morgenkonzert. Ich beschloss aufzustehen und betrachtete die vielen Umzugskartons. Hier hatte ich die vergangenen sechs Jahre meines Lebens verbracht. Arbeitend, liebend, leidend, weinend und lachend! Melancholisch verabschiedete ich mich von jedem Zimmer meiner Wohnung. Nun würde sich mein Leben schlagartig verändern. Mein Vater war absolut stolz darauf, dass seine Tochter einen waschechten Sizilianer – noch dazu aus seinem

Heimatort – ehelichen würde. Warum es plötzlich so schnell gehen musste, hatte er nicht gefragt. War ihm wohl auch egal! Er sah, dass wir uns liebten, und das reichte ihm. Der Form halber hatte er Leandro, als dieser hier war und wir unsere Zukunftspläne bekannt gaben, gefragt, ob er mich denn ernähren könne, was mir ausgesprochen peinlich war. Leandro fand diese Frage jedenfalls in Ordnung, denn er antwortete artig mit ‚Ja‘.

Einer spontanen Eingebung folgend ging ich zu Allegra, um mich zu verabschieden und einen Kaffee bei ihr zu trinken. Sie hatte heute Zwischendienst, vielleicht war sie ja trotzdem schon wach. Ich klopfte also vorsichtig an ihre Wohnungstür und Allegra machte nach einigen Sekunden verschlafen die Tür auf.

„So früh? Komm rein!", gähnte meine Schwester und trottete ins Bad. Ich trat ein, ließ aber die Tür offen, damit ich die Klingel hören konnte. Allegra war eine echte Blumenliebhaberin. Sie hatte einen apricot-geblümten Seidenpyjama an, in ihrer Wohnung hingen allerlei Blumenbilder und den Tisch zierte eine Tischdecke mit kleinen Streublümchen. Darauf standen immer ein frischer Blumenstrauß und eine Kerze in Blütenform. „Hast du deine Koffer auch schon gepackt?", fragte ich und schaute mich suchend im Zimmer um. Meine Eltern und Allegra sollten drei Tage später nachkommen, denn Allegra musste noch arbeiten. „Nö", antwortete Allegra und zog sich langsam ihren Morgenmantel über. Ich ärgerte mich, weil sie schon wieder trödelte.

„Wieso bist du denn schon so früh wach?", fragte sie mich und zog sich umständlich ein paar Socken an. „Ich konnte nicht mehr schlafen."

Kaum hatte ich den Satz zu Ende gesprochen, da klingelte es an der Haustür. Ich rülpste. „Mensch, Carina, deine ewige Rülpserei geht mir auf den Keks", meckerte Allegra. „Das wird Papa sein", sagte ich und sprang auf, um auf den Summer neben der Wohnungstür zu drücken. „Jetzt schon?", wunderte sich Allegra und trabte ins Bad. „Sind ja nicht alle so langsam wie du", murmelte ich etwas verärgert und wartete an der Tür. Einige Sekunden später öffnete sich die Fahrstuhltür und herausgestiefelt kam – Will Chance, der Arzt, dem die Schwestern vertrauen! Ich staunte nicht schlecht.

„Was machst du denn hier?", fragte ich erstaunt.

„Ich wollte es mir nicht nehmen lassen, mich von dir noch richtig zu verabschieden", sagte Will gutgelaunt. „Wohnt deine Schwester hier?"

„Ja! Komm doch rein!"

„Hallo, Allegra!", begrüßte Will meine Schwester, die gerade wieder aus dem Bad kam. „Hallo, Will", murmelte Allegra, schnappte sich ihre Anziehsachen und verzog sich wieder ins Bad. „Wann geht denn deine Maschine?", wollte Will wissen.

„Um zehn vor zehn", antwortete ich.

„Aha, ist ja noch Zeit. Wollen wir noch schnell einen Milchkaffee trinken gehen? Das ‚Pomodoro' hat schon auf."

„Klar, warum nicht", antwortete ich erfreut. „Allegra, kommst du mit?", rief ich durch die Badezimmertür.

„Ja, einen Augenblick noch", antwortete meine Schwester gereizt und mir war klar, dass aus dem Augenblick wieder mindestens fünfzehn Minuten werden würden.

„Beeil dich aber bitte", rief ich und führte Will ins Zimmer.

Will schaute sich unauffällig um und lächelte mich dann schüchtern an.

„Deine Schwester mag wohl Blumen", bemerkte er.

Ich entschloss mich, etwas Werbung für Allegra zu machen.

„Ja, sie hat einen grünen Daumen, einen guten Geschmack und kennt alle Blumenarten. Besonders mag sie Narzissen und Hortensien. Willst du ihren Balkon sehen?"

Will schien nicht sehr interessiert, und so zerrte ich ihn auf Allegras Balkon, der wirklich ein kleines Paradies war.

„Ist der nicht wundervoll? Dagegen sieht mein Balkon aus wie dein Hinterhof. Äh, ich meine, wie ein Hinterhof! Ein kahler!", stotterte ich und hätte mich schon wieder ohrfeigen können. Im Promoten war ich wohl nicht besonders gut, aber Will grinste sympathisch und setzte sich auf die romantische, schmiedeeiserne Gartenbank, die inmitten von üppig wuchernden Balkonpflanzen zum Verweilen einlud.

„Ja, ganz wundervoll", sagte er und schaute erst mich und dann die Balkonpflanzen an. Irgendwann, viel später, war Allegra fertig und kam aus dem Bad geschlichen.

„Na endlich! Lasst uns gehen", sagte ich und eilte zum Flur. Doch Allegra war sich schon wieder unsicher, ob sie wirklich mitkommen sollte. Kurzerhand nahm ich beide am Arm und bugsierte sie in den Fahrstuhl. Im Café war es schon relativ voll und wir bestellten je einen großen Milchkaffee, um richtig wach zu werden. ‚Fein', dachte ich so bei mir, als ich am frisch gebrühten Kaffee nippte, und schaute die beiden unauffällig an. Will und Allegra würden doch super zusammenpassen!

„Hier, Carina. Ich habe noch ein Abschiedsgeschenk für dich. Mach es aber bitte erst im Flugzeug auf." Will überreichte mir einen kleinen, schweren Pappkarton mit Blumenmotiven und einer großen, roten Schleife drum herum.

„Danke, das ist aber lieb von dir!", freute ich mich. Dieser Will war doch wirklich niedlich. Er hatte eine Blumenliebhaberin verdient.

Ich blickte zu Allegra, die nachdenklich in ihrem Kaffee rührte. Sie wäre genau die Richtige für den beziehungsgeschädigten, bindungswilligen Arzt. Aber die beiden guckten sich ja noch nicht einmal richtig an.

Um sieben Uhr kamen meine Eltern und meine Mutter fuhr mich zum Flughafen. Als ich im Flugzeug nach Mailand saß, erbrach ich während des Abhebens artig ins dafür vorgesehene weiße Spucktütchen und riss dann, kaum dass ich mich erholt hatte, endlich voller Neugier Wills Geschenkkarton auf. Darin befanden sich, liebevoll in Seidenpapier eingehüllt, ein großes Glas Schokella und ein riesiges Glas saurer Gurken. Ich musste grinsen und machte ein Bäuerchen. Ja, diesen Will hätte ich wirklich gerne zum Schwager. Ich musste nur noch einen Schlachtplan entwerfen. Bei Angie und Magnus hatte es doch auch geklappt. Spitzbübisch lächelte ich vor mich hin und beobachtete von meinem Fensterplatz aus die wundervollen Wolkenformationen.

Auf dem Flughafen in Mailand waren Gott und die Welt unterwegs. Alle wollten den Sommeranfang im Süden verbringen. Unsicher trippelte ich über den glänzenden Fußboden und verfluchte meine neuen Pumps. ‚Pommersche Beene und englische Schuh', dachte ich. Meine Füße waren eher bequemes Schuhwerk gewöhnt und ich sehnte mich nach meinen flachen Gesundheitstretern.

„Aua!" Ich beugte mich gerade zu meiner malträtierten Ferse hinunter, um den Schmerz ein bisschen zu verteilen, da stieß ich mit jemandem zusammen. Etwas benommen fand ich mich auf dem spiegelglatten Mailänder Flughafenboden wieder. Als ich nach oben schaute, sah ich niemanden, also schaute ich mich auf meiner Höhe um und sah, wie sich eine rothaarige, adrette Stewardess in blauer Fluguniform an ihrer aufgelösten Haarpracht zu schaffen machte.

„Mist, wie soll ich meinen Dutt nur wieder zusammenstecken..."

Doch weiter kam sie nicht, denn als sie sich umdrehte, da erkannte ich die nette Tanja von den vergangenen Flügen wieder. Wir mussten lachen.

„Sie hier?", rief ich ungläubig.

„Sie hier?", rief auch sie. „Wie geht es Ihnen?"

„Super! Ihre Prophezeiung stimmte! Leandro und ich heiraten im August!", frohlockte ich. „Und wie geht es Ihnen?"

Gegenseitig halfen wir uns auf die Beine und strichen unsere Kleider glatt.

„Mir geht es auch sehr gut. Bin schwanger", grinste sie. „Heute ist mein letzter Flugtag, dann wechsle ich zum Bodenpersonal nach Berlin."

„Wie nett!", strahlte ich.

„Kommen Sie, ich lade Sie zu einem Kaffee ein!", meinte sie.

„Nein, ich lade Sie ein! Besser zu einem Tee. Kaffee bekommt mir im Moment nicht so gut", druckste ich herum.

„Du auch?", antwortete sie und wusste sofort über meine anderen Umstände Bescheid. „Huch, jetzt ist mir aus lauter Solidarität das ‚Du' herausgerutscht. Wollen wir uns nicht duzen?"

„Gerne", rief ich glücklich.

„Den Storch und das ‚Du' müssen wir feiern", sagte Tanja und zog mich zur nächsten Bar, wo wir einen Eistee bestellten.

„Erzähl schon! Wann werdet ihr heiraten und wann kommt der Storch?", fragte Tanja.

„Wir feiern in einer Woche Verlobung, im August heiraten wir und Ende Januar ist der Entbindungstermin. Und bei dir?"

„Bei mir ist es Ende Dezember soweit. Meine Güte, was für ein Zufall."

„Hast du im August schon etwas vor?", fragte ich spontan.

„Eigentlich nicht. Warum?" Ich zückte eine Einladungskarte, die ich dutzendweise in der Tasche hatte und überreichte sie ihr. „Dann komm doch bitte mit deiner Familie zu meiner Hochzeit", grinste ich Tanja an.

„Wirklich? Gerne! Ich war noch nie auf Sizilien. Wo heiratest du denn?"

Doch für genauere Erklärungen hatte ich keine Zeit. Mein Flug wurde aufgerufen und ich musste mich beeilen. Wir drückten uns zum Abschied und winkten uns noch einmal zu. Dann wurde ich von der Schar der Wartenden verschlungen.

32 Sizilianische Traditionen

Ich lag ausgestreckt im Liegestuhl auf der sonnigen Terrasse, drehte mich träge auf den Rücken und legte Goethes Italienische Reise zur Seite. Ach, wie war das wundervoll hier. Ein glücklicher Seufzer entglitt mir und dann seufzte ich noch einmal, weniger beglückt, als ich über Donna Rosalia und Elena nachdachte. Gestern war ich mit Leandro bei meinen zukünftigen Schwiegereltern zum Essen gewesen. Wieder gab es ölgetränktes Allerlei. Aber diesmal hatten sie sich wohl vorgenommen, mich richtig in die Mangel zu nehmen. Leandro hatten sie aufs Land geschickt und es wurde dann fleißig über Sabrina, die Frau von Leandros Bruder, gelästert. Dass Lorenzo diese Frau, die auch noch sechs Jahre älter war, geheiratet hatte, wurde als echtes Unglück betrachtet und um diesen schweren Schicksalsschlag zu untermauern, fing Donna Rosalia an, ein paar Tränen zu vergießen, was mich aber eher stutzig machte, als Mitleid erregte.

„Dass diese Frau meine Enkeltochter auch noch ‚Rosanna' statt ‚Rosalia' nennt, so wie es richtig wäre, ist die Höhe! Daran sieht man, dass Sabrina so gar keinen Respekt hat mir gegenüber", schniefte Donna Rosalia in ein Blatt Küchenrolle. „Wie denkst du denn darüber, Carina? Du wirst doch diese Namenstradition einhalten, oder? Schließlich sind ,Rosalia' und ,Gustavo' doch schöne Namen."

Donna Rosalia und ihre Schwester schauten mich erwartungsvoll an. „Nun, da habt ihr leider die Falsche gefragt", sagte ich. Ich erklärte, was es mit meinem Namen auf sich hatte und dass ich es hasste, wenn meine Verwandten sich erdreisteten, mich „Maria" zu nennen. „Außerdem hat diese Tradition gar nichts mit Respekt zu tun", ergänzte ich selbstbewusst. „Eine Tradition ist schließlich kein Gesetz, und außerdem muss den Eltern der Name gefallen, nicht den Großeltern."

Gerade, als sich die beiden Hennen entrüstet ansahen und zurückhacken wollten, kam Leandro mit seinem Vater frohgelaunt durch die Tür spaziert. Die angedrohten Tränen versiegten und es wurde zu Tisch gebeten.

„Wohnst du denn in Berlin noch bei deinen Eltern?", fragte Donna Rosalia so beiläufig wie möglich, während sie mir wieder eifrig Ziegenkäse auf die Pasta ,Aglio olio' streute. „Nein, im Schwesternwohnheim", antwortete ich einsilbig. Man schaute sich vielsagend an. „Und deine Schwester?"

„Ebenfalls", sagte ich.

„Waaas?" Als die Tante gerade nach Luft schnappte, um weiter zu reden, fing sie einen strafenden Blick von Leandro ein, dem diese Szene äußerst peinlich zu sein schien.

Gedankenverloren schaute ich in den Topf mit einer Knoblauchtomatensauce, in dem sich ein Haufen selbst gesammelter Weinbergschnecken tummelte, die es als ,secondo' gab. Alle schlürften geschäftig vor sich hin, nur mir drehte sich beim Anblick der Fühler der Magen um. Nichts auf der Welt würde mich jemals dazu bringen, Schnecken zu essen. Ich knabberte konzentriert auf Salatblättern herum und hoffte, mich nicht augenblicklich übergeben zu müssen.

Am Nachmittag, zwei Tage vor der Verlobungsfeier, rief mich Leandros Mutter an und fragte, ob ich gemeinsam mit ihr eine Blumenvase für den Verlobungsstrauß aussuchen wollte. Diese mussten, angeblich nach alter Tradition, die Eltern des Verlobten kaufen und so schwang ich mich ins Auto und holte Donna Rosalia ab. Wir gingen in ein Geschäft nahe der Hauptstraße, wo ich einen Tag zuvor auch schon mit Elena die Geschenke für die Hochzeitsliste ausgesucht hatte. Zuerst hatte mich Elena, die Super-Hausfrau, in einem Gespräch unter Freundinnen in das Geheimnis ihrer weißen Wäsche eingeweiht. Gegen Elenas Haus war Pommis saubere Wohnung ein Dreckstall. Bei Elena war es nicht nur sauber, sondern rein und absolut keimfrei zugleich. Mindestens einmal am Tag wurde in jedem Winkel Staub gewischt und gesaugt und auch Unterwäsche, Putzlappen und Socken waren selbstverständlich auf Falte gebügelt. Sie litt zwar unter Migräne und zeitweise unter Depressionen, aber den Grund dafür schien nur ich zu erahnen. Um endlich dieses heikle Thema zu wechseln, sprach ich sie auf die deutsche Mentalität und Lebensweise an. Ich berichtete, dass es in Berlin völlig normal sei, voreheliches Verkehr zu haben, zusammenzuwohnen und gemeinsam in den Urlaub zu fahren. Elena tat souverän und tolerant, denn auch sie hatte bereits ein voreheliches Liebesleben gehabt, aber heimlich! Noch während wir im Geschäft Geschenke für meine Verlobungsliste aussuchten, gab Elena mir zu verstehen, dass sie von solcher Lebensweise zwar gehört hatte, hier aber alles anders war. Ich ließ meinen Blick über edles Porzellan und feines Glas schweifen ließ. Alles war exklusiv und teuer und ich wunderte mich, dass sich die Menschen hier diese Preise leisten konnten. Elena wusste auf meine Frage keine Antwort, stattdessen sagte sie, als sie mein verwundertes Gesicht sah: „Für

Hochzeitsgeschenke geben die Leute hier viel Geld aus. Schließlich will sich niemand etwas nachsagen lassen."

Als ich am nächsten Tag mit Donna Rosalia in das Geschäft ging, fand ich schnell eine Vase, die mir sehr gefiel. Donna Rosalia verzog den Mund, als sie den Preis sah und fing an, mit der Verkäuferin zu feilschen, als wären wir auf dem Wochenmarkt, um Gemüse zu kaufen. Ich wurde puterrot im Gesicht. Wenn sie sich keine teure Vase leisten konnte, wieso durfte ich mir dann eine teure Vase aussuchen? Die Vase, die mir gefiel, war nur wenige Euro teurer als die billigste im Laden. Ich griff also nach einer billigeren Kristallvase und stellte sie schnell auf den Ladentisch. „Ist schon gut, wir nehmen diese", unterbrach ich den Disput meiner zukünftigen Schwiegermutter und der Verkäuferin, die nicht vom eigentlichen Verkaufspreis runtergehen wollte.

„Nein, nein", nörgelte Donna Rosalia beleidigt. „Wir nehmen die, die du dir ausgesucht hast. Dann habe ich in diesem Monat eben weniger von meiner Rente übrig."

Ich schluckte und schämte mich. „Nein, nein, mir gefällt die andere doch besser", rief ich entschieden.

„Willst du mich beleidigen?", schnauzte die edle Donna Rosalia, heute sogar mit Zahnersatz, und zückte ihre Geldbörse. Ich war mir plötzlich nicht mehr sicher, wer hier eigentlich wen beleidigte, denn ich hatte bei dem eifrigen Wortwechsel den Faden verloren. Nur die Verkäuferin, die abwartend und sensationslüstern von einem zum anderen schaute, behielt einen kühlen Kopf und griff nach der Vase, die ich mir ursprünglich ausgesucht hatte, um sie in einen edlen Geschenkkarton zu packen. Mit freundlichem Lächeln überreichte sie ihn mir.

„So, nun gehen wir noch zum Juwelier, damit du dir eine goldene Kette aussuchen kannst. Das wird unser Hochzeitsgeschenk für dich sein. Und bitte nichts unter tausend Euro!", sagte meine Schwiegermutter in spe und quetschte sich auf den Beifahrersitz von Leandros Auto, das er mir für die Einkaufstour überlassen hatte.

Zwei Tage später, am Tag der Verlobungsfeier, klingelte es pünktlich um 20:00 Uhr an der Haustüre. Leandro stand mit strahlendem Lächeln vor mir und überreichte mir einen riesigen Strauß Blumen. Alle Verwandten und Freunde warteten bereits im Wohnzimmer und es wurde begeistert Beifall geklatscht. Dann wurden die Ringe ausgetauscht und eine Champagnerflasche geköpft. Beim gemütlichen Teil der Feier wurde ausgelassen nach sizilianischer Mandolinenmusik getanzt. Eine besondere Ehre für mich war es, mit der arthrosegeplagten Donna Rosalia zu tanzen, die mich aufgefordert hatte und der ich schlecht einen Wunsch abschlagen konnte. Wir schunkelten und wankten vor uns hin, soweit es ihre krummen, kurzen Beine zuließen und ich hatte Mühe, mein strahlendes Lächeln nicht zu verlieren. Zur Feier des Tages hatte ich mich in meinen knöchellangen, schwarzen Wollrock gezwängt, den Reißverschluss musste ich leider halb geöffnet lassen. Ebenfalls Probleme machte mir das Schließen der Goldknöpfe der schwarz-weiß karierten, erzkonservativen Pepitamuster-Edeljacke meiner Mutter. Sie hatte sie mir geborgt, weil ich in meinem grauen Blazer aussah wie die Wurst in der Pelle. Es war mir wirklich unangenehm, in der zwölften Schwangerschaftswoche bereits einem Nilpferd zu gleichen. Leandros Vater war bestens aufgelegt und spielte hingebungsvoll seine sizilianischen Weisen auf der Mandoline, ein Cousin begleitete ihn auf der Gitarre und mein Vater grölte laut und falsch, aber mindestens genauso hingebungsvoll ‚O sole mio' und blamierte mich, meine Familie, unsere Ahnen und die kommenden Generationen bis auf die Knochen, was die anderen aber nicht weiter zu stören schien. Allegra hatte ihre spanische Freundin Mar mitgebracht. Es wurde äußerst amüsant, als der Bruder von Donna Rosalia, Don Alfredo, anfing, mit Mar einen Flamenco zu tanzen und dabei dermaßen blödelte, dass wir uns alle vor Lachen nicht halten konnten.

Am Sonntag darauf war es dann üblich, dass das frisch verlobte Paar einen gemeinsamen Spaziergang im Ort machte und dabei die Glückwünsche der Dorfbewohner entgegen nahm. Wir kamen kaum voran, so sehr wurden wir umlagert.

„Meinst du, die wären auch alle so entzückt, wenn sie ahnten, dass ich schwanger bin?", fragte ich Leandro. Schließlich herrschten hier noch strenge Sitten und Gebräuche. Die Frau sollte eigentlich als Jungfrau in die Ehe gehen oder zumindest so tun als ob. „Ach, Carina! Du ahnst nicht, was die Leute über uns sagen und wie sie über uns herziehen würden. Aber es ist mir völlig egal. Eliana war auch schon vor der Heirat schwanger und da sind aus Scham und Schande nicht einmal ihre Eltern erschienen."

„Das gibt es doch gar nicht! Wie können die eigenen Eltern so spießig und altmodisch denken?" Ich war entsetzt. Wir flanierten weiter im Sonnenschein die lange, von Pinien gesäumte Straße entlang und ließen uns beglückwünschen, während ich meinen Bauch einzog, so gut es ging.

33 Überraschende Prophezeiungen

Den sizilianischen Sommer hatte ich immer als besonders heiß in Erinnerung, aber was der Juli mit sich brachte, sprengte alle Rekorde. Ich war nun im vierten Monat und weder mein Körper noch mein Appetit dachten daran, sich etwas zu zügeln. An manchen Tagen schaffte ich ein ganzes Glas Schokella und abends war mir so hundeelend, dass es kein noch so leckeres Abendessen in meinem Magen bis zur Verdauung schaffte.

Ansonsten ging es mir gut und ich war wunschlos glücklich. Am Wochenende oder am späten Nachmittag, wenn Leandro frei hatte, fuhren wir auf seiner Motocrossmaschine bei flirrender Hitze durch das Land, vorbei an goldgelben Kornfeldern, begleitet vom Gesang der zirpenden Grillen und Zikaden. Wir besichtigten jeden Ort der Umgebung, aßen in Bivona ein Eis, spazierten in Corleone über den Wochenmarkt, besichtigten die schöne Kirche in Bisacquino und bewunderten das Bergdorf Giuliana. Wenn wir zwischendurch ein richtiges Bett zum Lieben genießen wollten, statt auf dem Autositz oder im stoppeligen Heu zu liegen, fuhren wir mit Leandros Kleinwagen nach Palermo. Seine kleine, stickige Bude mit durchgelegener Matratze wurde unser Liebesschloss und war für uns der schönste Ort auf der Welt. In der Kirche unter freiem Himmel in Palermos Hafengegend hörten wir andächtig ein Violinkonzert und sahen gleichzeitig die Sonne im Meer untergehen. So viel perfekte Romantik kannte ich eigentlich nur aus Groschenromanen, die ich aus Langeweile manchmal im Nachtdienst gelesen hatte. Doch nun waren Leandro und ich die Hauptfiguren in unserer Schmonzette, und es fühlte sich einfach super an!

Während der Woche musste Leandro arbeiten und ich nutzte das Alleinsein, um im Haus zu putzen, zu waschen und all den überflüssigen Kram meines Vaters zu eliminieren, der sich im Lauf der letzten zehn Jahre angesammelt hatte. An einem Freitag nahm ich den Elf-Uhr-Bus von Panuzzo nach Palermo, um mich mit Leandro vor dem Theater Politeama zu treffen. Dort bestiegen wir sein Auto und fuhren in die Trattoria Arcadi in der Nähe seiner Studentenbude. Umgeben von alten verfallenen Häusern, deren Fassaden etwas Klägliches, doch Lebendiges hatten, befand sich eine modern eingerichtete Trattoria, wo sich Studenten, Lehrer und Arbeiter der Umgebung zum Mittagessen verabredeten.

„Worauf hast du danach Lust?", fragte ich Leandro, während er eifrig an seinen Oliven kaute.

„Wir könnten zu mir gehen...", sagte Leandro und zwinkerte. In meinem Zustand und in dieser Hitze hatte ich wenig Lust auf Matratzenakrobatik, also grinste ich nur zweideutig zurück und antwortete: „Ich wollte schon immer mal zum Monte Pellegrino." „Der ist genau in der Nähe meiner Arbeit", sagte Leandro und war überhaupt nicht enttäuscht, dass ich nicht auf seine Idee eingegangen war. Im nachmittäglichen, typischen Verkehrschaos von Palermo schlängelte sich Leandros weißer Golf durch die Einbahnstraßen zum Monte Pellegrino, wo sich das Wallfahrtskloster Santuario di Santa Rosalia befindet. Dort kamen uns ein paar Roma entgegen. Eine Frau mit buntem Schlabbergewand und rotem Kopftuch kam auf mich zu und fragte, ob ich denn schon wüsste, was es werden würde. Perplex schaute ich sie an und auch Leandro stand die Überraschung ins Gesicht geschrieben.

„Möchtest du es wissen?", fragte sie mich und musterte mich genau. Ich antwortete gar nichts und auch Leandro schwieg gespannt. „Es werden Buben", sagte sie, ohne eine Antwort abzuwarten und so plötzlich, wie sie vor mir gestanden war, war sie auch schon wieder verschwunden. „Sehe ich denn so schwanger aus?", fragte ich Leandro verwundert und bekam eine Gänsehaut. „Nein, aber die Roma haben einen besonderen Blick für bestimmte Dinge", antwortete Leandro ebenfalls irritiert. Auch ihm schien das Ganze nicht ganz geheuer gewesen zu sein. „Und wieso spricht sie in der Mehrzahl? Meinst du, es werden Zwillinge? Meine Gynäkologin in Berlin hat nichts davon erwähnt."

Wir waren unendlich verliebt und glücklich und an die Roma-Frau und ihre Vorhersehung dachten wir schon bald nicht mehr. Unsere gemeinsamen Stunden genossen wir in vollen Zügen, da wir wussten, dass uns schon bald eine Feuerprobe bevorstehen würde: nämlich der Moment, wo wir nach der Hochzeit sagen mussten, dass wir unser Baby bereits in fünf Monaten erwarteten...

Am 31. Juli war es so weit. Einen Tag vor meiner Hochzeit trafen Oma Charlotte und meine Freunde aus Berlin ein. Leandro, sein Freund Matteo, Allegra und ich holten sie am Flughafen ab. „Meine Güte, ist das eine Hitze hier", stöhnte Ela und wischte sich eine blonde Haarsträhne aus der nassen Stirn. „Die Männer sind ja hier richtig feurig." Fröhlich beäugte sie Matteo, dem die Augen übergingen. Schließlich verteilten wir uns auf die Autos. Bei Leandro und mir saßen Angie und Tanja, mit denen ich mich die ganze Fahrt über eifrig zum Thema Schwangerschaft unterhielt. Ich freute mich sehr, dass Angie gekommen war. Auch ihre Schwangerschaft verlief reibungslos, nur mit Magnus war es ein einziges Hin und Her.

„Seine Eltern wollen mich nicht kennen lernen. Ich glaube, er hat noch eine andere. Neulich habe ich in seinem Schrank lange, schwarze Haare gefunden", sagte sie plötzlich, während sie gedankenverloren durch das Autofenster blickte und die wunderschöne Landschaft betrachtete. Vor Aufregung fing ich wieder an zu rülpsen und war froh, dass es noch keinen DNA-Test für die moderne Hausfrau gab.

„Quatsch, Angie! Das glaube ich wirklich nicht!", sagte ich schnell und auch Tanja meinte, dass sie es für unwahrscheinlich hielt, nach allem, was Angie zuvor von ihm berichtet hatte. Das beruhigte Angie etwas und sie rief Magnus von ihrem Handy aus an, um ihm mitzuteilen, dass sie gut in Palermo gelandet sei.

„Viele Grüße von Magnus soll ich dir ausrichten, Carina."

„Danke", antwortete ich beiläufig und hoffte, dabei nicht rot geworden zu sein. Bei Allegra im Auto saßen Oma, Will und Dennis und bei Matteo Ela, Nicole und Maike.

Als wir zwei Stunden später in Panuzzo Celentano ankamen, erwarteten uns bereits meine Eltern. „Ich konnte Papa nicht davon abhalten, für euch zu kochen", raunte mir meine Mutter zu und verdrehte die Augen. Nur Allegra und ich wussten, was das bedeutete. Wir stürzten in die Küche, die einem Schlachtfeld glich.

„Erzeliche Willkomme aufe Sizilien! Ragazzi, iche abe füre euche gekocht eine echte Spezialitäte!", schrie mein Vater mit stolzgeschwellter Brust und 10.000 Dezibel. Dabei wischte er sich mit dem Geschirrtuch den Schweiß von Gesicht und Hals und auch aus den Achselhöhlen. Ich versank im Erdboden und Allegra zischte ihm zu, dass er aufhören solle, sich so unkultiviert zu benehmen.

„Perchè, was abe iche denn gemacht?", wunderte sich mein Vater. Ich schubste meinen Vater schnell wieder in die Küche. Nicht nur, dass die schöne, weiße Küche mit Eckherd in einem beweinenswerten Zustand war, auch mein Vater machte mit dem besudelten Rüschenschürzchen über dem prallen Bauch nicht gerade eine gute Figur.

„Habt ihr aber einen niedlichen Vater", grinste Dennis, dem das Wasser bereits im Munde zusammenlief. Ich muss zugeben, ein köstlicher Geruch nach gebratenen Zwiebeln und Tomatensauce zog von der Küche in den Flur. Ob mein Vater am Ende doch etwas Essbares gekocht hatte? Mein Vater kochte Nudeln üblicherweise nicht in viel Wasser, sondern in einer kleinen Pfütze mit geschlossenem Deckel, damit sie besser überkochten. Auch hatte er sie nicht gern ‚al dente', sondern lieber weich wie Wackelpudding. Heute hatte er seiner Phantasie freien Lauf gelassen und Pansen in Tomatensauce mit Zwiebeln und Knoblauch gekocht. In diesem rötlichen Brei hatte er der Einfachheit halber auch gleich die Nudeln versenkt, die mit dem Pansen inzwischen zu einem undefinierbaren Matsch zusammengeklebt waren. In diesem Augenblick kam Dennis in die Küche. „Hm, was für ein toller Duft, soll ich helfen? Wo sind die Teller?"

„Ier!", brüllte mein Vater und entledigte sich des Rüschenschürzchens. Sein ehemals weißes, hautenges Rippunterhemd sah aber auch nicht gerade appetitlich aus, denn es war voll Olivenöl- und Tomatensauceflecken.

„Papa, lass die Schürze lieber an", sagte ich und hielt ihm die Schürze wieder vor die Nase, doch Don Vito zuckte nur gleichgültig mit den Schultern und zog auch noch sein Hemd aus. „Ist mir schlecht", sagte ich gequält und machte ein Bäuerchen.

„Ist doch nett von deinem Papa", rief Nicole begeistert und langte kräftig zu, kaum, dass die Töpfe auf dem Tisch standen. „So etwas Leckeres gibt es auf dem Presseball nicht zu essen." Die sonst so verwöhnte Fotografin labte sich an Papas Hundefutter, und auch die anderen schienen ganz zufrieden. Nur Oma, Allegra, unsere Mutter, Leandro und ich bekamen keinen Bissen runter und nahmen mit Brot und Pfirsichen Vorlieb. ‚Das ist ja schlimmer als die Matschnudeln von Will', dachte ich und schüttelte mich vor Ekel. „Jetzt kommte noch der Salat unte eine andere Spezialitete", schrie mein Vater ganz in seinem Element und kam mit einer verschmierten Bratpfanne ins Zimmer, deren Inhalt verdächtig qualmte.

„Was ist das denn?", fragte ich misstrauisch.

„Das wirte niche verraten. Jeder solle erstmale probieren", antwortete er verzückt und tänzelte vor uns herum.

Ich weigerte mich strikt, auch nur an den komischen, runden Fleischbällchen zu riechen, aber meine Gäste kosteten vertrauensselig von Papas kulinarischen Gaumenfreuden. „Hm, nicht schlecht", sagte Will begeistert und nahm sich noch eine Fleischkugel.

„Und was genau ist das eigentlich?", wagte sich Tanja zu fragen.

„Oden!", antwortete mein Vater schließlich und grinste triumphierend in die Runde. Alle guckten sich fragend an. Ich würgte, Allegra kicherte und meine Mutter und Oma machten ein entsetztes Gesicht.

„Was ist Oden?", fragte Dennis interessiert kauend.

„Leider abe iche keine Rindergehirn bekommen! Das isse auch lecker", brüllte mein Vater, als hätte er eine Reihe schwerhöriger Rentner vor sich, und schmatzte und schlürfte laut vor sich hin, so dass Rotkäppchens Wolf vor Neid erblasst wäre.

„Schade", sagte ich gequält und rannte auf die Toilette. Leandro grinste und trank seinen Becher hausgemachten Rotwein in einem Zug leer. „Ich muss jetzt leider gehen", sagte er anschließend. „Und vergesst bitte nicht, dass heute Abend meine Junggesellenabschiedsfeier stattfindet. Ich hole die Herren um 20:00 Uhr von hier ab."

„Aba echte klar!", schrie mein Vater freudig erregt. Eine Zehntelsekunde vor den anderen hatte ich die Toilette erreicht und knallte die Tür hinter mir zu, so dass die anderen vergebens daran rüttelten. „Ciao, amore", rief mir Leandro durch die geschlossene Tür zu und ich würgte eine Antwort hervor.

„Ach, Carina, ich habe dir deine Post aus Berlin mitgebracht und auf die Kommode gelegt", hörte ich Angie rufen. „Danke", sagte ich und holte mir nach meiner Verdauungsoffensive einen Stapel Briefe ab. Viel Reklame, Hochzeitsglückwünsche und ein förmlich aussehender Brief vom Sankt-Jerusalem-Krankenhaus, der per Einschreiben gekommen und von Pommi entgegengenommen worden war. Hastig riss ich den Umschlag auf. Mir verschwammen vor Schwindel die Buchstaben vor Augen, doch das Wort „Kündigung" konnte ich noch entziffern.

34 Glück ohne Ende

Kurz vor Mitternacht wachte ich wieder auf. Die Hitze in meinem Zimmer im ersten Stock war unerträglich. Ich wühlte in der Schublade meines Nachttischchens nach einem Taschentuch, um mir den Schweiß von der Stirn zu wischen, und als ich keines fand, stand ich auf, um im Bad zu suchen. Danach schlurfte ich in die Küche, um ein Glas Wasser zu trinken. Meinen Freunden und meiner Familie hatte ich erst einmal nichts von der Kündigung erzählt. Ich wollte niemandem die Laune verderben und bereute, dass ich den Brief vor meiner Hochzeit geöffnet hatte. Leise schlich ich wieder in Richtung Zimmer. Dabei fiel mir auf, dass die Zimmertüren der Gäste alle offen standen! Vorsichtig klopfte ich an, aber weder Allegra noch meine Mutter oder Oma waren da. Die Betten meiner Freundinnen waren ebenfalls leer. Als ich mich verwundert wieder in mein Bett legen wollte, hörte ich neben lautem Grillengezirpe seichte Gitarrenklänge durch das offene Balkonfenster. Ich eilte hin und was ich sah, war herzzerreißend: Rund fünfzig Leute, voran Leandro und Will mit ihren Gitarren, kamen durch den erleuchteten Garten und sangen, begleitet von der Mandoline meines zukünftigen Schwiegervaters, ein Liebeslied. Ich wurde rot vor Glück und Will rief laut: „Das ist endlich eine richtige Serenade für dich, Carina! Hoch leben die Braut und der Bräutigam..." Der Rest ging im tosenden Applaus unter.

Die Kirchturmuhr auf dem Marktplatz schlug Mitternacht und meine Mutter, Elena und ihr Mann stellten allerlei leckere Köstlichkeiten auf den Tisch, um die Serenadengesellschaft auch entsprechend zu verkösten. Mein Schwiegervater und Leandro sangen und spielten unbeirrt weiter und ich fühlte mich im siebten Himmel, weil so viele liebe Leute Leandros und mein Glück teilten und voll Freude dem morgigen Tag entgegenblickten. Meine Güte, ich konnte es kaum fassen! Am nächsten Morgen würde ich mit meinem Leandro vor dem Traualtar stehen, Papa Iani Stassi durch seine Brille in die Augen schauen und laut „Ja" sagen!

Gerade als ich überlegte, wo ich mich vor einem Jahr um die gleiche Zeit herumgetrieben hatte, rief mein Vater: „Esse fasse! Dasse Büffet isse eröffnete", und meine Mutter, Allegra und Elena gingen mit den Sektflaschen reihum.

„Maria! Leg mir doch bitte auch etwas auf den Teller", schrie meine Großmutter und mir drehte sich wieder der Magen um. Und dann, vielleicht war es Leandros aufmunternder Blick, hörte ich mich plötzlich sagen: „Nonna, ich bin Carina! Ich bin als Carina aufgewachsen und möchte auch so genannt werden."

Meiner Oma blieb der Mund offen stehen. Ich schob ihr schnell und freundlich lächelnd einen vollen Teller auf ihren Schoß und ließ sie mit ihrem Schock alleine.

„Und nun habe iche noche eine Überraschung für Carina und Leandro", schrie mein Vater, in bester Sektlaune. Dass er mich soeben vor seiner Mutter Carina genannt hatte, dafür liebte ich ihn plötzlich ganz ungemein.

„Hier isse meine Hochzeitsgeschenke füre euche." Ich war wirklich gespannt und auch die anderen Gäste schauten erwartungsvoll. Er zückte einen kleinen Zettel aus der Brusttasche seines Hemdes. „Das isse eine Lottoschein. So habt ihr die possibilità, viele Millionen zu gewinnen." Stolz grinste er von einem Ohr zum anderen.

„Das Haus habe iche euche ja schon geschenkt."

„Aber Vittorio, das ist doch kein Geschenk, das steht deinen Töchtern doch ohnehin zu!", schrie Don Alfredo, der Vater von Elena. „Und wenn sie jetzt nichts gewinnen, hast du ihnen auch nichts geschenkt."

Mein Vater grinste weiter. „Nein, nein, das isse eine Geschenk." ‚Prima, Papa! Tolles Geschenk', dachte ich. Mein Vater kam aus seinem ewigen Geiz einfach nicht heraus. Leandro nahm den Papierzettel freundlich entgegen, bedankte sich artig und gab mir den Lottoschein. Auch ich beschloss, mir meine Enttäuschung nicht anmerken zu lassen. Dann stopfte ich das Supergeschenk achtlos in meine Hosentasche und konzentrierte mich wieder auf die Feier, mir – uns zu Ehren. Wie wundervoll sich das anhörte!

Es wurde noch eine wirklich romantische Nacht mit viel Tanz, Gelächter und Musik. Mein Vater schmetterte sizilianische Lieder, dass die Wände wackelten, und merkte wieder einmal nicht, wann es Zeit war, aufzuhören.

Gegen drei Uhr nachts löste sich die Gesellschaft auf, und um sieben Uhr war es auch schon wieder vorbei mit dem Schlafen. Die Friseurin klingelte an der Tür, und als die Kosmetikerin eine Stunde später kam, hatte ich bereits kunstvolle Locken, Kringel und Wellen im Haar. Ich saß im Nachthemd auf einem Stuhl im Wohnzimmer und alle wirbelten hektisch um mich herum. Amüsiert ließ ich die Schönheitsprozeduren über mich ergehen. Meine Mutter war eifrig darum bemüht, die zahlreiche Verwandtschaft fernzuhalten. Das brachte ihrer Meinung nach Unglück. Um neun Uhr war ich endlich fertig und zog das Hochzeitskleid an, das meine Mutter wirklich phantastisch und ganz nach meinen Wünschen genäht hatte. Dann kam Nicole mit ihrer Fotoausrüstung. Ich raffte mein Kleid und posierte mit ausgebreitetem Tüllrock auf der Couch, wobei ich wacker mein Brautsträußchen vor mein Bäuchlein hielt.

„Siehst du etwas?", raunte ich Allegra immer wieder zu.

„Würde ich nur, wenn ich Spezialistin in Adipositas-Fragen wäre", grinste sie. „Du siehst so wunderschön aus, da schaut dir niemand auf den Bauch. Keine Sorge!"

Die Wanduhr schlug zehn Uhr und wir verließen das Haus. Meine Verwandtschaft klatschte hocherfreut Beifall, als ich die Stufen unseres Hauses herabschritt. Wahrlich, ich fühlte mich wie Kleopatra im Märchenland! Damit mich auch alle Nachbarn von ihren Balkonen aus sehen und Reis und Konfetti werfen konnten, ging ich die Straße am Waschhaus entlang. Als wir endlich den Marktplatz erreichten, war es bereits elf Uhr und die Glocken begannen zu läuten. Ich wurde langsam so richtig nervös. Sobald ich Leandro auf den Stufen vor dem Kirchenportal inmitten hunderter Menschen erblickt hatte, war es um meine Ruhe und Fassung geschehen. Mit klopfendem Herzen schritt ich ihm entgegen, und plötzlich überfiel mich eine Heulattacke. Mein edler Gesichtsausdruck schwand und ich mutierte zu einem unschönen Häufchen Elend.

Wie in Zeitlupe stieg ich, von Schluchzanfällen geschüttelt, die ausgetretenen Steinstufen empor, und erst als mir Leandro seine Hände entgegenstreckte, hatte ich mich wieder einigermaßen unter Kontrolle. Endlich standen wir vor Papa Iani Stassi und setzten uns auf die mit rotem Samt bezogenen Hochzeitsstühle. Gleich würden wir den Treueschwur leisten...

Den restlichen Tag habe ich nur noch als einen einzigen wundervollen Traum in Erinnerung: Meinen Brautstrauß fing meine Schwester auf, und nichts und niemand konnte mir die Laune verderben. Nicht einmal die Tatsache, dass auf der Speisekarte „Die Hochzeit von Leandro Padano und Maria La Palma" stand. Statt „L'amore" zu machen, heulten Leandro und ich die halbe Nacht. Ich, weil die Aufregung und der Stress der letzten Wochen nun von mir abgefallen waren, und Leandro aus Solidarität mit mir.

Am nächsten Morgen traten wir auf einem Luxusdampfer unsere Hochzeitsreise an. Unser Ziel: kreuz und quer durch Italien! Wir beabsichtigten, die nächsten drei Wochen in San Remo zu verbringen. Dann ging es weiter nach Porto Fino, Venedig, Cervia, Rimini, Riccione, Pescara, Tivoli und Rom. Ich schrieb eifrig Postkarten und Leandro schoss ein Foto nach dem anderen. Inzwischen war ich im fünften Monat und mein Bäuchlein begann sich nun sichtbar zu wölben. Von Neapel aus rief ich Allegra an und berichtete ihr von der Kündigung, die ich fast vergessen hatte.

„Ist schon erledigt, Carina. Ich habe sofort einen Anwalt mit der Sache beauftragt. Keine Sorge, diese Kündigung ist bei einer Schwangerschaft ungültig. Übrigens, ich habe mich verliebt in - - -" Die Verbindung war unterbrochen und ich schaffte es nicht mehr, in Erfahrung zu bringen, wer denn der Glückliche war.

Die Rückreise traten wir auf einem der Tirrenia-Schiffe an. Als wir gerade vom Whirlpool zurückkamen, schaltete Leandro den Fernseher ein. „Mal sehen, was die Nachrichten an Neuigkeiten bringen." Ich lag auf dem Doppelbett und schrieb gerade Tagebuch. „Und hier, die Ziehung der Lottozahlen..."

Leandro wurde plötzlich hellhörig: „Carina, rasch, hast du den Lottoschein bei der Hand, den uns dein Vater zur Hochzeit geschenkt hat?" „Irgendwo in meiner Jeans", nuschelte ich desinteressiert. Leandro eilte zu meinem Koffer und suchte nach der Hose.

„9, 10, 16, 27, 54, 56, Zusatzzahl 31! Carina, das sind unsere Zahlen!", rief er aufgeregt und seine Stimme überschlug sich dabei. „2,5 Millionen Euro!", brüllte Leandro. „Fünf Richtige plus Zusatzzahl." „Wir sind reich", schrie ich und umarmte Leandro. Dann hüpften und tanzten wir lachend durch das Zimmer, ließen uns eine Flasche Champagner bringen und beschlossen, unseren neuen Reichtum nicht an die große Glocke zu hängen.

35 Schon wieder heiraten

Ein Vierteljahr war seit unserer Hochzeit vergangen und seitdem war viel passiert. Meine Schwiegermutter hatte meine Schwangerschaft mit Tränen in den Augen quittiert und ich bezweifelte stark, dass es sich um Freudentränen gehandelt hatte. Das Wundervollste aber war, dass ich mir meinen Kindheitstraum verwirklichen und das Häuschen in Tempelhof, wo ich meine Kindheit bei meinen Großeltern verbracht hatte, kaufen konnte. Nach den Renovierungsarbeiten wollten wir demnächst dort einziehen. Leandro hatte sich seinen Traum-Jeep gekauft, ansonsten waren wir wirklich bescheiden geblieben und hatten das restliche Geld gut angelegt. Und nun war Heiligabend und wir saßen im Kreise zahlreicher Familienmitglieder und Freunde in der Friedrich-Wilhelm-Gedächtniskirche am Kurfürstendamm, um einer prunkvollen Hochzeit beizuwohnen.

Ich blickte kurz nach links, wo Dennis und Net als Trauzeugen des Bräutigams thronten und sich gegenseitig mit Taschentüchern an ihren Augen herumtupften. Die beiden hatten sich ihren Zukunftstraum erfüllt und waren nach San Francisco gezogen. Net hatte dort die Arztpraxis eines Freundes übernommen und Dennis war als Krankenpfleger und Arzthelfer mit von der Partie. Kürzlich hatte uns eine allerliebste Postkarte der beiden erreicht. Sie zeigte Net und Dennis, wie sie inmitten dreier winzig kleiner Schimpansenäffchen saßen. Auf der Rückseite stand: ‚Tierisch amüsante Grüße aus dem Zoo von San Francisco senden euch die Babyäffchen Joshua, Jeremia und Jonathan sowie die ausgewachsenen Gorillas Dennis und Net.‘ Ich konnte kaum feststellen, wer glücklicher aussah, die Affenbabys oder Dennis und Net. Dann sah ich Angie und wir zwinkerten uns zu. Nachdem Magnus und Angie endlich zueinander gefunden hatten, waren sie zusammengezogen und lebten – noch unverheiratet – in der gemeinsamen Villa im Grunewald. Rechts neben Maria saßen Nico und Barbara, die mächtig abgenommen hatte und nun richtig nett aussah. Als sie sich plötzlich umdrehte, erschrak ich etwas, aber sie winkte mir wohlwollend zu. Wahrscheinlich, weil auch sie unlängst gekündigt worden war.

Die Orgelmusik erklang, die Kirchenschifftür öffnete sich und herein schritt – das Brautpaar! Ich konnte förmlich spüren, wie alle im Raum den Atem anhielten. Wen störte es da, dass der Bräutigam einen Kopf kleiner war als die Braut? Allegra und Will gaben einfach ein wunderschönes Pärchen ab. Das Einzige, was uns wunderte, war, dass Allegra, statt dem ‚Ja, ich will‘, lautstark ins Mikrophon rülpste.

36 Aller guten Dinge sind drei

Gegenüber im Kreißsaal drei schrie eine Frau aus Leibeskräften. Ich hätte am liebsten mit eingestimmt, obwohl ich gar keine Schmerzen hatte. Unbeweglich lagen ich und mein riesiger Kugelbauch den Tränen nahe auf der schmalen OP-Liege. Was für ein Neujahrstag, und was für ein Geburtstag.

„Magnuuuussss!" Die Frau von nebenan klang gequält und ich erkannte Angies Stimme, die kurz davor noch mit mir im Patientinnenzimmer gelegen und mit ihren Sieben-Minuten-Wehen gekämpft hatte.

„Wollen Sie nicht doch etwas gegen die Schmerzen?", schrie die Hebamme gegen Angies Gekreische an.

„Neiiiin niiicht jaaaa niiicht!", brüllte Angie gegen ihre Wehen an und hechelte dann tapfer weiter. ‚Immer locker bleiben‘, dachte ich und war irgendwie neidisch auf ihre natürlichen Geburtsschmerzen, während ich zum programmierten Kaiserschnitt verdonnert worden war. Denn die Roma-Frau hatte mit ihrer Prophezeiung nicht nur recht behalten, sie hatte sie sogar übertroffen. In meinem Bauch warteten drei Babys darauf, geboren zu werden, was mir im modernen Berlin niemand zutrauen wollte.

„Versuchen Sie, das rechte Bein zu bewegen", ordnete die Anästhesistin hinter mir an. Schwerfällig rappelte ich mich auf.

„Hier geht nichts mehr", bemerkte ich und leichte Übelkeit überkam mich.

„Können wir also anfangen?", fragte Will die Anästhesistin, die eifrig nickte.

„Halt dich fest, Carina, es geht los!", rief Will. „Ich setze jetzt den ersten Schnitt mit dem Skalpell." Leandro saß neben mir und hielt mir mein malträtiertes, von venösen Zugängen durchbohrtes Händchen.

„Nummer eins ist geboren, Carina! Ein Junge!", jubelte Will und übergab das Baby der Hebamme. Gabi hatte heute sogar ein schmallippiges Lächeln für mich übrig und zeigte uns das kleine Bündel Mensch. „Herzlichen Glückwunsch, meine Lieben, euer zweiter Sohn hat soeben das Licht der Welt erblickt", gratulierte Assistenzarzt Doktor Kesselmann ein paar Minuten später. „Carina und Leandro, hier ist euer dritter Schatz. Und natürlich ist es mal wieder ein Junge!", rief Will enthusiastisch, nachdem er eifrig in meinem Bauch herumgebohrt und das dritte Würmchen herausgezogen hatte.

Leandro und ich schauten uns an. „Wie wollen wir sie nennen? Einen Gustavo nach meinem Vater und einen Vittorio nach deinem?", fragte Leandro.

„Kein Gustavo und kein Vittorio", sagte ich entschieden.

„Na dann: Joshua, Jeremia und Jonathan", riefen wir gleichzeitig und irgendwie ahnten wir, dass für uns das Abenteuer jetzt erst richtig angefangen hatte...

Produktempfehlungen

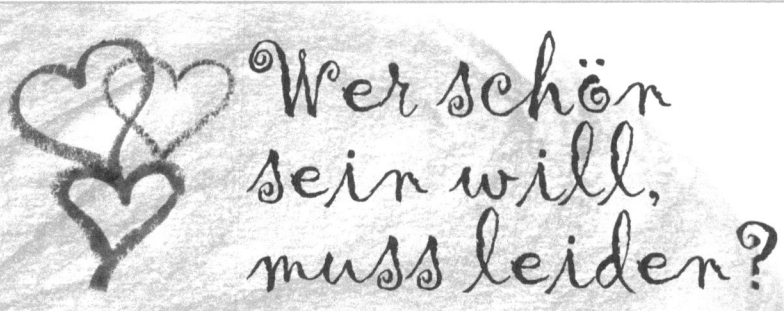

Natürlich nicht!

Ganz schmerzfrei verwöhnt Sie **brittas nagelstuebchen** im schönen Kerpen mit Maniküre und Pediküre. Denn ein gepflegtes Äußeres gehört für Damen und Herren heute einfach zum guten Ton.

Und bei **cosmochic.de** erwartet Sie an 365 Tagen im Jahr überdies ein professioneller Online-Shop mit ausgewählten Produkten rund um die Themen Nagel, Wellness, Beauty & Spa.

Wann dürfen wir Sie persönlich beraten?

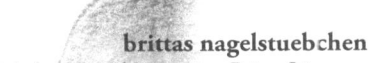

brittas nagelstuebchen
Inhaberin und Beratung: Britta Linnartz
Online-Shop: www.cosmochic.de
E-Mail: info@cosmochic.de
Haagstraße 10 • 50171 Kerpen • Deutschland
Tel: +49 (0)2275 / 915 385 6 • Fax: +49 (0)2275 / 201 371

Viele
interessante Bücher
rund um Schwanger-
schaft, Geburt und die
Aufzucht der lieben Kleinen
gibt es im Salzburger Spezialverlag
edition riedenburg (z.B. "Und der
Klapperstorch kommt doch!", "Luxus Privat-
geburt", "Der Kaiserschnitt hat kein Gesicht",
Kindersachbuchreihe "Ich weiß jetzt wie!").
Ab ins Netz: www.editionriedenburg.at

edition
riedenburg

Wo der Storch zu Hause ist.